革命の季節

パレスチナの戦場から

*The season of our Revolution
——In Palestinian field*

重信房子

幻冬舎

安田安之氏（左）　1947年5月18日生まれ。66年京都大学工学部に入学。71年9月30日出国。
奥平剛士氏（右）　1945年7月21日生まれ。64年京都大学工学部に入学。71年2月26日出国。
写真は1972年5月中旬、闘争出発10日ほど前。

丸岡修氏（左）　1950年10月20日生まれ。大学受験時から活動し始め72年4月中旬出国。リッダ闘争の「第四の男」とされ、帰国を断念しアラブに留まる。87年11月東京で逮捕。2000年無期懲役が確定した。法で保障された外部病院での治療申請を拒否され、11年5月29日八王子医療刑務所で死去。
写真は1972年8月頃。

檜森孝雄氏（右）　1947年9月18日生まれ。68年立命館大学法学部に入学。71年9月30日出国。72年2月上旬、水死した山田修氏に付き添い帰国。2002年3月30日、日比谷公園でイスラエルに対し抗議の焼身自殺を遂げた。
写真は2001年9月30日、日比谷公園で。

ガッサン・カナファーニ氏（右）と著者　ガッサン氏は著者がボランティア参加したPFLP（パレスチナ解放人民戦線）の、配属された部署の上司。1936年アッカに生まれ、12歳の時、イスラエル建国にともない一家で隣国シリアに避難した。69年からPFLPの機関誌「アル・ハダフ」の編集長。PFLPの公式スポークスマンであり、作家としても著名。72年7月8日、車に仕掛けられた爆弾で爆殺された。
写真は1972年4月、「アル・ハダフ」事務所で。

革命の季節——パレスチナの戦場から

たべて苛酷になる夢

見城徹

1972年5月30日。この日のことを今日まで僕は1日も忘れたことはない。日本の青年3人がイスラエルのリッダ空港を襲撃、銃撃戦の末、空港内の警備兵や一般市民、26名が死亡。

襲撃した奥平剛士、安田安之も死亡、岡本公三は囚われの身となった。

その日を境に、僕は自分を恥じ、たいしてしてもいなかった革命ごっこの活動を辞めた。「地獄で又、革命をやろう」という言葉を残して、全身を蜂の巣のように撃たれながら足元に爆弾を投げ、自らを肉片と化して散っていった奥平剛士。享年26歳。自分のことは埒外だったひたむきな若者達に比べて同世代の僕は逮捕されることも母親が悲しむことも就職ができなくなることも怖かった。

「地球上の誰かが不幸である限り私は幸福になれない」という言葉を残して34歳で革命に倒れた哲学者シモーヌ・ヴェイユ。

「僕は二十歳だった。それが人生でもっとも美しいときだなんて誰にも言わせない」と書いて35歳で戦死した小説家ポール・ニザン。

自らの信念と思想に忠実に生きようとした奥平剛士、安田安之、山田修をはじめとする京都パルチザンの若者達。そこに合流した重信房子。ただ一人、地下に潜り生き延びた檜森孝雄は2002年3月30日、パレスチナ「土地奪還の日」に若き日の友との約束を守り抜こうとして日比谷公園で我が身を焼き殺した。彼らに対する僕の後ろめたさはこの世界の中で自分が世俗的にのし上がるパラドックスの強烈なモチベーションとなった。

現実の試練に晒されない観念や思想など、それは絵空事でしかない。現実の踏み絵を踏み抜けるか否か、それのみが思想の価値を決定する。踏み抜けなければ、観念や思想など捨てるべきだ。そう思い決めてリッダ闘争からの40年、俗世間の修羅と戦いながら、懸命に生きてきた。どんなに辛いことが起こっても、彼らの戦いに比べたら楽なもんだという意識は常に持っていた。

こんな風に書くことだけでも自己嫌悪でいっぱいになる。生涯、僕は奥平剛士や重信房子に拮抗できない。その代わり、獄中にいる重信房子が本を出したいという、ささやかな希望ぐらいは叶えることができる。それで自己嫌悪が解消されるはずもないが、ともかく本書はそのようにして、今、ここに、在る。

彼らの戦いはやむにやまれぬジハードだったのか、狂人の無差別テロだったのか。やがて長い歴史が証明する日が来るだろう。

たべて苛酷にならない夢を／彼女たちは世界がみんな希望だとおもつているものを／絶望だということができない

吉本隆明『少女』という詩の一節である。奥平剛士も重信房子もたべて強烈に苛酷になる夢を、たべずにはいられないようにして、呑み込んで、絶望と戦った。そして一人は リッダ闘争で覚悟の死を選び、一人は戦いの果てに獄中で病床にある。

『ジャスミンを銃口に』という重信房子の歌集に奥平を詠んだ歌がある。

草原に身をひるがえし蝶を追う決死の戦いひかえし君は

地獄でまた革命をやろうと先に逝き彼岸で待ってる君は二十六歳

奥平剛士は僕の中でまだ生きている。目を閉じると涙が流れる。

僕は僕で生きていくしかない。

前言

この『革命の季節――パレスチナの戦場から』は、いくつもの過ちや限界や時代の制約の中で、ひたすらに前を向き闘い抜いた当時の未熟な正義と苦闘と喜びの、等身大の自分と自分をとりまく情況を記したものです。これまで救援誌「オリーブの樹」他に掲載した文章の中から、パレスチナ解放闘争に日本人が参加した初期のリッダ闘争の時代にかかわる文章を今回書き改めまとめたものです。

加えて、30年のアラブ世界で知った人たちや時々をふり返り、今アラブ世界で起こっている民衆革命についてとリッダ闘争40年目の集いのことも付章としました。

２０１２年の今年、リッダ闘争から40年目を迎えました。

リッダ闘争とは１９７２年5月30日、ＰＦＬＰ（パレスチナ解放人民戦線）が、戦時交戦下のイスラエルの一般空港と軍事空港を兼ねているリッダ空港を襲撃した闘争のことをさします。アラビア語では「アメリーエ・マタール・リッダ」（リッダ空港作戦）と呼びます。この作戦はＰＦＬＰの義勇兵であった日本人がはじめて戦闘に参加したものです。地名のリッダはイスラエルや欧米ではテルアビブと呼ばれていますが、私たちはアラブにならいリッダと呼んでいます。

地中海の東部に面したパレスチナ地域（イスラエルとパレスチナ自治区）は、日本でいえば、四国と広島県を合わせたくらいの面積です。

１９４７年11月、国際連合総会は、イギリスが国際連盟から委任され統治しているパレスチナをユダヤ人とアラブ人の国に分割する決議をしました（パレスチナ分割決議）。アメリカは中東の石油資源に対する橋頭堡《きょうとうほ》としてのイスラエル国の成立、分割案の成立を強く工作し、西欧はナチスの大量虐殺に象徴されるみずからのユダヤ人迫害の責任を、ユダヤ人国家の成立に代え、パレスチナに押しつけたのです。ソビエト連邦の分割案賛成の理由は被抑圧民族の独立支持と表明されています。

分割決議を得て、ユダヤ人武装組織は分割案以上の土地強奪を目論《もくろ》み、パレスチナ人の村町都市の襲撃をはじめました。イギリスの委任統治の終わりが近づくとその襲撃はさらに激化し、その事例の一つが48年４月９日から10日にかけて子供・女性を含む２５４人が虐殺されたディル・ヤシーン村の襲撃です。５月14日、委任統治が終わった同日、イスラエルは建国を宣言しました。

この襲撃・虐殺・建国でパレスチナ人は近隣国や山間部などに避難し、無人となった家や土地は所有者「不在」としてイスラエルに没収されました。48年12月、国連総会はパレスチナ人の帰郷の権利、あるいはイスラエルによる賠償を決議しましたが、イスラエルは家や土地を離れたパレスチナ人の帰郷を拒否し、補償も無視して今日に至っています。

このようにして多くのパレスチナ人が家も土地も故郷も奪われ、難民となりました。分割案決議から第1次中東戦争開始―停戦（48年5月―49年7月）の間のパレスチナ人難民の国連の推計は72万5千人、パレスチナ側の推計は85万人です。48年5月時点、パレスチナ地域にはおおよそアラブ人百四十余万人、ユダヤ人六十余万人が住んでいました（両人口は正確な数字がなく資料により様々です）。

もともとパレスチナの土地のユダヤ人の所有地は6％でしたが、分割案ではユダヤ人側に56・5％を割当てられました。ところが第1次戦争が停戦してみると、イスラエルはその割当てられた率を大幅に上回るパレスチナの土地の77％を占領していました。それも地中海に面した海岸部と農地に適した平野部のほとんどです。

その後もイスラエルは、近隣国エジプト（第2次戦争、56年）やエジプト、シリア（第3次戦争、67年）に攻め入り、シリア領の一部は今も占領しています（イスラエルとパレスチナは現在も交戦状態ですが近隣国まで含む大きな戦闘期を第1次、第2次などと呼んでいます）。

以来、パレスチナ人とアラブ諸国はイスラエルと戦争状態が続いていました。この戦争の一つの戦闘攻撃として、72年、占領された祖国パレスチナに帰還して闘われたのがリッダ闘争です。ＰＦＬＰの指揮下、この非妥協な意志を示す闘いにパレスチナの人びとの苦難をみずからのものとして日本人3戦士がその重要な役割を担いました。

昨2011年、そのリッダ闘争の5月30日の前日の29日、リッダ闘争時代から私のもっとも旧《ふる》い同志の一人である丸岡修さんが、法で保障されている獄外の専門病院での治療申請を拒否され獄死を強いられてしまいました。リッダ闘争40年の記念ばかりか、この丸岡さんを追悼する意味でも、あの時代を記した時々の文章を集め、とらえ返すことを勧められ一冊とすることにしました。

1章　1971年日本脱出

アラブから密かに戻って暮らしていた2000年のある日、私は羽田空港の東急ホテルに行ってみた。ここは、1971年2月27日、翌日に日本からベイルートへ出発するために泊まったホテルだ。ホテルのラウンジから眺めると、古びた空港の風景が目の前に広がっている。金網の仕切りのむこうに続くコンクリートの割れ目には夏草が丈を伸ばしている。何もかも色あせて小さく見えた。海に向かって上昇していく飛行機が遠くにきらきらと光っている。私にとっては、昨日のようなあの時代は歴史の片隅の遠い過去なのだと改めて思った。不遜な夢を描いてここから飛び立った。出発して30年近い時間を経てそこに立ってみた。

一炊《いっすい》の夢ではない。あのアラブの地に降り立ち、そして闘い続けてきた。今は21世紀をむかえる日本に戻っている。〝世界を変えたい〟〝世の中をよりよくしよう〟……情熱の限りを尽くして闘い、走り続けた20代の時間が濃厚によみがえる。あの時代から日本は人々の望む国になったのだろうか。密かに暮らす日本で異邦人のような疎外感と違和感に時々途方にくれ、一時代を共有した友人・仲間・家族たちと再会して過去を確かめたいと何度思っただろう。

今も、日本を変えたい、かつてのような「独りよがり」ではなく、市井の一人として、日本を世界の平和の砦に変えたい、そんな思いを抱きながら25歳のあの日のホテルから出発した日々を振り返ってみた。

1　日本脱出

あれは、1971年2月28日。日本で唯一の国際空港だったこの羽田空港から私はレバノンのベイルートに向けて出発したのだった。「出発」というより「脱出」という方が相応《ふさわ》しい。私が外国に行くのがわかったら、「別件逮捕」で阻止されてしまう弾圧の攻防の時代の中にいた。アラブ行きはすべて隠密の計画であり、行動であった。このアラブ行きを知っていた人はごく限られた友人や仲間たちだった。尾行を避けて、出発の前日から空港ビルの向かいにあった東急ホテルに泊っていた。華やかな喧騒、外国人の行き交うロビー。日本脱出の朝、コーヒーを飲みながらテーブルを囲んで、別れの会話を交わした家族・友人たち、遠山さん（連合赤軍事件で殺された遠山美枝子、大学時代からの親しい友）もいた。「ふう、あなたが先に死んだね……」。思いつめたように私に言った彼女はもういない。帰国したら最初に会うべき人だったのに。あの頃はいやな歌がはやっていて、どこからともなく流れていた。流行歌というのは、毎日どこかで繰り返し、駄目押しされているようにまとわりついてくる。弘田三枝子の歌だ。「もしも私が死んだらあなた、きっと涙を流してあなた〜」。この歌のおかげで、遠山さんが私にそのようなことを言ったのかも知れない。

ただ、当時の私たちは、生きるとか死ぬとか、自分のことは埒外《らちがい》だった。自分のことはどうでもよい。闘いのための使命感に燃え、冒険心と希望が心に満ちていた。自分がいかほどの存在かと振り返ることもなく、自らの実力も顧みず、ドン・キホーテのような「真剣さ」だったのだろう。

出発する私よりも、送る家族や友人たちの方が悲壮だったのかも知れない。当時は「外国に行く」ということが、ずいぶん重たい決断であり、複雑な手続きであり、まだ個人旅行も一般的ではなかった。商用、エリートの留学、そしてほとんど日本交通公社に独占された海外旅行は、パック旅行も高価で、エリートたちのものだった。外貨持ち出し制限も厳しく、1ドルは360円。1000ドル以上は持ち出せず、日本円も3万円以上は当時持ち出せなかった。

正規の手続きながら秘密に出国したかった私は、自分の党派の国際部の何人かとこそこそと旅行案内書を探したが、それすらも入手できるものは少なかった。意を決して扉を押した新宿の日本交通公社の受付の席で、こっちを振り向いたのは下級生のA君だった。おたがいに予想外の再会にびっくりしてしまった。A君は大学時代のサークルの下級生で、ちょうど彼も新しいこの職場で働きはじめたところだと言う。

仕方がない、これも何かの縁。出発のために苗字を変えた戸籍抄本もすべて示して、出発は正規だけど、非公然に進めたいと打ち明けた。彼も私の事情はよく知っている。指名手配されているわけではないが、手続きが公安当局の知るところとなれば、別件逮捕かパスポートの発給停止などの妨害があるのはわかっている。A君は、航空券、ビザ取り、パスポート、予防注射など、本人の出頭する回数を抑えて、すべてを引き受けてくれた。用心のためにと、前日から東急ホテルへの宿泊予約も取ってくれた。彼がいなかったら、事情に疎い私にはスムーズにことを運びにくかっただろう。

A君は偶然に私が立ち寄った支店の正規の手続きのサービスを行ったに過ぎないのに、デモでの逮捕歴が災いして、リッダ闘争で私たちの存在が騒がれた後、取り調べ・ガサ入れなど、数回にわたって公安当局やマスコミから嫌がらせや弾圧を受けた。申し訳ない結果になった。

でもあの日、A君は、すべての手続きを終えて、「準備完了！　もうそろそろ空港ビルに移動します」と、取り仕切ってくれていた。てきぱきとした職員のA君に促されて立ち上がった。傍らのみんなと心から別れの挨拶を交わしながら、空港ビルへと向かった。

私は正規の旅行者。レバノンのビザもあり、スイスエアーの往復切符も持っている。法的にはいつでも帰国し、また、見送りの友だち、家族たちともいつでも会うことができるはずだった。でも、これまでそうであったように、権力が妨害するのは目に見えていた。いったん帰国したら、「別件逮捕」や「好ましからざる人物」としてパスポートは発給停止となり、再び海外に出ることは難しいだろう。

「じゃあ行ってくるから」。空港の赤電話から父に電話すると、「やすやすと帰ってくるな。心ゆくまでしっかりがんばって来い」。父の声がした。そんな中での出発だった。それでも時代は変わるから、きっと往ったり来たりできるだろう。心の中では、むしろ楽観的に考えていた。パレスチナの闘いに連帯する！　出発の先には希望がある。しかし置き去りにしていく日本には、すでに赤軍派の行き詰まり、敗北状況が広がっていた。

アラブに出発するまでに至る私自身について、ここで少し説明しておきたい。

2　大学入学、ブント、赤軍派

家には大学に行けるだけの財力がなかったので、私は当初から大学進学を考えずに商業高校を卒業して64年に就職した。小さい頃から小学校の先生になりたいと思っていたが、大学に行けないので、その夢は商業高校に行く頃にはあきらめていた。その職場に夜間大学に通っている人がいた。そこで夜間大学の存在を知り、働きながら大学卒業が可能なことを知った。親に負担をかけずに自分の給料で学費が払えるほどの額であったことが私を決断させた。

私と学生運動との出合いは、65年の明治大学の入学式より少し前になる。合格通知を受けて、入学金を払い込みにお茶の水の駿河台の大学を訪れた時のことだった。大学維持費の問題で学生が退学か除籍処分となったことに抗議し、何人かの学生が復学を求めて座り込みをしていた。当人たちでなく、次の世代の学生のために運動して処分されたということだった。そういう人たちがいることに驚き、また感激もした。「一緒に抗議に座り込みませんか」という呼びかけに断る理由もなく応じた時から、私の学生運動へのかかわりがはじまったようだ。

私は2部（夜間部）文学部史学科に入学した。そしてサークル活動（初期は文学関係だったが後に現代思想研究会をつくることになる）や自治会活動にもごく自然に参加するようになった。66年には学苑会（2部中央執行委員会）を民青（日本共産党系の日本民主青年同盟）系から新左翼（日本共産党に否定的な学生運動組織）系が奪回した時のサークル連合の執行部だった。

私のはじめてのデモ参加は「ベ平連」（ベトナムに平和を！市民連合）主催のデモだった。ベトナム戦争は米軍に支援された南ベトナムと共産党政権の北ベトナムとの戦争で、60年からはじまり、65年からは米空軍による北ベトナムへの爆撃もはじまっていた（終結は75年）。

この頃、私立大学の学費値上げがつづいた。明治大学でも66年に学費値上げ反対闘争がはじまったが、67年2月にブント（共産主義者同盟）系の1部（昼間部）自治会指導部が全体に諮《はか》らず大学側に妥協し闘争は終結した。他党派から暴力的に糾弾されながらも「責任は取る」と逃げないブント系活動家を見て、私はその人たちの意気に感じ、ブントの学生組織の社学同（社会主義学生同盟）に加盟した。67年春、21歳だった。

ブントは、「プロレタリア国際主義と組織された暴力」を旗印にかかげて、ベトナム・アジア・世界の人民と連帯する国際主義を重視して闘っていた。

67年10・8第1次羽田闘争（南ベトナムへの佐藤栄作首相の訪問阻止闘争。機動隊との攻防で学生一人が死亡）にデモ隊の一員として参加した。3年生だった。当時の社会情況は、ベトナム侵略戦争に反対する国民の反戦平和の意識は強く、私たち学生は市民の共感を得て闘っていた時代であった。

68年8月のブント主導の国際反戦集会は、国際的な党的な勢力との共同行動を求めるリアリティの出発点となった。私自身、学生として手伝ったにすぎなかったが、じかに国際主義・国際連帯に触れ、世界の人々と共に立ち上がり、闘うという大きなインパクトを与えられた。会議の中で国境を超えたさまざまな人々と共通の目標に向かう連帯に大きな感動をおぼえた。

ブント内では、10・8羽田闘争以降から急進的戦術と方法を求める論争が起こり、関西地域のブントの一部は、「攻撃型の階級闘争」の実現に向けて軍事の役割を重視するように主張。69年7月6日のブント指導部への批判派の暴力行為となり、やがてその指導部批判派が赤軍派を結成した（この批判派は「赤軍フラク」と呼ばれた）。私はこれまでの活動の延長のように活動していた先輩たちの人脈に誘われて、赤軍派の一員となっていった。

当初の赤軍派には人民軍事委員会（ＣＰＡ）と人民組織委員会（ＣＰＯ）という組織機関があり、私は人民組織委員会の書記局や財政活動に関わっていった。

赤軍派は8月下旬の結成総会で「世界革命戦争の防御から対峙に向かう世界党、世界赤軍建設」を主張。大菩薩峠事件（11月、官公庁襲撃のための武装訓練で大菩薩峠の山小屋に集まっていた赤軍派53人が逮捕された事件）の打撃を経て、「国際根拠地論」の実現化が本格化した。

国際根拠地の位置づけは「世界プロ独創出の党派闘争を媒介としつつ、世界党形成の根拠地として味方の世界革命根拠地、そこでの世界赤軍の創設、新たな生産の組織化を行い、帝国主義を主戦場とする正規軍戦を担うという国境を超えた戦争戦略」としてあった。これは肥大化した観念的な論理であり、実態は、権力の攻撃に対して、他国の革命の支援を受けつつ、日本革命の展望を見つけようとする防御戦であった。また社会の必要から考えるよりも、武装闘争、蜂起の実現という手段のためにすべてを理論化したものであったといえる。社会変革をめざす学生運動の高揚も社会全体から見れば一部分にすぎなかったのだが、まさに「革命を実現するんだ！」という思いにとらわれていた。人々の要求とかけ離れて。

赤軍派は「闘うこと」に純化して準備なく闘い、当初から指導していた人たちがつぎつぎと逮捕され、軍事に一面化していくことで戦闘団化し、権力の集中的な弾圧にさらされた。

社会主義国の国際根拠地作りとして北朝鮮（朝鮮民主主義人民共和国）と、帝国主義心臓部の闘いとしてアメリカ合衆国での蜂起を想定した。そしてまず北朝鮮への「よど号」ハイジャックとしてはじまった。70年3月31日～4月3日、赤軍派の9人のメンバーが日航機「よど号」をハイジャックして北朝鮮に渡った。

3　国際部に参加

よど号事件の後、5月に私は逮捕されて6月に釈放された。この時の逮捕理由は、すでに69年11月の大菩薩峠事件の後、他の理由（都公安条例違反と69年の4・28沖縄闘争の凶器準備集合幇助罪）を口実として逮捕された折、調べもすんでいた大菩薩峠事件「殺人予備罪」であった。この5月の別件逮捕の目論見は、よど号事件についての調べが目的だった。調べというより嫌がらせである。お前のような目立つ奴は、事件を起こせばいつでもしょっ引くことができるのだと恫喝していたが、もともと起訴する条件も持ち合わせていないようだった。

釈放された後、6月に大学に戻り、文学部を終え学士入学していた政経学部に顔を出し、ちょうど党派と争いになっていたサークル連合のノンセクトの下級生たちの相談に乗って、学生大会の準備などの打ち合わせをしたりしていた。私たちが長年ブントとして執行部を形成していた2部学苑会中央執行委員会は、1年前に学外活動が主になり、赤軍派の多くが学園から去って以降、大学自治会は他の党派同士の対立でいざこざが続き、大学の自治会の機能を維持できていないらしい。そこで党派の執行部を追い出して、正常な運営を取り戻したいと、ノンセクトの下級生たちが相談しはじめていた。

私は、もともとサークル連合の執行部にいたので、各サークルとの共同も多く、下級生の親しい人々とずっとまだ交流していた。そんなわけで、今後の学生大会準備に顔を出して相談に乗ったりしていた。また、明治大学2部の2つしかない寮を、2つとも赤軍派が「兵舎」と称して、なし崩しに占領していた現状への苦情を聞き、対策を立てたりしていた。

赤軍派は東京の大学に拠点といえる場所がほとんどなかったので、東京の大学では明治の2部の役割が大きくなっていった。寮闘争の仲間は私たちの友人だったが、その支援のはずで来た赤軍派の地方出身の連中などが居ついて「兵舎」にしてしまったようだ。それも規律や整頓のない部屋の使用のでたらめな有様や寮へのガサ入れ（家宅捜索）に、寮闘争委から相談を受けたのだった。私たち先輩に責任があるので、何とかしなければと対策に走ったりしていた。

69年の「7・6事件」（赤軍フラクによるブント指導部への暴力事件と、のちの叛旗派《はんき》による赤軍フラクへの襲撃と赤軍フラクリーダーの拉致が7月6日に起こった。これを「7・6事件」と呼ぶ）以降、赤軍派に結集した私も自分の力をすっかり消耗してしまったようだ。党派活動で私にできることは今はない。大学の政経学部に戻り、すでに教職実習を終えていたし、教職をとりながら、拠点を再建し活動していこうかと考えていた。そんな矢先に、赤軍派の国際部に招請された。

69年の赤軍派結成時の最初の7人の政治局リーダーたちのうち、残っていた者は私が5月に逮捕・勾留されていた間に、ちょうど箱根の宿屋で逮捕されてしまい、すでに残っていなかった。この逮捕の事実を、私は勾留中に地検の取り調べの大部屋の待合室で聞いた。さっと寄ってきた係員の一人がこっそり教えてくれた。自分も明大の夜間部の学生だと言い、早口で「箱根の赤軍派リーダーたちの部屋に布団を敷きに来た番頭風の奴も公安だ」と知らせてくれた。その情報は本当かどうかわからないが、逮捕は事実であった。これで、当初から赤軍派を結成した時のリーダーは一人もいなくなった。ところが、入れ違いに7人のリーダーのうちの一人で、69年10・21

（国際反戦デー）の前に最初に逮捕されたリーダーのCさんが保釈で出てきて、カードル（幹部）を招請した。その会議に私も招かれた。この時、私が勾留されていた間の赤軍派の新方針や国際部の話を聞いた。

「国際根拠地建設」として、「世界委員会」と当時呼称されていた仕事は、「よど号」のメンバーによる社会主義国への党派闘争を通した世界党や統一戦線作りの他に、もう一つ計画されていた。それが帝国主義本国の闘い、「日米同時蜂起」のためのアメリカへの派遣部隊の準備である。これが私が招請された当時の国際部の基本路線だった（奇抜なアイディアだと今は笑う他ない。この辺のことを私たちの歴史として話すと、いろいろの国の革命家たちに楽しそうに大笑いされたものだ）。

そんな国際部に招請された。これまでの財政庶務に加えて、世界に対峙して革命を実現することに私が役立つなら赤軍派の再生に加わろうと思った。

当時の私たちにとって「外国」は遠く、合法的に外国に行くことは難しいと頭から決めてかかっているようなところがあった。名前のマークされている人が出国する方法をどうするか？ 密出国？ 50年代の日本共産党にはたくさんの漁船団があったという。しかし私たちには何もない。方法が当時は見つからなかった。それでも、それはさしおいて、アメリカのブラックパンサーやウェーザーマンなどの革命組織をどう「同時蜂起」にオルグするかといった、かなり観念的な計画としてイメージされていた。しかし、どう具体的に派遣を実現していくのか？ ということが煮詰まっていないままだった。私も国際部の一員として参加しながら、アメリカのイメージも情熱も何かぴんと来ないままだった。

4 パレスチナを国際根拠地に

「よど号」の闘いは、国家の壁にさえぎられ、その後の「よど号」の仲間の状況はいっさいわからなかった。社会主義国首脳をオルグすることや秋の蜂起には訓練して戻ってくるという話は希望と決意以上ではなかった。国家を超えることはできない。「よど号」の人々の運命は、本人たちではなく北朝鮮当局に握られていた。私はこれではだめだ、国家ではなく、国家に至る過渡の闘いを担っている解放闘争を闘いの場とすべきだと思った。

ちょうどその頃は、パレスチナの情勢が激動している時であった。また、私の友人に第三世界革命を重視する人もいた。「世界革命運動情報」誌も学習した。こうした条件の中で、私自身はアメリカと日本での「同時蜂起」よりも、パレスチナへの派遣、革命の過渡を闘い抜いているパレスチナでこそ国際根拠地建設をめざすべきではないか？ と考えるようになった。そして、アラブの事情を知る専門家たちを訪ね、教えを乞い、レクチャーを受け、状況を学んでいくことになった。それまでの日本の新聞報道からは、イスラエル―アラブの国家間戦争としてしか見えずにいた。

パレスチナ問題の発生の根拠と現実を学ぶ中で、ますますパレスチナ解放こそ世界の革命の環だと確信していった。

当時の私たちは日本一国の革命を考えていたのではなかった。チェ・ゲバラが「二つ三つさらに多くのベトナムを！ それが合言葉だ」と訴えた時代の中にあって、世界各地で同時的に革命情勢を成熟させることができると考えていた。抑圧されている各地の闘いが結び合い、武装闘争を軸に連帯し、その力で各国の社会革命を実現するのだと。とらえ返して言えば日本一国では自分たちの力では勝てないから、世界の連帯の力で日本も革命を起こそうという、日本の都合中心、もっと言えば自分たち中心の主観的な考え方であった。それでも当時は革命を実現する希望と使命感に燃えていた。

パレスチナ解放はユダヤ資本という世界資本とシオニズムという「イスラエル」を超えたイデオロギーを持つ相手と闘わざるをえない。その分、パレスチナは一国的に完結することができない闘いを強いられている。何よりもパレスチナ革命は世界革命と不可欠な闘いが要求されている戦場であり、その分国際根拠地だと実感した。米英など戦勝国は、第2次大戦を経た戦後処理として、歴史的な植民地支配やナチのユダヤ人迫害の責任をパレスチナに押し付けた。パレスチナにユダヤ人工国家を創ること、つまり、パレスチナ占領によってユダヤ人問題の解決を図ろうとしたことが、パレスチナ問題を生んだのだった。

パレスチナ問題は決して長い数千年の歴史の話や宗教の話ではなく、帝国主義者とシオニスト・ユダヤ資本家たちの合作によって、パレスチナを1947年の国連分割決議によって、2つの国を決めたことにはじまった。逆に言えば、「イスラエル建国の問題」であると知った。

しかも47年11月の国連決議では、それまでパレスチナの土地の90%以上の土地を占有していたアラブ・パレスチナ人と6%しか土地を占有していなかったユダヤ人に対して、ユダヤ人に有利な分割を行ったのだった。パレスチナ人には43・5%に土地を縮小し、ユダヤ人には56・5%も肥沃で有利な地を分割した。そして、エルサレムを国際管理とすると決めた。

アラブ・パレスチナ人は決議に加わることもできないまま、土地を簒奪されることになった。

ユダヤ人シオニストたちは、こうした国連決議をいいことに、分割されたパレスチナにあきたらず、全占領を目論んだ。パレスチナ人の虐殺追放を開始し、１９４８年5月14日イスラエル建国を宣言した。これに反対して、アラブ各国の軍が参戦し、48年からずっと戦争状態が続いていた。しかも67年の戦争で、イスラエルはさらにパレスチナ全土やシリア、エジプトの一部まで占領してしまった。

この現実に対して、パレスチナ住民はもはやアラブ諸国政府に頼るのではなく、自らの力で祖国を解放しようと立ち上がった。ちょうど世界的にベトナム反戦のムードが盛り上がる時期と同じくして、パレスチナ解放勢力が登場し、欧州の若者たちはユダヤ人への原罪意識を乗り越えた闘いの時代に入っていった。

こうした歴史や実情について、日本にいるアラブを知る人々から学んだ。そして、欧州のベトナム反戦を闘うニューレフトグループも多くパレスチナで闘っていると知った。そしてまた、パレスチナ解放勢力のＰＬＯ（パレスチナ解放機構 Palestine Liberation Organization）、ＰＦＬＰ（パレスチナ解放人民戦線 Popular Front for the Liberation of Palestine）が世界の各地から医者、看護婦、技術者などボランティアを募集していることを知った（ＰＬＯは民族主義的な最大多数勢力ファタハ〔パレスチナ民族解放運動、Harakat al-Tahrir al-Watani al-Filastini の頭文字を逆に綴った通称の FATAH は〝勝利〟の意味になる〕、少数派を代表する国際共産主義の立場をとるＰＦＬＰなど解放運動諸組織の統合体）。

こうした話を聞き、ぜひ赤軍派国際部として医者、看護婦、技術者を派遣し連帯すべきだと思った。国際部の中に話を持ち帰り、根拠地としてのパレスチナ行きの合意を得た。まず、赤軍派の医者らをボランティアとして送り、実情を知ろうということになった。またPFLPのハバシュ議長が70年秋頃ベトナム、中国、北朝鮮を歴訪しているという記事を読み、PFLPを通したら「よど号」の仲間たちともコンタクトが取れるかもしれないと思った。こうして国際部で、私がパレスチナチームを送り出す役割を担った。

私は70年秋からアラブ派遣部隊を送り出す側の担当だった。またアメリカ部隊はFさん中心に準備を行っていた。

けれども、70年秋から12月にかけて、さまざまな赤軍派内の変化から、私は自分がアラブに行くことを決断していくことになった。

赤軍派の変化もあったが、私は誰かがかならず行くべきだ、いないなら自分で行くと決めていた。私にはすでにもうわかっていた。私たちの赤軍派が「一番優れた理論」といえるのか？「レーニンの限界」を語り「毛沢東の地方主義」と他を批判する割りに、私たちがどこかおかしいのではないか？　と。本当に世界は赤軍派が唱えるようなものなのか？　日本の外から私たちの「正しさ」を見てみたい。私たちの闘い方は正しいのか？　我々はなぜ敗け続けているのか？アラブに行って武装闘争を共にしたい。世界から学び日本の闘いを相対化して捉え、日本の革命をもっと成功させる足がかりを作りたい。アラブ通の専門家から話を聞きながら学び、私にはふつふつとそんな思いがわいた。

5　赤軍派リーダーシップの崩壊

当時、保釈されて赤軍派全体の指揮を執っていた創設リーダーの一人Cさんが、70年12月戦線離脱を決意し去ってしまった。「これ以上指導できない。森も信用できん。指導にも自信がない」と、一方的に自分から身を引いてしまった。森恒夫さんがリーダーの一角に加わって後、Cさんと森さんとの方針をめぐる対立はあった。しかし森さんをリーダーの一員に迎えたのもまたCさんだった。

Cさんは「よど号事件」後、私が逮捕されていた頃にちょうど保釈で出てきて、すでに逮捕弾圧されカードル（幹部）のいない赤軍派を立てなおそうとしていた。そして、Cさんは、一兵士として森さんが戦線再復帰したことを保釈後知ることになった。もともとCさんと森さんは「赤軍フラク」（指導部批判派）以前からブント関西の仲間で歳も近かった。7・6事件以前にいったん戦線離脱して、復帰し、すでに誠実に活動していた森さんを迎えて、Cさんは組織体制を整えていこうとしていた。森さんを迎えるにあたっても、カードル会議で、Cさんは皆の意見、承認を求めた。しかし、森さんを知っている人も少なく、Cさんが森さんと総括討議した上で決断することに任せるというのが会議の結論だった。これは70年の7月頃ではなかったかと思う。Cさんとしては、自分の指導では不十分だからと森さんの知識や経験を必要としていたのだろう。こうして、Cさんと共に森さんがその後リーダーシップの一角を担うようになっていった。

こうして70年8月頃から12月にかけて、Cさんのリーダーシップの下で、森さんはその一角に復帰し、軍事部門の政治指導を担当しているようだった。この頃から方針をめぐる対立があった。塩見孝也議長を奪還するゲリラ戦重視のCさんと、毛沢東の持久戦論を持ち出して反対する森さんが、蜂起について延々とやり合っているのをよく見かけた。

横で聞いている私には、蜂起でもゲリラでもなく、赤軍派の実力から言えば、小さなゲリラ戦でさえやれるかどうかではないかという思いがあった。でも、理論的には、蜂起かゲリラかは大切な論争のように何度か続いた。当時、ブント時代から赤軍派に至るまで、毛路線には親和的ではなかったので、私もCさんを支持し、森さんの意見には反対だった。

当時、「連続蜂起」という方針を出したが、「蜂起の放棄だ」と批判が各地から集中していた。夏だったと思うが、「前段階蜂起から連続蜂起路線」に変えた。迫り来る秋に準備も条件もなかったことが原因だと思う。いつでもこちらの条件が整えば、何回でも蜂起するという強弁のような具合で、「前段階蜂起」に代わって、「連続蜂起」路線が出てきた。この方針転換で全体を一致させようとしていた。

そしてまず、赤軍派の「大衆組織」という位置づけにあった「革命戦線」が全国各地のカードルに総括方針転換を説明する役割を負った。そして次に、軍がそれを踏まえて人材のリクルートに行脚し、最後にUG（組織部アンダーグラウンドの略で、ようは兵站《へいたん》財政部）が各地を回って金などを調達するという方針であった。私は国際部も兼ねたUGでもある。しかし、全国を回ってみると、UGの私は3番目に来ていたはずであったが、どこに行っても「革命戦線」も軍も来ていなかった。東京に戻って批判すると、金がない、「蜂起の放棄」の批判にはやりきれないのだと仲間たちはぼやいていた。

こうした中、弾圧は強まるし、力量もなく、方針も出ない。この現実を事実として直視した場合、どの仲間も自ら身を引くか、路線変更するか、決意だけで突き進むか、きっと皆思い思いにそれが問われていたのだと思う。

トップのCさんの一方的な戦線離脱は誰にとっても衝撃的であった。当時の弾圧や尾行で、闘い得る条件がなくなっていったことが大きな理由としてあった。大学などの拠点からカードルを召還し軍へと集めては逮捕者を増やしていて、拠点も財源も厳しい情況にあった。こうした時、会議を開くこともなく、合意なしにトップが戦線離脱するというのは組織の崩壊を意味していた。

でも、そのように客観的に現認できなかった。「最早指導できない」と言った時のそのCさんの人格の問題ではなく、赤軍派の路線政策が問われていた。しかし、武闘路線を疑うところに立ち戻ることはできなかった。Cさん個人の問題としてやり過ごした。赤軍派は武装闘争が前提であった。武装闘争を闘い抜くことによってしか活路はない、という考え方が私たちの頭の中を占領していた。この考えを疑った者は挫折し、離脱していったのだと思う。この疑いを、当時提起されたとしても、当時の私は積極的な考え方へと捉えきれず、もっぱら否定的な考え方としてしか受けとめられなかったと思う。

事実、12月に最後に会った時、Cさんは「雪山を見に行こう」と私を誘った。それは戦線離脱の意味だとよくわかった。私は革命の惨めさはどんなことでも負うけれど、あなた個人の惨めさは負えないと言った。「君は強いね」と言った後、彼は去って行った。強いのではなく、「使命」であり「責任」なのに……と、Cさんをぼんやりと見送った。狭い考えだったと、今では思うけれど。

先日、旧い赤軍派の仲間と再会した折、彼は「もし、Cさんがいたら、連合赤軍事件は起きなかった」と断言した。「Cがいれば、決して森がトップになることはなかった。だから、Cがいれば、あんなことにはならなかったんだ」。Cさんびいきの旧友は昔を思い、かみしめるように言った。「そうね。赤軍派リーダーの中で、一人『常識人』だったのは、Cさんだったからね」

と、私もそれには同意した。

しかし、Cさんは去り、なし崩し的にか、会議で決定したのか、森さんが70年12月クリスマスの頃から赤軍派のリーダーシップを執った。今から思うと、森さんだって、引くに引けず、致し方ない立場に立たされていたのだろう。無理して能力以上のことを負わされた森さんも戸惑いや逡巡があったにちがいない。

この頃、彼の決断によって、M作戦（非合法に財源を確保する闘い。銀行襲撃など）が計画されたのかと思うが、具体的な責任や決定過程は知らない。森さんは以降のM作戦の時代と連合赤軍の形成と崩壊に至る約1年のリーダーシップを執っていくことになる。M作戦をめぐる森さんとCさんとに、意見の相違があったのか否かについては知らない。

Cさんが去る前から、私は森さんとは考えを異にする立場にあったので、Cさんの去った後に、森さんのリーダーシップの下で活動することはおたがいにとってうまくいかないだろうと思っていた。それに、いつもわからないことまでわかったかのように話す森さんの虚勢は気に入らないと、私は批判したりもした。森さんに赤軍派の立て直しができるとは思えなかった。国際部でパレスチナの地平から学び、世界から日本の闘いを捉え、発展させていきたいと思った。日本にいて、弾圧の中で失うものより、新しい道が拓けるような気がした。それは、また、Cさんの去った困難な情況に対して、戦略的には赤軍派のためになるのだと自分では考えていた。

以上のように、赤軍派のCさんの戦線離脱と組織の崩壊はパレスチナへと活路を求める私の出発の契機となった。

6　奥平さんとの出会いと出発準備

私がアラブに行くことになるもう一つの決断の根拠は、パレスチナ派遣部隊の医者の準備遅れだった。リーダーとして出発する予定の、赤軍派結成総会にも出席していた古株の赤軍派の医者が、家庭の事情で1年出発を遅らせたいという。祖母に可愛がられて育ったが、その祖母の命が気がかりだと言う。祖母を看取ってから行きたいという優しい心の人だった。私は、それは認めるより仕方がないと思った。結局準備が整ったのは、技術者の奥平剛士さんだけになってしまった。

パレスチナへのボランティア派遣の話を中東専門家から聞いた時、技術者として派遣するのにまず相応しいと思ったのは奥平さんだった。夏頃か、カンパ要請などで話したことがあった。それがはじめての奥平さんとの出会いだったのだが、「この人は本気で世界を変えることを考えている」と直感した。なぜそう思ったのだろう。彼の真面目で静かな闘志を嗅ぎとったからだろう。大家の家の庭にある納屋を改造した板張りの小さな家に同じ京大生の弟と2人で住んでいたが、私が行った時は彼独りだった。部屋は山小屋のようで雑然としていて、その部屋で背中を向けて座っていた彼と話をつづけた。「今は土方をやっている。もう少し前なら金あったけど今はない」とカンパを断った。

中肉中背、土木作業で鍛えたという筋肉質の身体つきに、さらさらとした髪が額にかかっていて、着る物に無頓着な当時の真面目な学生の姿だ。口数は少ないけれど、私の友人の長広舌《ちょうこうぜつ》に短く反応する言葉は誠実で真剣で彼の性格が表れている気がした。けっして自分を飾らず、できもしないこと、大きなことは言わない、そんなところが新鮮だった。自分たちの〝大言壮語〟がまわりで日常化していたためかもしれない。

チェ・ゲバラを愛し、闘いへの参加を求めるまじめな奥平さんの人柄を知っていたので、パレスチナへのボランティアの話があってすぐに相談した。彼はそんなことこそ自分は望んでいたと、即座にボランティア派遣を志願した。当初はパレスチナで技術者としてボランティアに行く話をしたはずなのに、武装闘争を担う戦士となることを当然と考えているのがわかった。そして、もう日本に戻ることがなくてもいいように準備することをそれとなく私に話した。そして、以降、尾行での活動困難や実務で多忙な私に代わって、アラブ通の人とのコンタクトは奥平さんが担い、学習し、すぐ語学その他の準備態勢に入った。私たちはアラブ通の人とコンタクトした後には、その家の近くの龍安寺の庭を歩きながら計画を練った。秘密裏に準備するのは簡単ではなかったが、奥平さんの「やる気」はかならず言ったことを実行し、次の再会の課題を着々と準備していった。

誰からだったか、Cさんか森さんか、国際部からか、「パレスチナ派遣の部隊に党員でない人材である奥平さんを派遣するのはいいのか？」という話があった。当時、アメリカへの派遣部隊も、みな赤軍派メンバーだったからだと思う。その結果、奥平さんも赤軍派として行くことになった。行く以上、けじめとしても革命党の一員でありたいと、奥平さんも当然と考えていた。京都で加盟確認し、革命戦線責任者の「政治学習」を終えると、奥平さんは上京して、3ヵ月間、赤軍の新兵訓練に加わることになった。当時、秘密維持が困難な条件で、東京に来るのは気になったが、それは当時の軍の決まりであったのだと思う。パレスチナ派遣自体が秘密裏に進められていた。そのため、軍のリーダーのみ奥平さんの任務を把握している条件で、Sさん指揮の部隊で、70年11月頃からか3ヵ月共同生活をしながら訓練期間を過ごすことになった。新兵訓練について、後に奥平さんに聞いた話では、現場労働や尾行訓練、政治学習討議などだったらしい。

71年正月過ぎ頃、奥平さんたちの住んでいた軍のアパートで、一度、国際部の会議をすることになった。部屋がなかったためだと思う。当時の国際部のキャップは茨城大のSさんであった。会議を終えて、私がブーツをはくために小さな靴ぬぎが狭く、ドアを細めに開けると、ちょうど赤軍派特捜班の高橋正一刑事が横顔を見せながら、何か遠くへ合図を送っているのが突然目に飛び込んできた。「包囲されている！　この軍のアパートって、ばれてるんじゃないか！　安全と思って会議してたけど……」

あわてて対策を練った。とにかくばれていない奥平さんを防衛しよう。他の者は表からいっせいに散り、彼だけ別個に塀を乗り越えて移動し、下北沢で落ち合うことに決めた。紅い椿の咲いているコンクリートの高い塀の向こう側に彼が身軽に飛び降りたのを確認して、私たちはドアを開けていっせいに四方に散った。

結局、東京にいては身分すらばれてしまう。何か事件があってからでは出発もおぼつかなくなると、まだ半月くらいの訓練期間が残っていたと思うが、国際部から軍のリーダーに話し、終了にし、とにかく京都に戻って出発準備をしてもらうことにした。これは1月中旬くらいだったと思う。

こうした弾圧・尾行の中で、秘密に出発準備することは、外国行きの経験もない私たちには難しいことだった。

奥平さんが関西に引き上げてから、私も本格的に出発の財政的身分的条件を検討した。公安に覚られないようにどう出発するかがテーマだった。東京では、当時赤軍派を7・6事件以来離脱してキューバ研にいた藤本敏夫さんや、関西の国際部や組織部の限られた友人たちと出発のための準備を相談し検討した。

奥平さんはマークされていないので正規に問題なく出国できるが、私の方は発覚すれば出られないだろうということになった。そしていくつかの案が出されて、その一つが結婚による名義変更によって時間稼ぎをするという方法だった。そのために何人かの協力を得た。しかし、結局、マークされていない人に事情説明して、秘密を広げたくないということもあって、奥平さんら共同していた人たちと話し合い、奥平さんの籍に入って出発するということにした。

そして、2月2日に奥平さんが婚姻届を出したのだった。その後パスポートを取って、あわただしく出発することになるのだが、権力は密かに何かを嗅ぎ取ろうとしていた。アラブへの出発は徹底して秘密だったので、出発時にはわからなかったようだった。出発数日後に公安は私の実家に来て、「とんでもないことをした……」と、愚痴っていたらしい。ただおかしな動きはあった。奥平さんが婚姻届を出し、出発準備のため実家に帰った時にハプニングがあった。ちょうど2階で出発に向けて荷物を整理していると訪問者があった。高校の友人の名を名乗り、「奥平君結婚したんですってね⁉」と、母親にたずねている声を聞いた。公安の誰かだ。奥平さんが階下に降りていくと、訪問者はあわてて逃げだし、止めてあった車で逃走したという。この話を聞いて急がねば……、と思った。

ある日の夜、京都で奥平さんが暗闇で待ち伏せされてリンチを受けた。当時の公安は暴力的だった。勝手に忍び込んで書類を盗んだり、神奈川ではアパートの天井に盗聴器を仕掛けているところを見つけたこともあった。その時にはパトカーがすぐ駆けつけて、私たちを「公務執行妨害でやるぞ」と脅しつつ、仕掛けていた人間と盗聴器を強引に持ち逃げした。夜は数人で暗闇に連れ込んでリンチしたり、公安は赤軍派より過激派で暴力的だった。

また、私も、友人の京大のNさんから「結婚したって本当ですか？」と聞かれた。誰にそんなことを聞いたのか？　と問うと、ある友人の名をあげた。公安の側から情報を確認しているのが、逆にこちらに届いたような動きだった。急がねばならない。準備を急いだ。

7　森さんとの最後の会議

70年1月中旬頃の寒い日、当時の赤軍派のカードルたちの会議があった。私が森さんに会ったのはこの会議が最後となった。森さんはこの会議で初めて前年12月末に「革左」（革命左派・京浜安保共闘）と組織的に会議を持った事実を少し誇らしげに報告した。当時、他党派は競合の対象であったので、共に闘うために話し合うことは画期的なことだった。そして、森さんは武装闘争を言う口先ばかりのブント諸派よりも「革左」がまじめで、真剣であったことを告げた。

ことに直前の12月に、「革左」は銃奪取闘争で板橋の交番を襲って銃撃され、仲間が一人殺されていた。このことと合わせて、彼らとの共同を今後の大切なテーマと考えていたようだった。「革左から赤軍派に銃を提供してほしいと言われた」。少し言いにくそうに森さんは続けた。「本来貸すべきではないが、今回は特別に貸したいと思う」と、他の人の同意を求めた。

私は反対した。「銃は本来貸すべきだろうが、今回は貸さないとするべきだと思う。私たちには貸せる銃があるのか？」。名義がばれたら困る猟銃と改造銃があるとは聞いたことがあったが、まともなものはない。猟銃は家から黙って持ち出したというし、何かあれば両組織の軍事共闘もばれてしまう。私が反対意見を述べると、森さんはすぐにその議題を引っ込めてしまった。そうだろうなあという感じで、あまり議論もなく、銃は貸さないことになった。きっと森さんも本当は貸せないと思っていたせいだとその時は思った。

その議題の直後、Uさんが発言した。正規軍戦よりゲリラ部隊として、軍の独自的活動を主張していたUさんは森さんに批判的だった。そのUさんが、森さんが自分のアジトに尾行を付けたまま訪問したので、自分がいかに危ない目にあったかと森さんを批判しはじめた。すると、俯いていた森さんが突然立ち上がって激高し、「俺が辞めるか、お前が辞めるかどっちかだ！」と、怒鳴り返した。Uさんも身構えたが、TさんBさんAさんらが間に入って、まあまあと収めた。温厚な森さんのそんな姿を初めて見た私はびっくりした。あの光景は忘れられない。私は森さんがそんな無頼漢のように振る舞うのを初めて見た。

Uさんの話の前の「革左」に銃を貸す問題のわだかまりが森さんの激高の原因かもしれないと私は感じながら、小さくなってその場にいた。けれども、私は森さんに期待していなかったし、また、私には手に負えない現実に積極的に関わろうとは考えなかった。当時は武装闘争路線を主張しつつ行き詰まっていた分、政治的繋がりよりも、気の合う者同士が繋がっていたように思う。

森さんは、私のように旧いメンバーが信頼を寄せたり、もり立てたりせずにいた分、孤立した中で、信頼を寄せてくれる数少ない軍の仲間と共に難局を乗り切ろうとしていたのだと思う。今になると、それがどんなに大変なことだったかとわかり、胸が痛い。若さは決然としていて、その断定は、時にはプラスに、時にはマイナスに作用した。獄中からのかつてのリーダーたちのバラバラの理論や注文や批判の数々、獄外のリーダーだったCさんは去り、Cさんを尊敬していた何人かも去った。また、残っている者も批判的なことを言う。この厳しい中を、森さんは何としても武装闘争を引き受けねばという思いに駆られて突き進んだのだと思う。彼の使命感が今はよくわかる。リーダーは、どんなに自信満々に見えている時でさえも、確信の中に見栄がある。同志たちを結束させるために無理したのだと思う。

私は、当時、まったく森さんの立場に立って彼を慮って考えることができなかった。森さんは困難の中、退くことができずにいたのだろう。M作戦と「革左」との共同で突破口を作ろう、それが多分彼の考えていたイメージだったのだろう。

この会議を経て、赤軍派は連合赤軍の道を歩むことになったのだろう。

8　出発中止命令、出国

私は関西での国際部の会議で日本脱出の方法を確認し、その手続きを終えて東京に戻った。さて、どうするか、まず、パスポートを取得しなければ……というところで、幸運にも日本交通公社に勤める下級生A君とばったり会って、出発準備を急いでいた。

ところがこの頃、出発間近になって、「軍の指示」ということで、私のアラブへの出発の中止を伝えてきた。伝えてきたのは、当時のサブリーダーのTさんであった。これまでも、森さんは私に面と向かって批判したことはない。今回も自分で伝えるのを避けて、Tさんをよこしてきた。私は、「派遣は中央委員会決定であり、変更するなら中央委員会で決めるべきだ。会議が開けないなら、森さん自身が会議に来るべきだ」と反論し、応じなかった。

対立が続いた。森さんは私が決定に応じないのは組織日和見主義だと批判している、とTさんから聞いた。Tさんは私と森さんの間を行ったり来たりして困っていた。

私は森さんの自分で来ようとしない、こうしたやり方にさらに不信感を持った。「わかった。私は赤軍派をやめて行きます」と決断した。そして、それまでに旅行用に集めた金を森さんに返してくれとTさんに返却した。私が日本にいて金集めをせよという意向もわかっていた。もう、それらは遠山さんやKさんに引き継いでいたことだった。しかし、金は必要だろうし、また、私は辞める以上、赤軍派として行くために集めた金は返さないとけじめがつかないと思った。

そして個人として行くことに決めた。私には、その時の赤軍派は希望も展望も終わったように小さく思えた。森さんのもとでM作戦などやりだしているし、おかしな度胸試しに引ったくりもやれという人がいると、軍から相談に来た人もいた。この先赤軍派は失敗するだろう、私には手に負えないと思っていた。

森さんのリーダーシップになってから、愛着一杯の赤軍派への思いは急速にしぼんでしまっていた。赤軍派を辞めよう。辞めたっていい。旧い赤軍派の仲間がいる。獄中の仲間たちのためにも、日本の階級闘争にとって、海外に行くことが次のステップにとって何より重要だと思っていた。当時の私のこうした「使命感」は、自己肯定と表裏の関係にあった。

こうして、赤軍派を一方的にやめてしまった。遠山さんには起こっている現実や想いを打ち明けた。彼女も同じ意見だと、「個人でも行く」という私の出発を応援してくれた。遠山さんは結婚し、夫が獄中にあった時で、救援や組織化でなくてはならない人として活動していた。私は遠山さんに私の個人的な友人たちの人脈も引継ぎ、アラブ・パレスチナで闘うことで赤軍派をまた再建したいと語り合った。

すでに奥平さんも出発条件を整えているはずだった。私には、森さんの指揮下の赤軍派という組織的条件は失われても支えてくれる仲間や友人がいた。その人々がもっと大きな革命の目的のために協力してくれるはずだ。私は出発間際に個人的友人たちから個人的出発のためのカンパを募った。そして、引き続いて準備した。関西に行ってそのことを限られた友人に告げた。奥平さんは、自分は赤軍派になったけど、あなたの方が赤軍派をやめたのか……と、笑いながら言った。奥平さんには計画通り進めてほしいと伝えた。赤軍派は奥平さんの後に続いて人材を派遣するはずだ。こうしてすべての準備を整えた。

出発前日、森さんの伝言を持ってTさんが会いに来た。「そこまで言うなら、赤軍派として行ってほしいと森さんが言っている」と。私は東急ホテルで、森さんへの走り書きの手紙をTさんに託した。これまでも森さんに対して個人的対立としてしまい問題を解決し得なかったことを詫び、赤軍派の一員として国際根拠地を目指すと手紙に記した。こうしてベイルートへと旅立った。

あの71年、組織内の事情もあったし、私のアラブ・パレスチナへの思いも熱かった。この後、森さんが歩を進めた連合赤軍への道が、あのような結末を迎えるなどと誰が考えただろうか。

71年2月26日、すでに奥平さんは一足先に出国していた。2月28日、私は羽田国際空港からスイスエアーでベイルートへと向かった。出発時には、「連合赤軍事件」もリッダ闘争も、もちろん想定外のことであった。しかし、国内に残る仲間も、赤軍派として出発する仲間も、共通した歴史の岐路に立っていたようだ。私たちの当時立っていた考え方は、武装闘争を最高の形態として闘い、武装闘争による革命を前提としていて、退く考えを持たなかった。チェ・ゲバラを胸に、武装闘争の実現こそ、世界を切り開くという思いを持って国際根拠地建設をめざした。

まだ、早春といっても寒い冬の海面を斜めにして、羽田から飛行機が飛び立った。アラブへ。飛行機の窓から小さくなる街と光る斜めの海を見つめながら、ふと浮かんだ一首は、寺山修司の歌だった。

マッチ擦るつかのま海に霧ふかし身捨つるほどの祖国はありや

2章　アラブとの出合い

1　ベイルート着

1971年3月1日、午前零時をすでにまわっていた深夜、レバノンのベイルートに着いた。初めての飛行機旅行。羽田国際空港を2月28日に飛び立って香港、バンコック、ボンベイ（現ムンバイ）を経て南回りでベイルートに着いた。当時はソ連がシベリア上空飛行を他国の航空機には制限していたために、時間の長い南回りが通常のルートだった。

飛行機は海面すれすれに夜の波を銀色に光らせながら、地中海沿いから進入して滑走路にタッチダウンした。外を見ると遠くに点々と街路灯の光が見える。やっぱり夜か……。目を凝らして見る窓の外には、羽田空港と似たような管制塔が赤い光を点滅させている。スイスエアーの飛行機は日本を28日午前11時半頃出発した。20時間近くかけてベイルートに着くというので、てっきり午前中か遅れても昼間と思い込んでいたのでホテルも予約していなかった。日本から予約できるホテルは法外に高い。当時の外貨持ち出し制限は1000ドルで、そうしたホテルは日本円を日本で支払うか、外貨持ち出し制限の1割近くを現地で支払わなければならない。ベイルートに着いてから安い宿をとろうと考えてきた。2日前に着いているはずの奥平さんもいるから大丈夫だ。着いたら奥平さんのホテルに連絡することになっていた。

当時はまだ日本は「発展途上国」で、国際社会では、日本をアメリカの占領国と考えている人が多かった。ことに、当時のベトナム反戦の国際的気運の中で、米軍機が「オキナワ」から飛んでいることが連日報道されていたので、アメリカの施政下にあった沖縄も日本本土も同じと考えている人が多いためだった。日本を飛び立った飛行機の中で「日本は、沖縄と同じじゃないのがわかった。でも沖縄は日本なのか？　アメリカなのか？」などと、後ろの座席で日本人と外国人が通訳付で話しているのが聞こえた。日本が自分たちで描いている自画像と外国人から見た日本は随分と違いがあるな……。そんなことを考えながら飛行機酔いに耐えていた。

　外貨持ち出しも厳しく、まだ個人で観光旅行することは一般的でない。エリートの海外出張・滞在と交通公社の高額なパック旅行が独占していた時代である。普通の旅行者はお金の不足をどう補うのだろうか……。機内で隣に座り込んできた非番で帰国するというなれなれしいスイスエアー職員からベイルート着は真夜中だと聞いてあわてた。そうか、時差があったのだ……。

「肌の色が変わっても、生きていく人の姿に変わりはない」と、事情をよく知っている友人に決断を明かし、遠山さんにも話して、東京から大阪に行くように、闘うために国境を越えてきた。どこの誰とでも、同じ立場にある人間同士なら、ヒューマニズムにおいて分かち合えないはずがない。「君のは、人間みな兄弟の思想でプロレタリアートの敵愾心《てきがいしん》に欠ける」と批判していた信頼すべきリーダーは2ヵ月前に「もう指導できない。自信もない」と闘いから去ってしまった。ヒューマニズムがないからもうやれないと、そんなことが平気で言えるのではないか。同じ境遇にある者たちは、人間同士わかり合えるはずだ。そんな啖呵を吐いて親友たちと別れて、国境を越えた。後になって考えてみれば個々人が「弱い」とか「日和《ひよ》った」ということではなく、当時リーダーすら闘いから去らざるを得なかった私たちの闘いの誤ったあり方全体が問われていた。

また、リーダーが「指導できない」と言ったことに過ちを正すヒントもあったのだと思う。しかし当時は、開きなおってそれが何よ、それがどうした⁉ と進むのが私の流儀だったようだ。生きていく人の姿に変わりはないと啖呵を切って。でも、まず時差を解決しなければならない。

スイスエアーのその職員が、ボンベイからベイルートの当時の最高級ホテルといわれたブリストルホテルに電報で予約を入れてくれた。そこには、2日前に飛び立った奥平さんが、私が来るまでの3日間は泊まっていることになっていたからだった。

ベイルートは、中東の中で、唯一のキリスト教国として自由都市機能を持っていた。フランスの植民地支配から国として独立してまだ30年も経っていないためにフランス語表記が普通だし、中東で唯一宗教的制約もなく過ごせるらしい。エジプトなどのアラブ民族主義の強い国では、イスラエルと交戦下にあるために情報管理が厳しい。当時もっとも早い通信手段といわれたテレックスなども、カイロは検閲が厳しくて日本語では送れず、英語にしなければ送れなかった時代。国際電話も何時間待ちの申し込みで、携帯や直通ダイヤルなど夢の時代である。

ベイルートは中東で唯一の自由な都市。日本ばかりか西欧の支社が中東の拠点として集中しており、キリスト教文化とフランス文化の色濃い町であった。最下層に抑圧され、人口も最大ながら発言権の小さいシーア派の神の党などが、実際に見合った権利を獲得していくずっと前の時代に当たる。

スイスエアーからタラップを降りはじめると、海の香りの柔らかい風が足下から吹きあげた。地面に足をつけて、じっと地面に心を注ぐ。ああ、ここはパレスチナ・アラブの人々の土地。闘う彼らが生き、そして住む街だ。地面を踏みしめたとたんに新しい街なのになぜか懐かしい思いがこみあげてきた。真夜中のスイスエアーから十数人ほどの人々がベイルートに降り立った。他の乗客はそのままアテネからチューリッヒへと向かう。降り立った乗客たちの中には、アフリカや中東のプラント輸出組み立てに向かう日本人技術者たちもいた。

「高卒の自分が海外出張に選ばれた。わけもわからず、言葉もわからずこれからどうなるか不安がある」と、大声で楽しそうに飛行機の中で話していた同年輩の若者も降りた。彼は大卒しか海外派遣されない会社で初の高卒の派遣者というので、高卒ルーキー駐在員を自任していた。香港、バンコックと飛行機がランディングするたびに、機内に残ることが許されず空港ビルに追い出されるのが不安で、ボーディングカードの便名の同じ者たちが、自信なげに言葉もわからず寄り集まって自己紹介したりしていた。そんな中でいつも知らない者同士の話題の中心の好青年だった。

　そのルーキー駐在員がベイルートのパスポートコントロールで、言葉もわからず困っていた。私は6ヵ月のレバノンのビザに往復切符をもって準備してきたので問題なくパスした。彼は困って、私に助けを求めている。私だって英語はダメなのに。とにかく聞いてみると、彼はアフリカへのトランジットのためにベイルートに1泊しなければならないらしい。しかもトランジットビザがないので、ビザをこの場で取るようにと言われているのがわかった。約10ドルだったか、彼もそれを知ってほっとしていた。航空会社の手配ミスらしい。幾ばくかのお金を払って、入国ビザをその場でもらって、やっとパスポートコントロールを通った。私たちは4、5人の日本人。ベイルートに降りる私以外は、みなどこかの国へ行くトランジット客で、カイロや他のアフリカ都市に向かうらしい。パスポートコントロールを終えると通関のところで荷物検査。ルーキーの技術者が大鞄を開けると、端から端までインスタントラーメンが入っているのにはびっくりした。先に行ってアフリカに滞在している先輩に頼まれたのだという。あきれてしまった。このルーキーは長期滞在用のものは持っていなくても平気なのだそうだ。先輩がそう言っているとニコニコしている好青年だ。人それぞれだな。こちらのスーツケースには、当面何も出費しなくていいように、年間の着るもの、日用品、文具などが一杯詰まっている。

空港にたむろしていた荷物運びのカートを押した年寄りのワーカーが、女性客の私の荷物をさっとターンテーブルからカートに載せた。えーと、なんと言うべきか、Where? などと言っているうちに通関までできて、荷物を開ける間もなくOK！　という。カートの荷物を追いかけているうちにもう空港ロビーを出てしまった。

空港もビルも大きくない。ガラス張りの空港の外は闇。目を凝らすとヤシの木のような背の高い木が街路灯と並んで一本道が続いているのが見える。暗いビルの外に出ると、日本よりも断然暖かいと思ったがそうでもない。出発した日本の寒さより少しましなくらいだ。

さっきまでタクシーが数台いたらしいが、もう出払っていて、私たち10人足らずの乗客は暗闇の中に取り残されてしまった。停まっているのは武装したジープが数台。空港を防衛しているようだ。取り残された乗客は、タクシーが街からこの空港に戻ってくるのを待つのだろうか？　いったいそれまでどのくらいの時間がかかるのだろうか。日本とは違うなあ。放り出されて、どうするか日本人同士語り合う。みな初の海外旅行らしい。欧米人も困って肩をすくめてみせた。突然、2台のジープが私たち乗客の横に停まった。「乗れ！」と言う。「よせよせ！」などと日本人が敬遠していると、欧米人はフランス語で何か話しながら乗り込もうとする。治安当局が予約先のホテルへ送り届けることになったらしい。私たちも恐る恐るジープに乗り込んだ。

各自にホテル名を聞いている。ルーキーと他の日本人は「ホテルリヴィエラ」と言っていた。このホテルには日本食レストランもあるんだよと。聞いてみると、先輩がそう言ったと教えてくれた。そっちのほうが私のホテルより新しいし、安い。やっぱり先輩はいたほうがいい。私が「ブリストルホテル」と言うと、2台のジープに乗客10人ほどを方角に合わせて2組に分けて乗せた。皆の大荷物も兵士たちが運んでくれる。思ったより親切そうだ。車は夜の街を走りだした。

しばらく行くと、正面に海が現れた。「メディタレニアン！（地中海！）」と、外国人が小さい声をあげた。地中海沿いの街がベイルート。それを南に下ればパレスチナに着くと、奥平さんが日本を発つ前に言っていたのを思い出した。もちろんパレスチナは占領された戦場で、国境は閉じられている。海は、ベイルートの街路灯やビルの薄い光を集めて、水面が光っていた。

ベイルート、新しい街に着いたのだな。海を見て、居合わせた私たちは、知らない者同士顔を見合わせ、何だかほっとした。海岸通りのリヴィエラホテルで他の日本人たちが先に降りた。「おたがい、またどこかで逢おう！　日本人としてがんばるぞ！」などと古風なことを言いながら、日本人ルーキーたちは兵士にお辞儀して、ホテルに消えていった。そのお辞儀が何だかとてもおかしい。レバノン兵士たちを驚かせたようだ。レバノン兵士たちも、首をあげたままお辞儀を返した。最後の客が私だった。海岸から少し高台に上がったところに植民地時代の旧いブリストルホテルがあった。兵士がポーターのように付き添って荷物を降ろしているところに、ホテルの内から鍵を開けてマネージャーが飛び出してきた。

「サンキュー！」お辞儀はやめて治安部隊のジープに手を振って、私も深夜のホテルに入った。

ボンベイから予約していたので手続きはスムーズだった。すでに2日前、ここに宿泊していた奥平さんの隣の部屋を手配してくれた。荷物を置いて急いで隣のドアをノックすると、中から「イエス！」と声が聞こえた。ハイでなくイエスにちょっとあわてた。そうか、日本じゃないんだな、ノックされたらイエス！　と言うんだな、と、改めて海外にいることを自覚した。私たちは再会を喜び合い、すでにベイルートの街を探索していた奥平さんの話を聞いた。

歴史の宝庫、いい街だよ、もう、パレスチナの解放闘争のことが英字新聞に何かかんか毎日出ているのを読んでいるよ、と。感情を込めて奥平さんが言った。今日着くと思ったから、明日のベイルート市内見学をもう予約してあるからね。まず、狭いベイルート市内の概略を摑んだほうがいいと思ってね。料金はとても安かったし、9時頃から昼食くらいまでの時間だという。アラブっていいところだなあ、昔、色んな歴史を学んだのを現実のこととして思い出すよ。

残してきた日本のこと、アラブの新しい希望、パレスチナのことなどを語り合っているうちにもう朝を迎えてしまった。時差のせいでちっとも眠くない。ホテルの朝食を摂って、スーツケースにしっかりと鍵を掛けて、ハンドバッグを肩から下げて、奥平さんと観光バスの車をホテルで待つことにした。観光バス会社かホテルの車が観光バスの乗り場まで私たちを運んでくれるという。3月1日のアラブの明るい光の中、観光バス会社のベンツが着いたらしい。オーソドックスなふかふかの絨毯のロビーを出てベイルート見学へと向かった。バスの乗り場はダウンタウンだったような気もするし、観光省の傍だったような気もするのだがよく思い出せない。

バスの溜まり場に行くと、「おたがい、またどこかで逢おう！」と気合で別れたはずの日本人ルーキーが、ちょこんと大型バスに座っている。行き先を見るとダマスカスと書いてある。昨日の話では、今日、彼はトランジットでアフリカに飛び立つと言っていたのに、どうしたのだろう。私を見つけると、窓のところから彼は手を挙げて笑顔。「僕はどうなるんでしょう？　ホテルで何か聞かれてイエス！　イエス！　と言ったら、車で運ばれてバスに乗せられたんですね」と心細げに言う。奥平さんに確かめながら「それはシリアのダマスカスに行くバスですよ。今日戻るかどうかわかりませんよ。あなた、今日、トランジットでアフリカ行きの飛行機に乗るんじゃないの？」と私が言うと「そりゃダメだダメだ、オイ降りるぞ」と、立ち上がった途端バスは走りだしてしまった。

私と奥平さんで追いかけたが間に合わなかった。傍にいる人々にこちらの拙い言葉で話しても通じない。きっと、彼は車を降りただろう……できることはしようとリヴィエラホテルに事情を伝えたが、その後の彼の運命は知らない。あの楽天性、きっと難局を脱したに違いない……。

私たちは市内観光というのを確認してからバスに乗り込んだ。小太りの禿げ上がって抜け目がなさそうで、反面お人好しそうなアラブ人がガイドだと自己紹介した。

ベイルートの市内はとっても狭い。観光地といっても海岸通りの地中海にあるピジョンロック、空港、繁華街のハムラ通り、アメリカン大学から港へ。港にはアラブの絨毯、ガラス細工を売っている一角があって、そこで観光客に絨毯を買わせるようだ。アラブの伝統的な模様の見事な絹の絨毯やペルシャ絨毯もある。小さな絨毯はお祈りのためのカーペットで、どれもそれぞれが美しいものだった。

下町に出た。スーク（市場）には、金細工から生活の必需品まで扱うオープンマーケットがある。密集した人群れで通れないほど。それから博物館へ。博物館にはフェニキア時代、古代ローマ時代、ビザンチン時代、それに数々の出土品が無造作に置かれている。博物館は駆け足で進む。圧倒されるほど古代ローマの遺物が床にごろごろと置いてある。また来ようと奥平さんと話し合った。一度には時間内では見きれない。この博物館だけゆっくりと1日かけて見に来るのがいいなあ、と言いながら。結局そんな時間は持てなかったけれど。

バスのガイドは20人に満たない客と楽しく雑談しながら進む。「カーペットは、お買い得だったんですよ、マダム！」などと、私たちが買わないのを残念がっていた。話のついでにガイドは私たちのいるブリストルホテルは「高すぎる」と言う。まったくそのとおり。奥平さんが「明日替わるつもりだが、安いホテルを知らないか」と言うと、「ＯＫ！　まかせておけ！」と言う。乗客を各ホテルに送り届けると、「もう観光の仕事は終わりだ」と、私たちに、「これからこのバスで連れて行ってやるから、ブリストルホテルをチェックアウトしてこい」と言う。「今日から、もうホテルを替えた方がよい。高すぎる。これから行くホテルの値段は、1ヵ月で今のホテルの5日分くらいしかかからない」と言う。こちらも渡りに舟と観光バスガイドの話に乗った。そのままブリストルホテルをチェックアウトして、引越し車のように観光マイクロバスにスーツケースを積み込んで新しいホテルに向かった。

新しく落ち着くことになったホテルはニューハムラホテルという名で、ハムラ通りという繁華街にあった。ホテルの入口は狭いが、ホテルの中にもう1棟、ファーニッシュドアパート（家具付アパート）が建っていて、1ヵ月で450ドルくらいだったと思う。部屋で自炊できるようになっていて、ベッドルームに小さな居間が付いていた。それにベッドメークも掃除もしてくれる。

とにかく1ヵ月の予約をして前払いすると確か400ドルと少し安くなった。外貨持ち出し制限でお金のない私たちには大助かりだった。後は1日分の費用を2ドルから3ドルで当面過ごしながら、PFLPとのコンタクトと展望を開こう。何とかやって行けそうな気がした。ガイドはさまざまにアドバイスしてくれて、無知の私たちは大いに助けられた。

3月一杯、1ヵ月分のホテル滞在のお金を払って、私たちはベイルートの街の住人となった。

2　ベイルートという街と人びと

翌日からはスーク（市場）に行って、1ドルで5缶も買えるラベルのないコンビーフとか魚とか野菜とか、安く過ごす方法はすぐ身につけた。後でわかったが、これらは国連援助物資がどこからか闇市場に流れるので、ラベルを剝がし安く売っているのだという。

アラブの人たちは何でもkg単位で買う。肉もkg、キュウリ、トマトなど安い野菜を喜んで買ったし魚も安かった。アラブの人たちはほとんど肉食なので特別な時しか魚を食べないようだ。それに生野菜をよく食べる。当時の日本は野菜には火を通す料理が多かったので、大量のサラダには驚いたものだった。レストランの前菜には洗ったキュウリやトマト、レタスが丸ごとステンレス製の美しいボウル一杯に届く。小さなナイフが付いていて自分で好きなようにカットして食べる。レタスは二つ割りにしてむしゃむしゃと葉をむしって食べるし、キュウリは山盛りでもあっという間に食べつくしてしまう。

ベイルートを基点にして生活すること。それは、もう着いてすぐから興味津々、探検隊の気分であった。人間のいるところ誰とでも出会いながら過ごすことに慣れ、楽しく生きていく。ベイルートは、いつしか故里になっていった始まりの場となった。

一本道のハムラ通りの近くにはアメリカン大学があった。その道のコーナーには、ひっきりなしにダウンタウンに行く乗合タクシーが流れている一方通行の道がある。ハムラ通りは東京の銀座通りというところか。

当時レバノンは中東のスイスと呼ばれていて、エキゾチックな中東の港として地中海クルーズで、フランスやギリシャやイタリアからの観光船の停まるところであった。300万人ほどの人口で、総面積は1万400平方km、岐阜県くらいといわれていた。南はパレスチナで、かつては自由に往来していたが、48年のイスラエル建国とともに交戦状態となっている。北と東はシリアに接していて、西は地中海に面した南北に細長い国である。そのちょうど地中海に面したまんなかあたりに首都のベイルートがある。

レバノンは紀元前15世紀くらいからフェニキアの中心として栄えた都市国家シドン（サイダ）、ティルス（スール）、ビブロス（ジュバイル）、トリポリなどの港町が昔の栄華の様子をとどめていたし、十字軍の激戦地としてそれらの都市は名高い。民族の交差点であり、長い歴史の知恵として、キリスト教徒もイスラーム教徒も共存してきた。しかしフランスの植民地支配の下で、キリスト教徒優位の産業・政治体制の下に置かれていて、1943年宗主国フランスから独立したあとも、植民地時代の政治的な体制が生きたままであった。

もともと第1次大戦後、シリアの一部であった海岸沿いのレバノンが、自治政府を持つようにフランスの植民地支配に入ったのだが、政治体制もキリスト教徒の大統領、イスラーム教スンニー派の首相、同シーア派の国会議長などと、キリスト教有利の6対5の割合で閣僚から国会議員・官僚などのポストが振り分けられていた。それらは、もともとはフランス植民地時代の国勢調査によるものとされていたが、実際にはイスラーム教シーア派の人口が一番多く、次いで同スンニー派で、その次がキリスト教マロン派であり、実態を反映していないために、のちに政治改革を求めて内戦が75年から15年続くことになった。

66年の政府の出版物「レバノン・今日明日」によると、人口の53%はキリスト教徒で、マロン派29%、ギリシャ・カソリック6%、スンニー派21%。シーア派18%、ドルーズ6%と分けられているが、実態を反映していない。また宗教もこまかくは18もの宗派があって、国会議席をさらに細かく分け合っていた。

そして当時、第1次中東戦争以前からユダヤ武装機関によって迫害・追放され、避難して逃れてきたパレスチナ人はレバノン国内の15の難民キャンプに、レバノンの人口の1割を超える30万人以上が住み、祖国への帰還を待っていた。この難民キャンプがパレスチナ解放運動の基盤であった。私がベイルートに到着する前の60年代、第3次中東戦争へのレバノン政府の闘わない態度に抗議して武装抵抗を要求したり、在レバノンパレスチナ人の権利の向上を求めて、何度も政権との間で対立が起こっていた。その結果、69年にはエジプト・ナセル大統領の仲介で「カイロ協定」を結び、レバノンにおけるパレスチナ難民キャンプの自衛武装とレバノン南部からのパレスチナ解放闘争の権利を認めさせた。

私が行った71年当時は、表面的には中東の自由都市スイスの振舞いの中にあった。それでもベイルートに着いてすぐの頃、海岸通りで大学生たちのデモ・市街戦に遭遇したが、学生たちの要求は反植民地・アラブ主義を求めて、自国語のアラブ語で授業をやれと要求していると知ってびっくりしたものだった。そうか、母国語で受けられない授業もあるのだなと。もちろん、ベイルートの中心にあるアメリカン大学は英語で教えているのだが、他のレバノン大学やアラブ大学でもアラブ語以外のフランス語の授業が多いようだった。

当時の資料によると、70年のレバノンにおける労働総人口は57万人強（パレスチナ難民やシリア人労働者の10万人以上を除く）で、55％が公務員を含むサービス業に従事し、農業が18・9％。外国銀行が自由都市機能を支えたが、内戦が激化するにつれてその機能は、当時辺境だったアラブ首長国のドバイへ移っていった。

レバノンは不思議なところで、海外に住むレバノン人が、国内より多い400万人くらいだと教えてくれたのも、初めに出会ったガイドだった。アメリカに80万人、南米に270万人、アフリカに11万人、オーストラリアやニュージーランドに10万人。もちろん宗主国フランスにも万単位のレバノン人がいるという。自分の国より海外に出て稼いで家族を豊かにするというのは、フェニキア時代からのレバノン人のやり方なのだという。海洋民族だけあって、東地中海の中心でもあり、ベイルートの港から内陸のアラブに向けてモノが流れている。ことに67年の戦争で運河東側のシナイ半島をイスラエルが占領して以来スエズ運河が閉じられている分、ベイルートの港は重要だということだった。

「コスモポリタンの街」といわれたベイルートにはさまざまな顔があった。私たちのいるハムラ通り近くには観光客やキリスト教徒も多く、アメリカン大学も近いし、海岸通りまで外国人居住者があたり一帯に住んでいた。下町には古くからの市場があり、旧市街地で、殉教者広場を中心に伝統的なトルコ帽をかぶったアラブの男たちが忙しく働いたり、お茶やコーヒーを飲んで水タバコを吸いながら話し込んだり、さまざまな社会をつくりだしていた。また東ベイルートには国営のカジノ・ド・リバンがあり、豪華なショウやギャンブルを楽しめた。空港から街に入ってくる夜には気づかなかったが、昼には歴然とそれとわかる造りの低い街並みのつづく広大な一角がある。それがパレスチナ難民キャンプ、シャティーラで、松林がむき出しの赤土の向こう側に広がっていた。

レバノンについて、日本では書かれたものを探す努力もしなかったせいで、中東やアラブ紹介の本の知識くらいしかなかった。それでも、とにかく日々生きている人々との出会いの中で、驚き、交流し、そして慣れていった。

当時の私たちは、世界革命を目指していたし、マルクス＝レーニン主義にもとづいた解放を求めていた。そしてパレスチナ解放の闘いに連帯し、共に国際根拠地を拡大して、世界の被抑圧階級の解放を求めていた。その分、宗教には興味も関心も持っていなかった。しかし、ベイルートはやはり宗教に包まれた街であり、人々の暮らしの中にそれがある。明け方、近所のモスクのスピーカーからアザーン（礼拝の呼びかけ）が聞こえてくる。昔はモスクのミナレット（尖塔）から朗々とよく声の通る男性が呼びかけていたらしい。スピーカーから歌のようなゆったりと抑揚をつけたおごそかな声が聞こえてくる。ベイルートにいると、いつもこの韻を踏んだ歌声のような音が耳に響いてくるが、それはアラブ音楽だったり、どこかの国の元首の演説だったり、また夜明け前、正午ころ、午後、そして日没、夜の5回のアザーンの声だったりする。

言葉のわからない異邦人の私には、何かおごそかなアラビア語は、どれも祈りへの呼びかけに聞こえるのだった。同じ時間にアザーンが街のモスクから流れてくる。あちこちにモスクがあるので、どこにいても祈りの知らせを聞くことになる。街中にはキリスト教徒もいるし、祈らない人も多いのだが、このアザーンの声に応じて、店の奥に小さなカーペットを敷いて、祈りをはじめる人も多い。近所の八百屋さんがそうだった。祈りの時には、静かに立ち去るか静かに待ってから買物をする。

原っぱや海岸の岩場でもまた市場の一角でも、人々は同じ方角、サウジアラビアのメッカのカアバの方角に向かって祈りをささげる。地中海におちるサンセットを背にしているマグレブ（アラビア語、日が没すること、没するところ、西方の意）の祈りは、本当に輝くほど美しい。

地面に小さな布を敷き、カアバの方を向いて、両手を耳の横に上げて、アッラーァアクバル（神は偉大なり）と腹から声をあげる。そしてクラーンの一節を唱えながら、神は偉大なり神に栄光あれと神をたたえ、地にひれ伏して祈りをささげる。貧しい服装や老いた白髪も祈りの一心の所作に輝いて見える。ことにマグレブの、日没の祈りは、わずかに残った淡い太陽の金色の光に包まれて荘厳さをたたえている。一日のはじまりなのだ。イスラーム暦では夜明けではなく日没に一日が終わり、日没から日が改まる。マグレブ、日没すぐ後の祈りは新しいはじまりの祈りでもある。こうして自分をみつめる時間のブレイクと腹式呼吸の柔軟体操のような祈りの力強さに圧倒された。人々の世紀を千数百年超えて生きている祈りが、お寺や神社の中ではなく、人々の生存競争、暮らしの中にあることを実感させられる。

奥平さんは、スークで働く小学校に上がるか上がらないかの年齢の子どもたちから、いつも袋を買う。彼はその子どもたちの労働が好きだった。連帯の思いなのだ。新聞ほどの大きさの茶色い紙袋を子どもたちが競って売っているのだが、それは、野菜や肉など大量に買ったものを一括して入れるためのものだ。小さな子がその大きな袋を持って、荷物を持った人々に駆け寄っては売っている。15ピアストルほどのその袋を売って、子どもにはいくらの稼ぎになるのだろうか。

学校にも行かず、水溜まりがあちこちにある市場の道に、足元を泥だらけにして働く子どもたちに驚き同情し、またそのたくましさに尊敬してしまった。こんなちびでも、祈る子もいる。10歳くらいまでの子どもは祈りをすることは必要ないとされていても、市場の一角で祈る子も何人かいた。言葉はわからないけれど、生きる祈りを、こうした子どもたちからも強く感じた。またイスラームは喜捨《きしゃ》を美徳としているので、こうした子どもたちに温かい連帯のザカート（自発的喜捨）が寄せられて、安い袋に1リラを支払っている人が多いのを知った。私たちもそうした。

イスラームが、解放運動や革命と共存している事実をのちに知って驚くことになるが、イスラームの良いところは、平等という理念だとつくづく思う。世界宗教になりうる要素はそこにある。血族や部族社会を超えた神の前における、あらゆる人間の「平等」を原理としている。地位や財産の多寡ではなく、「神の御許で最も貴い者は、あなたがたのうち、最も主を畏れる者である」とされる。平等はまた平和の理念と結びついている。もちろん現在の現実世界では、「平等」は良心的庶民の中に根付いていても、支配層には建前でしかない。しかし建前でもそれは無視できない制約条件をつくりだしている。

これはイスラームが興った当時は画期的なことで、他の部族、宗教と平和裏に共存しようとする考え方である。「サラームアレイコム（あなたの上に平和が訪れますように）」が、いわばイスラームの人々の「こんにちは」である。

イスラームは平和・平等思想を基本としているがゆえに、住民の中に根付いたといえるし、またそうであるがゆえに、不正を許さない強さをもった宗教でもありえた。イスラーム教では不条理、理不尽（異教徒がイスラーム教徒の土地を侵略してきた時など）に対する防衛戦争が許されている。それは、西欧に対する反植民地闘争やイスラエル建国による一方的な占領ゆえに、宗教の理念の冒瀆としても許されない怒りの行為であった。そのために、どの街の人々と話しても、反植民地主義・反イスラエル・反シオニズムの考え方が常識となっている。日本の価値観とはまったく違っている。

自己洞察を不可欠とする宗教の積極的意味を知ったのも、日本ではなくレバノンで、こうした異邦人として、日本を見つめなおした時であった。

3　ニューハムラホテルにて

観光バスのガイドに勧められてすぐさま引っ越したニューハムラホテルはとても気に入って、住み心地もよかった。レバノンの海岸に沿った南北に長い地形のまん中にあるベイルート。その繁華街のハムラ通りのちょうど終りのあたりにニューハムラホテルはある。旧い老朽化したホテルはベランダの鉄柵にも公園で見かけるような花のモチーフの曲線がほどこされていて、居間には不釣り合いなほど大きなシャンデリアや猫や鳥の足のデザインの家具等々、旧植民地の文化の匂いが残っている。ホテルを出てまっすぐ道なりにハムラ通りのはずれまで行くと、突き当たりの坂道に出る。坂道を２００メートルくらい下りていくと、地中海の海が広がっている。

私たちは、ベイルートに着いた当初は、一日に朝と夕方、こんな海岸通りを歩くぜいたくな時間を持てた。

そんなある日のことだった。ブリストルホテルからニューハムラホテルに移って1週間くらいたった頃だったと思う。いつものようにホテルから海岸へ出て、コルニッシュの高台にたどりついて、ピジョンロックのそばでサンセットを眺めている時だった。「日本の方ですか？」と声をかけられてびっくりした。ふり向くと、ポロシャツにチェックのジャケットのラフなスタイルのまじめそうな40代くらいの日本人である。おたがいに気軽にあいさつをした。そして私たちは新婚旅行をかねて中東やパレスチナの歴史を学びたくて来たと告げた。これはベイルートに着いてすぐに、数日前日本大使館にニューハムラホテルと住所登録した際に、滞在目的を述べたのと同じことを答えたのである。

当時は出国後、日本の公安は、大使館を通して居場所を捜すかもしれない。その際、現地の警察に捜されるよりも、こちらから、今のところは居所を合法的に記しておいた方がよいだろうと考えて行ったものである。当時は渡航先での滞在登録がうるさく言われていた。日本人の男の人は、懐かしそうにSと名乗り、時事通信社の名刺を差し出した。そして自分は次の特派員の到着を迎えて引き継いだら帰国するのだと話していた。そしてベイルートには日本人が５００人近くいることや日本レストランがホテルリビエラの中にあること、また日本食料品店も下町にあることを教えてくれた。そして、「あ、そうだ。醤油など残り物ですが使いませんか。海の幸はやはり醤油がないと」と申し出てくれた。私たちもお礼を述べながら、そのSさんと海岸での交流の一時となった。新任者が着いたら一緒にメシでも食いましょう、などと話していた。

たしかその翌日か翌々日だったかすぐのことだった。夜、Sさんから電話があった。「今、ホテルのロビーに来ているんですけど、えーと、話がしたいのです。新任のKと一緒です」と言うので、私と奥平さんは別棟のファーニッシュドアパートからロビーに降りていった。2人はなぜか緊張した面持ち。Sさんがまず初対面のKさんを紹介した後に、「いやー、新聞にあなたたちのことが出ているんです。これ、あなたたちではありませんか?」と言う。Kさんは、「羽田で、飛行機に乗る前に、同僚から、『オイ、ベイルートにはこんな人もいるゾ!』と、朝刊をポンと渡されて、飛行機の中で読みながら来たんですよ。そしてSさんに話したら、Sさんが『あ、私が海岸で会った人たちだ!』ということで……」と言う。そして新聞記事を見せてくれた。私が偽装結婚をして出国したという記事だった。私たちは、やっぱり早いな、もうマスコミにバレたのかという程度のおどろきだった。いずれわかってしまうと思っていた。出国してしまえば妨害はむずかしいだろうと思っていたので、「あ、それは私たちです。いつか出ると思っていましたから」と答えて、わざわざ知らせてくれてありがとうございますと礼を言って部屋に戻った。「早いな……。こちらも急がないとな……」と奥平さんが言った。私たちは、このニューハムラホテルの大柄でナセル大統領のような風貌のエジプト人のマネージャーが信頼できそうだと判断して、言葉のことや社会の仕組みをたずねたりしていた。そして数日前に、PLOとPLOリサーチセンターの事務所のアドレスを聞いた。そしてPLOに行って、アル・ハダフ(PFLP情報センター)の所在地を聞き、すでにPFLPへのコンタクトをはじめていたところだった。

部屋に戻って30分以上たってからまた電話が入った。「あの、まだロビーにいるんです。先ほどからKと話をして、どうだろう、もし、そちらにさしつかえなければ、記事にしてもよろしいですか。あなたたちも、この記事への反論とかあれば、何か言ってもらいたいし」とSさんから

だった。帰らず、ずっと、どうしようかと話していたと言う。私と奥平さんは話し合って、「偽装結婚か」というスキャンダラスな記事に対して、変に隠しているのではなく、普通にオープンに滞在していることを示した方がいいと決めた。「自分たちはまじめにパレスチナの学習に来ている」と告げることにした。そしてロビーに下りていって、そんな話をした。ベイルート発の彼らの記事はすぐ日本の新聞に載った。

その後、Sさんらは帰国のあいさつに来られて、その記事を見せてくれた。そしてKさんは私たちのホテルから100メートルほどしか離れていない新しいファーニッシュドアパートに部屋を見つけたことを告げていた。その翌日か翌々日にKさん宅を訪れて、おたがい新米同士協力し合って過ごしましょうと話をした。Kさんは明るく世話好きの好人物だった。ベイルート滞在中以降も近しく交流した一人である。彼は落語のカセットを持ってきていて、お貸ししますよなどと言う。そんなものを持って来る人もいるのかと驚いたが、日本が大好きなKさんにはベイルートは心細い気分だったようだ。こうしてSさん、Kさんからはじまって大使館員たち、日本経済新聞のIさん、共同通信のKさんらベイルートにいた記者たちとも仲よく交流していくことになる。

のちに述べるように、3月の末になって、PFLPの人から、私のことがクウェートの新聞に出ていると言われて、任務のあり方を検討して、奥平さんと別行動をとることにした。それまでの1ヵ月近い間、ホテルの人たちとはさまざまに語り合い、彼らも好意的に私たちを友人のように遇した。誰もが反植民地闘争を闘ってきた民族意識が強い。イスラエルに対する怒りとパレスチナ解放闘争に対する共感は強い。共感というより当事者意識で、マネージャーからメイドのおばさんまで、私たちに理解させようと心を込めて語ってくれる。そんな中で私たちは、PLOとPLOリサーチセンターの資料を学ぶようにアドバイスされてアドレスも聞いたのだった。彼らはリッダ闘争の後で、涙を流してブラボー、ブラボーと叫んでいたという。そしてのちにも私たちの友人がホテルに宿泊すると、いつも特別にはからってくれた。

そんな人々が、アラブの街の人々である。乗合タクシーに乗ったら、たまたま乗合わせた人とキュウリの丸かじりまで分かち合う。陽気で、他人をも家族のようないたわりで迎えてくれるのがアラブ人気質である。私は自分の過ごした日本の大学時代の仲間たちのように波長の合うアラブ人社会がとっても気に入っていった。もちろん奥平さんもそうだ。彼は自分から世話を大仰に焼く人ではないが、思いやりのある人だったから、大仰な世話焼きのアラブ人のオープンマインドに誘われて、ずいぶん楽しそうだった。

4　PFLPとの出合い

PLOリサーチセンターはホテルから200メートルくらいしか離れていないサダト通りの住宅街の一角にあった。そのビルの近所には共同通信の記者のアパートもある。PLOはコルニッシュの海岸通りからまっすぐ延びる博物館からダマスカス街道へと向かうマズラ大通りに面した一棟のビルである。そばにはソ連大使館や国連の建物があり、少し行くとナセルモスクがある。エジプト人のジャマル・アブドル・ナセル大統領の縁でできたモスクだという。そのあたりから奥に進むとアラブ大学や月赤十字病院、シャティーラ難民キャンプにつながっている。その地域は70年のヨルダン内戦以降、逃れてくるパレスチナ人たちが住みだして、ずっとパレスチナ人の住宅や事務所が、のちのちまで増大し続けていたサブラ地域である。サブラ住民地区はシャティーラ難民キャンプへと広がって、パレスチナ住民地域とつながって、のちに「サブラシャティーラ」と呼ばれるようになった。

ＰＬＯのビルはすぐわかった。大きなビル１棟に、どこの大使館でもするように、ベランダからパレスチナ国旗を掲げている。ビルの入口には武装したコマンドがいる。ＰＬＯの資料を学習したいのでほしいと受付で告げるとこころよく受け入れてくれた。「ジャーナリスト？　学生？アジア人は若く見えて案外30歳を超えていることもあるんだよ」。わけ知り顔のスタッフが話しかけてくる。資料をもらったり厚手の本を購入したりしてから、「ＰＦＬＰのアル・ハダフはどこですか。近所と聞いているのですけれど」と言うと、「君は日本人のＡさんを知っているか？」と聞かれて、「ええ、彼から聞いて、パレスチナに行ってみたいと思ったのです」と告げると、「そうかそうか、彼はＰＦＬＰとも仲がいいんだよ」と言いながら、建物を出て道に立ち、「大通りの向こう側に、ほら赤土の空き地が見えるだろう。そう松の木が３本立っている。あの後ろのビルがアル・ハダフだ。よく見てみなさい。ベランダに看板があるだろう」という。アル・ハダフ事務所の入っているビルを指さして教えてくれた。

私たちはお礼を言って、大通りを渡って赤土の空き地を見ると、そこだけまだビルの建っていない一角で、近所の人たちの駐車場のように使われているらしく、たくさんの車が駐まっていた。その赤土のところに松の木が４、５本立っている一角があって、その下に小銃で武装した数人が、築いた土嚢の横で椅子に座っていた。

あれはクラシンコーフだな、とのちに奥平さんは小銃のことを言っていた。

アル・ハダフは日本式の2階、アラブ式の1階のフロアー全体を事務所にしているようだった。反対側にあるビルの入口のそばまで歩いていくと、そこにも武装した数人がたむろしている。そしてビルの入口には机を出して座っているコマンドが数人。ビルに入る時に、「こちらはPFLPのアル・ハダフのある入口ですね?」と確認するとそうだと言う。「あなたたちは、どこから来たのか?」と聞くので、「日本から来て、PFLPと話をしたい。ミスターAの友人だ」と言うと、「オー、ミスターA。元気か?」と言いながら、「上に上がって話せよ」とゼスチャーで示してくれた。そうしてアル・ハダフのドアをあけた。

入ってすぐの部屋は、たくさんの資料や本が積み上げられて、ポスターが貼られた小さい待合室。そこからドアをひらくと、大きな机の後ろの壁一面に、各国のポスター、チェ・ゲバラやアラブやベトナム反戦のポスターが貼られていて圧倒される。

大きな机に座っていた目の鋭い30代の男性が立ち上がって笑み、「ようこそ」と迎えてくれた。私たちは日本の革命組織の赤軍派であり、パレスチナのボランティア活動をしようと思って来た。AさんからPFLPと親しいアーティストのDさんを訪ねるようにと言われた。Dさんに会うことができるか? 奥平さんが自己紹介と要請をしてみた。それらは、昨日、会ったらどういう話をしようかと話し合って、まず関西のAさんの友人のDさんに会うことが先決だと思ったからだった。

私たちを迎えてくれたのは、ガッサン・カナファーニ編集長だった。日本にいる時、にわか学習でPFLPのスポークスマンであることは知っていた。その時には、まだガッサンの小説は日本語にも翻訳されていなかったので小説は読んだことはなかったが、著名な作家であることもわかっていた。ガッサンは、「Dさん？」と少しびっくりしたように笑って、「ＯＫ！　じゃあ、明日か明後日、今の時間、ちょうど昼食時、また来なさい」と言った。すぐ立ち上がろうとする私たちに、「今、コーヒーを入れてるとこだから、ゆっくりくつろいで。日本はどんな国？」と言いながら、ちょうど良い匂いをさせて、アラビックコーヒーをお盆に載せて運んできたコマンドに、「シュクラン」と礼を言った。アラビックコーヒーは濃厚でおいしい（ＰＦＬＰ情報センターは機関誌『アル・ハダフ』（「アル」はアラビア語の定冠詞、「ハダフ」は「標的」の意）を発行していて、ガッサンはその責任者だった）。

コーヒーを飲みながら、奥平さんが日本の戦後の政府がアメリカの戦略に組み込まれてきた安保の歴史を語り、またそれに対抗している革命運動・学生運動を語りはじめた。

私は「言葉は奥平さんにまかせたからね！」と、日本にいた時から全然勉強してこなかった。奥平さんは日本の駐留軍の放送を聞きながら、ヒヤリングも一応慣れていたし、ゆっくりだが、自分の意志を他人に伝えるだけの英語も話すことができた。彼の正確なヒヤリングと、だいたいが勘のヒヤリングの私と、「そんなに違わないよ」と、いつも奥平さんは私のアバウトなヒヤリングはＯＫだと言っていた。

この日もガッサンの前で、汗をかきかき、奥平さんが日本のこと、私たちが何者かを説明していた。ガッサンは笑顔でていねいに話を聞きながら、反体制勢力の力量、共産党やニューレフト、国会の野党などについて、時々質問してきていた。それが一段落すると、今ヨルダン反動の虐殺に対抗していること、ベイルートにはヨルダンから多くのパレスチナ人が逃れて来ていることなど、パレスチナの現状を手短に語ってくれた。そしてベイルートにいるなら、いつでもＰＦＬＰ

の仲間と語り合えるようになるだろうと言ってくれた。敵やジャーナリストではなく、どうもパレスチナ解放に共感連帯する仲間が来てくれたようだと理解されたようだった。私たちはお礼を述べてビルの外に出た。

奥平さんは、フーと大きな深呼吸をしながら、「英語をもっとしゃべれるようにならんとだめだな。思っていることの半分も伝えきれなかった」と言う。「あら、私はすごいなあ、ちゃんと通じて。私もまじめに語学学習しなくちゃと思ったのよ」と言い、早く赤軍派の特別用語を一覧表にして覚えなくちゃ……と思ったものだった。「前段階蜂起」とか「武装プロレタリアート」とか、直訳では意味不明なので、その概念を短文で補って関係代名詞でつながないと……などど、言葉の通じない世界での討論にはまず困った。討論でなく、人との付き合いなら何の障害もなく、ベイルートで生活できる。自分のまわりの人たちから言葉も習慣も学び、楽しみながら覚えることができる。けれども、赤軍派の文章はイメージをあれこれ文章で「理論」としているために、日本語としてもメチャメチャな文体になっている。これはPFLPなどと討議するために、赤軍派のパンフや機関紙を読んで気づいたことだった。そのうえに造語も多くて、直訳しただけでは何のことかわからない。前段階蜂起と霞ヶ関占拠や革命的敗北主義や武装プロレタリアートなどは、その困った言葉である。またたとえば、「三ブロック階級闘争」も「bloc」でいいのか？もっと3つの世界を立体的に説明する概念はないのか等々。抽象概念を英語に翻訳する作業で2人とも疲れてしまった。ベイルート着以来、分担して、ホテルにいる時には集中していた。またアル・ハダフの事務所でもらったパンフレット・資料集も読まなければ……と、フレッシュな出会いに緊張も興奮も味わいながら大いに勉強していた。

翌日、ふたたびアル・ハダフに向かった。もうガードのコマンドたちも「ヤー」と片手を上げてあいさつしてくれる。ガッサンの部屋のドアをあけると、美しい女性が一人いた。ガッサンと楽しそうに笑いながら話しているところだった。「Dです」と名乗って、「ゲンキデスカ?」と日本語で話しかけてくる。「日本語できるのですか?」と聞くと、「チョットネ!」とウィンクしてみせた。実際は、それ以上日本語は知らないのだったけれど。

Aさんからの手紙読みました。もうガッサンには紹介ずみなので、私がアレンジする必要もありませんよ。よくいらっしゃいました。私がAさんにボランティアは歓迎していると話をしたのです。ガッサンからすぐきちんと手配されるからもう大丈夫です。ホテルもわかっているので、いつアル・ハダフに来てもいいけれど、こちらからコンタクトします、と言ってくれた。「今日、私のうちに来ませんか」と誘ってくれる。「ガッサンは今は抜けられないでしょ。私たちだけで話しましょう」と、ガッサンの部屋でコーヒーを飲んだあと彼女のうちに行くことにした。彼女のアパートはハムラ通りのサナイヤ公園のすぐそばだった。このサナイヤ公園のすぐそばに政府の情報省があり、ハムラ通りのはじまりになる。この1キロ弱のハムラ通りの終りの端の方にニューハムラホテルがある。サナイヤ公園には、驚くほど美しいジャカランダの花がちょうどちらほら咲きはじめていた。ジャカランダは4月頃からが満開で、木を紫色の花が被《おお》い息をのむほど美しい。

公園のそばの彼女のアパートは仲間たちとの共同の作業場でもあった。彼女は絵描きで彫刻もやるし詩も書く。仲間たちも詩や文学それに民族音楽など、パレスチナやシリア、レバノン人たちの文化交流の溜まり場のようなところだった。みんな好き勝手に個室で作業していた人たちが居間に集まってきて歓迎してくれた。めずらしい人種を見るように観察している人もいたが、多くはパリやロンドンなど植民地支配宗主国に留学して、それを批判的に摂取して戻ってきた文化人たちだった。のちにパレスチナの詩人、マフムード・ダルウィシュがベイルートに住むようになった時の仲間たちでもある。彼らはPFLP、ファタハ、DFLP（パレスチナ解放民主戦線）などの解放組織と人脈的・政治的につながりがあり、当時は文化がとても重視されて尊重され力を持っていた。ゴダールがパレスチナ戦場を撮影に来たり、67年のイスラエルのパレスチナ全土占領による文化収奪に抗議して、ルネッサンスのように文化を創造する運動が広がっていた。そして多くの文化人が、また戦闘員として志願し闘っていた時代でもあった。

私がその後も、こうした人々と交流を大切にしながらこの街で暮らしていくことになったのは、Dさんのおかげである。

こうして、PFLPの人たちと定期的に、まず会議を持つことになった。日本から来た私たちのバックグラウンドとしての日本の紹介、赤軍派は何を主張しているのか、世界の革命に向けて、世界党・世界赤軍・世界革命戦線を世界中に押し広げて闘っていくこと。そのための永続的な革命の国際根拠地として、パレスチナ解放闘争がその中心になる。戦後のあやまった処理のために、その矛盾は、「イスラエル建国」パレスチナ分割と38度線の朝鮮分断として今も残っている。それらは世界革命の中でしか解決できない。一国の枠を越えた闘いだ、などなど。基本的文献を訳し、会議では説明した。パレスチナ側は、歴史的経緯と彼らの綱領文書の説明と質疑など。おたがいにまず相互理解を求め合った。

そして、私たちの世界革命論に対して、「日本の社会革命をどのように展望しているのか？」

と何度も聞かれた。赤軍派の当時の路線は「世界革命」であり、日本一国の革命などは考えてはいない。「前段階蜂起」を党派性としていた国内の赤軍派の主張にしても、それも一つの軍事行動戦術以上ではないと考えるＰＦＬＰとうまくかみ合わない。パレスチナ解放の4つの敵を規定して、民主的パレスチナ国家を建設するＰＦＬＰの戦略に対して、私たちの理論内容が、「歴史認識論」レベルの主観的な内容以上ではないことに気づいていった。その先を接ぎ木的にでも構想し、構築しなければ——そんなふうに討議しつつ、奥平さんと語り、また翻訳作業を分かち合う。こうして週3回ほどの政治討議をしながら集中的に勉強もし、また私自身アメリカン大学に併設されている語学学校で、当初はアラビア語かフランス語を、次には英語科があるのを知って、そちらで少しだけ語学学習もした。結局、語学は政治討議以外は人との交流に不自由ないと思って学校もやめて、学ぶことはなかったが、当初は真剣だった。

　こうした討議を経ながら、私たちのボランティア参加の根拠や意向もＰＦＬＰは日本人を理解しながら受け止めたようだった。彼らはキャンプの集会やボランティアの人たちのパーティなどに私たちをよく誘ってくれたし、またＤさんからも誘われて、私たちは、何回かに1回くらいの割りで付き合ったり、結構多忙だった。

　ある日、パレスチナ難民キャンプに奥平さんと行ったことがある。私たちが初めに訪れたのはベイルートのシャティーラキャンプであった。解放組織や国連の小中学校、クリニック、さまざまな職能組織、大衆団体の事務所があり、質素ながら西欧の連帯組織の支援で営まれる乳児院や孤児院もあった。東欧の人々のボランティアなど、外との交流も盛んになっていった時代である。それらを見学させてもらった。「見学はこちらが見つめられて問われるような気分だね」と奥平さんが言っていたが、そのとおりの気持だった。

　空き地では少年たちが音楽隊の練習や軍事訓練をしている姿も見かける。メインストリートには店が立ち並び、衣料・食品・雑貨といった生活必需品が並んでいる。キャンプの中の店の方が安いからとレバノン人も買い物に来るという。路地に入ると道は細く、区画整理されることもなく次々と継ぎ足したような家並みが続いている。手作りの家の中に入ると石やレンガやコンクリートのひんやりとした部屋は暗いけれど、絨毯を敷いたり大きなタペストリーや飾りがたくさん。それらはかならずパレスチナ祖国と結びついていて、追放された時から持っていたものや写真、故郷の絵画や故郷のオリーブの種で作った壁飾りだったりする。

　ＰＦＬＰの仲間の家族の家に招かれて私たちは昼食をふるまわれながら話を聞いた。父親はイギリス支配下のパレスチナ警察官だったという。白いクーフィーヤというスカーフをイカールという黒いヘアーバンドで留めたものを被っていて、ガラビーヤ（ワイシャツのワンピースのように足のくるぶしまである服）を着ている。70歳というが若々しかった。

「ユダヤ人の貧しさやヨーロッパでの迫害に同情し共存してきたのに、ある日シオニストのユダヤ人テロ団がパレスチナ人の村ディル・ヤシーンや他の村でも住民をほとんど虐殺追放した。わしはそれ以前のパレスチナ占領前から闘ってきた。それまでも英植民地反対闘争には警官たちだってパレスチナの側の味方だったさ。アッカ（アッコ）の家を焼かれて、自分の父も殺され、48年、ほんの一時避難させるつもりで家族をレバノンへと北上させて自分は闘った。だけど結局停戦とかいうユダヤ側に有利な武器搬入の時間ばかり与えて勝てずに今まできてしまった」。手にパレスチナの自宅の錠を握りしめ、「今世紀勝てなければ来世紀も闘う。もう20年以上帰還のために闘ってきたのだから」と力を込めて語る。「今はまだよくなったが、当初は死にものぐるいのレバノンの生活だった」と言う。農夫や公務員や一家の柱のもとに暮らしていた家族が、突然乞食のように食べることさえできなくなったのだと。「だけど人間の誇り、パレスチナの誇りは奪うことはできなかったし、かえって強くなった」と父親は語っていた。

非常悲惨な中からパレスチナ人自身が武器を持って立ちあがり、何もしないアラブの政府の飾り物のPLO（パレスチナ解放機構）を69年に自分たちの機関としてきたさまざまなエピソードを話してくれた。追放された48年当時はパレスチナに国を与えるとか帰還させるとか、国連はきれいごとを言いつづけたけど、「難民」としてレバノン政府に難民の場所の確保を交渉して、結局難民を固定化させてきたという。追放されてきたパレスチナ難民自身が自治・自衛組織を立ちあげ、食糧や教育・医療・住居などみんなで話し合いながら、国連やアラブ連盟・レバノン政府に要求して生活秩序をまかなってきたという。財力のある者や親類からの支援のある者は難民キャンプを出て行く者もいたが、住民の自治自衛組織はまたPLOの行政機能となって、祖国を追放された当事者が反植民地闘争の経験のうえに解放勢力を育てていったという実情が実感できた。だからパレスチナの難民キャンプの人々の意志を離れた闘い方はないのだな、彼ら自身の存在が解放運動であり、解放組織は300万パレスチナ難民の一部なのだと、その一体感を強く感じた。「闘わなければパレスチナのことは忘れ去られていただろう。我々が祖国に帰るのを待つのは、闘うということなのだよ」と父親が言うと、「自宅の庭のオリーブの実ならもっとおいしいのに」と自前のオリーブ漬けを小さいビンに入れてくれた母親もうなずく。息子であるPFLPの仲間は、「これはわが家の姿だけど、何千何万というパレスチナの家族は同じような、またはもっと悲惨な突然のナクバ（破局）に遭ったのです」と言いながら、「でも明るいでしょ。希望があるからね」と付け加えた。本当に。正当な意志を闘いで実現し、人々が一丸になっている姿。日本で私たちは人々の望むような闘いを作りえなかった。私の両親だって日本の変革に反対しなかったけれど、私たちのやり方には反対していた……。家族一丸で闘える姿はまぶしかった。

こうした新しい経験を日本に手紙を書き送っていたが返事は来ない。友人の返事がやっと届いてわかったのだが、こちらからの手紙は10日から2週間かかっていたし、日本からの手紙も同じくらいかかっている。1ヵ月でやっと往復しているというサイクルだった。しかし、国際電話は高額でとうていかけられない。時たま友人がコレクトコールでかけてこいという時だけ使う程度。

それまで日本では、電話をかけようと思えばすぐつながり話すことができたサイクルに生きていたので、この長いサイクルになれるのはかなり苦痛でもあった。こちらが発した思いは、もう待ちくたびれて忘れた頃に、またもう乗り越えたり緊要でなくなった後で返事が来るといった具合だった。

ＰＦＬＰとの討議がはじまって、私たちがとても使命感に燃えた思いでいた頃に、ＰＦＬＰから思わぬことを告げられた。当時「ＰＦＬＰ」と話していても、それがどの部局に属しているのかなど、組織機構については何も知らなかったが、今から思うとそれは国際関係局に当たる人たちであった。彼らのところに保安局からの情報が届いたようだった。

先に書いたＳさんたちが見せてくれた「赤軍派の代表　パレスチナ解放闘争　ベイルートへ」の記事がクウェートの新聞に転載されていたという。それに時事通信の記事も付けて、本人たちとベイルートで会見して、「これからパレスチナについて学ぶために来ている」ということも加えて報道されているとのことだった。

ＰＦＬＰの人たちは、これで、新しい共同者がＰＦＬＰの作戦に参加するのではないかと、イスラエルのモサド（中央公安情報機関）が動きだすはずだという。ベイルートに限らず、パレスチナ解放組織に対して、ヨルダン内戦時からモサドが暗殺作戦でリーダーを抹殺するばかりか、まるごと偽装組織をつくって内部に入りこんできたり、ボランティアを装ってスパイ潜入してくることが多々あるのだという。そしてこうした記事で、新しい注目をしているはずで、日本人に対して、かならず何らかの偶然を装ったモサドの接近があるから気をつけなければならないという。非公然に共同していれば、あなたたちの望む軍事活動なども可能でしょうけれど、こうしたオープンな条件ではそれもむずかしい。ターゲットにされてしまうという。

私たちはびっくりし、またがっかりした。Ｓさんたちが見せてくれたあの記事を無視していた方がよかったのか……。かえって「学習しているだけですよ」などと反論しない方がよかったのか。モサドとの攻防事情のわからない私たちのやり方がＰＦＬＰに被害を与えるものであってはならない。ベイルートは有名な東西のスパイの戦場であり、またアラブ各国の情報員とかエージェントもうろうろしていて、情報がどこに流れるかわからないので気をつけてほしいという。

私たちはＰＦＬＰと討議して、奥平さんは非公然の軍事ボランティアをめざすためにホテルからＰＦＬＰ指揮下の軍事訓練体制に入ってしまうことにした。そして私は一人で日本人社会と交流しながらオープンに暮らして、アル・ハダフのボランティアスタッフとして働くことにした。もう3月も終りに近い時だった。

ただちに私たちはその準備に入った。DさんらPFLPの仲間がニューハムラホテルに近い、そこから50メートルくらいのところにあるスタジオの家具付きアパートを探してくれて、私はそこに引っ越すことにした。月100ドルくらいの家賃だった。アパートのコンシェルジュ（管理人）には私のことは何も知らせないが、コンシェルジュの一家は北部トリポリの難民キャンプの出身なので、モサドに買収されたりすることはないため、そこは安全だという。また奥平さんの受け入れ態勢もととのった。

3月末のある日、奥平さんは準備をととのえて出て行くことにした。ベイルートに来る時には、「君が歯ブラシや歯ミガキを持って行くと言った時には、歯ブラシなんていらんだろうと思っていたんだ。ゲバラの本でも、ゲリラ兵士は不潔に耐えうることと書かれていたからね」と笑いながら、ずいぶんとギャップのあったこの日本からの1ヵ月を語っていた。本当に……。奥平さんはゲリラ戦士として自己を律する、あれこれをいつも考えていた。

Dさんたちとこれからのことなどを話した後、私たちはジャカランダの花の下をくぐってゆったりとハムラ通りを帰りながら、久しぶりにレストランで乾杯しようということになった。おたがい別の場所にいてもいつも最善を尽くそうと誓い合って乾杯しながら、これからの仕事、夢、闘いの実現を描き語り合った。

3章　映画の戦友たち

1　若松孝二・足立正生さん来訪

1971年6月、ゴラン高原の前線。朝露が足首をぬらす。明けはじめた朝靄《もや》の中に黒いシルエットが浮かび上がる。各々の体の一部になった小銃と共に、黒いシルエットの1列縦隊の分隊が少しずつ近づいてくる。ひとつ、ふたつ、みっつ……シルエットの頭数を、私の横で、腰に手をあて、伸びをして数えていた若松孝二さんが、「あ、いる！　アッちゃんだ、アタだ！」大きな息をはき出して、小走りに数歩シルエットの方に近づいて、立ち止まった。縦列の隊伍が近づいてくる。彼らは明け方の3時過ぎ、満天の星明かりを避けるように、イスラエル占領地域の祖国パレスチナの偵察に出かけて、戻ってきた部隊だ。

前夜、被占領地に偵察行動に行く部隊へ志願し、許可された足立さんが、出かけた時と同じ、後ろから3番目の位置で、銃をかつぎ、カメラをかかえて戻ってきた。

5月のカンヌ映画祭に参加した後、パレスチナの闘いを映画に撮りたいと訪れた若松、足立両氏よりも2ヵ月ほど前に私はアラブの地に来ていた。折よく、ＰＦＬＰの情宣活動の部署にいて、映画や文学者、芸術家のサークルと仲よくしていた私は、彼らの映画づくりのサポートをすることになった。

「闘いが健全に育つところには文化活動が絶えないんだよ」とガッサン・カナファーニが言っていたが、当時のPFLPには音楽、絵画や映画、小説・詩などで名の知れた人も多く参加していた。私も情宣局（アル・ハダフ情報センター）でボランティア活動をしているので、ちょうど映画を撮りに来ていたIRA（アイルランド共和軍）のシンパというイギリス人グループと交流していた。またPFLPスタッフのレバノン人監督とイタリア人左翼マニフェストというグループも難民キャンプでドキュメンタリーを撮りはじめていた。レバノン人監督は私のアパートの数軒隣に住んでいたのでよく話をし、撮影現場をのぞいたりしていた。日本では三里塚闘争を「小川プロ」が撮ったり、奥平さんも画面に少し映っている「パルチザン前史」というドキュメンタリーが闘いを記録しているのを知っていたので、パレスチナの現実を映像で日本に伝えることができるのは大賛成だった。

足立さんたちと共に、映画製作の趣旨と企画を書面にしてPFLPの政治局の検討にゆだねている間、ホテルを引き払った2人は、ハムラ通りから近い私の住んでいるアパートの2つ上の階に引っ越してきた。私の部屋はスタジオ式で、約100ドルの家具付きの部屋。彼らはその倍の値段で、寝室にベッド2つ、居間のある家具付きの部屋に落ち着いた。彼ら2人と共同生活のような時間を共にして、最初に面くらったのは「口喧嘩」と「花札」であった。

朝、彼らの部屋を訪ねると、2人はすでに花札に熱中している。どちらが朝食を作るのか？の勝負なのだ。食事を作る、食器を洗う、買い物に行く、行動の一つ一つをどちらがやるのか、そのつど、花札勝負をして、決着をつけるのだ。しかも、明日から絶交するのではないかと思うくらい、思いっきりの悪口をおたがいに投げつけ合う。

「違う世界の人たちが来たなあ……」というのが、私の第一印象だった。若松さんは、オレはアメリカ嫌いだから英語はやらないと言い、言葉ができないから買い物には行きたくないのだが、なぜか買い物の花札勝負はいつも負けた。そのために多く外出するハメになった。反対に若松さんは料理の腕は抜群で、味もたしかで、おいしい料理の達人だったが、食事作りの賭けになるとなぜか勝ってしまい、足立さんが料理の担当になることが多かった。足立シェフの味つけが気に入らないために、結局、若松さんがのりだして、料理もやってしまうという日々をくりかえす珍道中の2人であった。思い切りおたがいをけなし、花札をやめろという私の声もなんのその。何度も勝負で喧嘩しては「もう、やってられない！　やめる！」と花札をゴミ箱に捨ててはまた拾って勝負する。2人はヘンな大人であり、「大丈夫か……」と少々不安を抱いた。旧友だからとはいえ、酒場であいさつして陽気に話す。革命も文化も、人間関係も義理人情も濃かった当時の豪快な日本の雰囲気のまま、「新宿の酔っ払いはゲリラになれるか？」などと大まじめな議論をしていた。

足立さんは、アラファトのファタハの中でゴダールが撮ったパレスチナ解放闘争映画にも何か一家言あり、「略称・連続射殺魔」で永山則夫の視線をたどった風景論を映像化した後に、パレスチナの映像を撮りに来たのだった。これまでのものを超え、日常性を切りとるものとしての映画が可能かを確かめたい、社会主義リアリズムに対抗し、かつ資本主義の金の力に支えられるハリウッド映画を超えた民衆の日常普遍を描くものを撮りたい、と熱く語った。

若松さんは、「オレは足立にはだまされないよ」が口ぐせだった。「何だかんだ口ばっかりで、映画として成立してペイするものに再構成していくのは大変なことなのを、こいつは考えてない。

アッちゃんの言う通りにやれば、お蔵入りの『永山映画』の二の舞ですよ。風景論だかなんだか知らないけれど、アッちゃんが趣味に走った映画を作ってもダメだよ。いや、いいよ、作っても。オレはオレで、こいつの横で、こいつが編集で切り落とす映像を再構成して、まっとうなドキュメンタリーにしてTV番組にする自信はあるんだ」と力説する。新宿「ユニコーン」の飲み仲間だから意気に感じる部分もある。私は彼らが問題を起こさないように通訳兼作業調整役だと、ひそかに自分に言い聞かせたものだった。

しばらくして、PFLPから撮影の許可が下りた。少年のような2人の目つきが驚くほど変わり、戦闘的になっている。映画屋のやる気はすごいなあ、と思った。花札をゴミ箱にきっぱりと捨て、しゃきっとした顔付きが良い。

PFLPとの会議を経て、まずゴラン高原へ。その上で、戦場の許可が下りればシリア、ヨルダン、被占領地パレスチナの三国境地帯を撮影する。そして、その後にレバノン南部の撮影を行うという計画書が承認された。何枚かの許可証と通行証をガッサン・カナファーニから「絶対に敵にとられないように」との指示をうけて、撮影隊は出発の準備をととのえた。

イタリアのチームと共同製作映画を作っていたPFLPのF監督のフォルクスワーゲンで、私たちはダマスカスに向かった。

初めて越えるレバノン山脈。赤みがかった大きな三日月が山の端と併走して輝いていた。撮影隊を乗せた車は、絵のように美しい夕やみを走り抜けた。当時、私は25歳、足立さん32歳、若松さん35歳。私たちはむこう見ずな若者たちだったといえるだろう。

こうして映画撮影に燃えた青年たちは、はじめての戦場補給基地ダラアにたどりつき、数日後にゴラン高原の一角、イスラエル国境近くの前線小屋に配属された。小隊規模の前線小屋では、若きパレスチナ戦士たちがちょうど銃の手入れをしていた。

日本人3人組に大いに気をよくしたコマンドたちは危険なお見舞いで歓迎してくれた。一人がちょっとしたミスで銃を暴発させたのだ。何が起こったのか知らない私たちは驚くばかり。轟音と共に天井から雪のように降りそそいだのは、コマンドたち手作りのむきだしの石壁にぬられた白いペンキだった。一瞬後に暴発を理解した私たちは「コマンド参加の洗礼を受けた」とジョークを言われ、戦場に受け入れられた。ベイルートでもらった1枚の指示書はすでに渡してあり、各前線に指示が出されていたので、映画を撮るという説得のための熱情と熱弁は必要なかった。ルーティン活動に加わりはじめた最初のミーティングで、彼らが私たち3人にアラブの呼び名をつけてくれた。3人の名を決めるのに全員が熱心にあれこれと案を出し、激高したように話し合う。名前が決まった。足立さんはアタ、若松さんはフォージ、私はマリアン（本当はマリアムで、アラビア語でサインする時はマリアムとしているが、マリアンの方が音が聞きやすくマリアンと自称し呼ばれていた）。

点在する近くの兵舎で作られた食料の配給の世話になり、ぎらつく太陽のもとでバレーボールに興じ、いくつかのシチュエーションを足立さんは映像に収めていた。今晩から明日にかけて偵察で被占領地「我らが祖国」に出かけるのに参加するかどうかと聞かれた。足立さんはもともと参加する意志を持っていたので、即座に「YES」と答えた。「敵と遭遇する危険は、どのくらいあるのか?」と私がたずねると「50パーセント以下だ」という。「50パーセント?」と聞き返すと、「いや、ほとんどないと思う」と言いかえた。どうなっているんだろう?「コマンドのありのままの日常が撮りたいんだ。映画のための映像ではないもの、演技されたものではないものを撮りたい。俺が行く。若ちゃんは残ってくれ。2人に何かあったらどうするんだ。若ちゃんは、何があっても日本に大切な人材だ」と、口の悪い足立さんが泣かせることを言う。女性の私は、もちろん初めから対象外である。「大丈夫か?」若松さんは腕組みをして言った。結局、足立さんの責任と判断にまかせて参加が決まった。星明かりの中、3時過ぎ、星の位置をたどる偵察分隊の後ろから3番目のポジションに入って足立さんは出発したのだった。

昼と夜の温度差は25~30度近くもある。部隊が出かけたのち、寝られない若松さんと私は冷え込む石の上のマットにすわって静かに時が流れるのを待った。

「これじゃあ、あいつが戻って来ても戻って来なくても、一生戦友だな。逃れられない仲だよ」。若松さんの静かな口調に愛情がこもっていた。良い奴だなと思った。良い奴らだった。

こうして見送った縦列分隊が、今、もうそこまで戻って来た。夏が近いのに、寒さが肌の中にまで入り込む明け方に、彼らは戻ってきた。コマンドたちは抱き合って、帰還を確かめ合う。日本人の私たちは、まだアラブ式の抱き合う挨拶には慣れていなかった。アラブ人とは抱き合って感情を表現し合えるのに日本人同士ではまだできない。

「どうだった?」と、私が声をかける。

「まあな、撮ったよ」と、アッちゃん。腕組みをして、「まあよかった。心配かけやがって!」と若松さん。映画作りのこの兄弟たちの自己主張の底に、義理と友情のあたたかい心意気があることは私にもわかっていた。一蓮托生、同じアラブの大地の上で映画を求めて出会う人と人との関係が、「映画の戦友」を闘いの戦友としていざないはじめていた。

2　ジェラシ軍事キャンプ

我々は次の戦場、ヨルダンのジェラシ山岳地帯へ向かった。

小高い丘の上で弧を描く古代ローマ遺跡のアーチ、灼熱の太陽が大理石の肌を白く光らせて真っ黒な短い影とコントラストをおりなしている。この古代ローマ遺跡に連なる被占領地パレスチナ「イスラエル」沿いの山並みに灌木が茂る戦場、それがジェラシ山岳地帯は、前年の1970年、ヨルダン内戦の停戦時の協定で、パレスチナ武装勢力に唯一残された軍事根拠地となり、ヨルダン軍の暴圧を背後に抱えながら、イスラエルと対峙する前線であった。日々ヨルダン軍の攻撃にさらされ、イスラエルとの対峙に加えて、夜間の部隊移動や被占領地帯への出撃を行っている最前線である。

この地域にたどりつくのは容易ではない。ヨルダン軍に包囲された検問を通過できるのか。通過できたとしても、戦場で足手まといでしかない我々を受け入れてくれるのだろうか？

ベイルートの指示書だけでは、ジェラシ山岳地帯の撮影許可は得られないと判断した駐シリアのPFLP司令官が気をきかして、撮影隊は同志として信頼してよいとわざわざ添え書きしてくれていた。ジェラシのPFLPの責任ある人に渡すようにというアラビア語の小さい紙切れに、そんなことが書かれていたと知ったのは、のちにジェラシ山中で過ごしていた時の会話の中からではあったが。

我々はタクシーをチャーターしてジェラシに向かった。古代ローマ遺跡で名高い観光地から脇道へ入る入口に検問所があり、ヨルダン軍の2個小隊くらいが配置されていた。この一本道をまっすぐ行けば、ジェラシ山岳地帯とそこに隣接した難民キャンプに到着する。検問所の軍は、我々の通行を決して許可しようとしない。「古代ローマ遺跡の撮影なら、この道に入る必要がない」と言下に拒否する。我々はいかに新しい観光事業のための写真を必要としているか、古代ローマ遺跡のアーチの角度はあの山上のアングルから撮りたいのだ、と繰り返し説得し続ける。

彼らは、ジェラシの観光地のはずれの難民キャンプに行くのだろうと疑いはじめ、荷物検査を丹念にやり、ただ我々を検問所横に待たせ続けるだけだった。手持ちぶさたなうえにモラルの低い彼らはギャングのように悪質だった。ロバに荷を積んで通る農民たちが収穫したキュウリやトマトやオレンジを箱ごと横どりし、口答えした者には殴る蹴るの暴行を働き、ワイロを取る。まったく我慢ならない連中だった。外国人である我々に、強奪したキュウリを「喰えよ」と言って親しげに持って来る。私たちは、日本語で思い切り彼らの悪口を言いつつ、しかしキュウリは食べながら、なだめすかして検問通過を粘った。こんな腐敗した奴らに従属を強いられる民衆の無言の怒りをこそ撮りたいと、検問所でじっと思った。

結局、粘り勝ちのように「観光省の許可証を取ってくれれば通過を許可する」という言質を得て、我々はタクシーを飛ばして首都アンマンに戻り、観光省に行った。観光省ではさらに日本大使館の書類がいるという。当時、日本はヨルダン人の代理大使を置いているだけだった。代理大使は、ローマ遺跡の観光フィルムを撮影するという私たちと文化の話で盛り上がり、快諾して推薦状を書いてくれた。観光省に行くと、「君たちはラッキーだ。ジェラシの観光写真よりも、フセイン王が難民キャンプでパレスチナ人と食事会をするので、それを撮影してくれないか」と言う。「引き受けます」と言うと、観光省は許可証をすぐに発行してくれた。許可証を手にした私たちは再び検問所にとってかえし交渉をくり返す。「殴りたい奴らだけど、ここは我慢するしかないなあ」と、容赦のない日射しの中、古いベンツのタクシーのガタガタの座席に座って、男たち2人はイライラしてそんな会話をしている。とにかく、そんなふうにして、観光目的の許可証のもと、すったもんだの末、遂に通過が許可された。検問所のチーフは、タクシーのドライバーにアラビア語で何か命令している。我々は、脇道を走ってローマ遺跡に向かってカメラをかまえ、数ショットを撮ってから、道をまっすぐに急がせた。

途中で、ドライバーが怖がって騒ぎだした。「オレにも家族がいるんだ。もう降りてくれ！戻らないとオレがやられる！」。タクシー代を何倍も払っていても、彼の言い分はもっともだ。我々はドライバーに礼を言って、荷物をかついで歩きはじめた。日射しのきびしい一本道を汗まみれになって歩いた。しばらく行くと、バラバラと前後にどこからともなく兵士たちが現れて、我々を取り囲んで銃をつきつけた。ゴラン高原のパレスチナ兵士たちと同じく、まちまちな軍服と私服のくずれ具合を見て、味方のコマンドだとすぐにわかった。ベイルートから持参した紙切れの指示書を渡すと、ジェラシの難民キャンプのPFLPの事務所へ連れていかれ、尋問を受けた。ここはジェラシ山岳地帯の一角、丘の上にある名称「ガザ難民キャンプ」である。このキャンプは、ガザ地方からの避難民5万人によって集落が形成されていると聞いた。キャンプの全家屋は庭に3メートルほどのたて穴を掘り、昼は家屋で、夜は砲撃を避けるために穴ぐら生活を強いられていた。イスラエルとヨルダン政府軍からの夜間無差別砲撃が続いているという。しばし待たされた後、私たちはジェラシ山岳地帯の軍事ベースへと運ばれた。その軍事キャンプで、我々は再び映画製作の意図を説明した。が、すでにガザキャンプの尋問によって許可を与えられていたことと、駐シリアのPFLPの人々の協力もあって友好的な対応だった。だから「ここでは何を撮りたいのか?」というのが質問のテーマだった。「我々はあるがままの闘いの姿、兵士たちの日常生活を撮りたい」と答えた。ジェラシの司令官は黙って我々の話を聞き終わった後、回答してくれた。「当分は、共に生活すること。許可があるまで、カメラをまわさないように」と条件をつけて、小隊の一角に我々を配属してくれ、支援協働する兵士たちを配置してくれた。

この時の、ジェラシの体験は、私たちの心の中に「革命とはスタンバイである」というテーゼを突きつけた。じっと待つこと。闘いの目標や計画を持ちつつ、待つこと。イニシアチブを持って待つこと。待ち方の中に、戦時の質や闘い方が現れてくること。これらを学んだ。

小隊にはベトナムや中国帰りのコマンドもいて、ベトナム式の地下トンネルを縦横に掘り続けている最中だった。これもよりよく闘うための待ち方の一つなのだ。若松さんも足立さんもトンネル掘りに加わった。土ではなく岩を掘りすすむ。白い石灰岩は遅々としてなかなか削れない。おまけに一撃ごとにもうもうと真っ白な石灰が立ちのぼり、喉がいがらっぽく息がつまりそうだ。「こんなことがオレは得意なんだ」。率先垂範の若松さんは、上半身裸で気合いが入っている。コマンドたちは、私たちに経験を与えているだけで、戦力を求めているわけではないのだが。陽気に食事を作り、陽気に笑い、歌い、踊り、夜は漆黒の闇の中で敵と対峙し続ける。夜になると気まぐれのように、ヨルダン軍とイスラエルの砲撃が増える。すかさず反撃をしながら、闇の中で部隊を移動させる。イスラエルと戦場で対決しながら、夜中はヨルダン軍の無責任な攻撃でコマンドたちは眠れない。慣れてくると、どんな砲撃下でも、トンネルの中で心地よく眠れるのがわかったけれど。

我々は、あちこちに展開しているコマンド部隊から招待を受けながら、祭りのように陽気な日々を過ごしていた。通訳のヨセフというおじいさんはヨルダン政府軍の残虐さを語り、拷問で潰された足をひきずりながら、山の急斜面を軽々と登り下りしている。このヨセフじいさんの話では70年の内戦時に西側の通信社に撮られた顔をさらした写真がもとで、コマンドたちがのちに逮捕されてしまったという。「革命的な映画であれ、パレスチナの正義を伝えるための写真であれ、ヨルダンにもイスラエルにも我々を捕らえるための証拠でしかないから、映像はこわいのだ」と、少し言いにくそうに私たちに打ち明けた。日常の自然な会話の中で、私たちの気付かない保安上の危険を問うのだった。「顔は逆光でもいい」「いや、顔がないと画《え》にならない」と、私たちの問いにも話がはね返ってくる。私は、我々が作る映画がイスラエルやヨルダンによるコマンド逮捕のための証拠にならないようにと、それが一番の気がかりになっていた。足立さんは「わかっている」と言うけれどきちんと守るのか、若ちゃんはどうしても撮りたいだろう、と、私は困った。3人の思惑は一つだったわけではないが、漆黒の闇を超えるたびに、コマンドの戦う生活の部分の方に、我々自身の心情が重なっていった。

10日ほどして、「カメラを出して必要なものを撮り、すぐ山を下りろ！」という司令官の指示が下りた。「顔を撮らないようにしよう」「陣形がわからないような風景をどう撮るべきか?」と3人が議論している時、司令官が来て言った。「好きなように全部撮れ。我々は君らを信用している。そして今日中に山を下りろ」と。

我々はまだいたかった。イスラエルに家を追いたてられ追放された人々の、共同生活で語られた歴史を学びたい。70年内戦で殺された家族、孤児になって今ここにいる少年との話も終わっていない。けれども、今日一日しか駄目だという。強いられ背負わされた歴史に立ち向かうパレスチナの人々と共に過ごした時は、若松さんや足立さんにとっても変化を強いられた時間だったと思う。私にとってこれまでの「革命」を問うきっかけとなったように。

「撮れないよ、逆光でしか」。好きなように撮れと言われ、あんなに絵になる風景を撮りたいと言っていたのに、コマンドの表情を消した映像しか撮れない、と言う。「やっぱりこんな優しさに出会うと、金もうけというわけにはいかないなあ」と、若松さんは腕組みして立ち尽くしている。

我々がもう一つ悩んでいたのは、自分たちで検問を突破できる自信がないことだった。懸命に戦場に入りこむことは考えていたが、戻る際にフィルムを取り上げられてはならない。そのフィルムが証拠で、戦士が捕まるようなことがあれば、映画の使命は失われてしまう。そんな事をみな共通に考えていたのだと思う。撮影を終えて、最後の昼食のにぎやかな一時をみんなと共にした。

我々は、これから最後の決戦が始まるとは予測できていなかった。もっと条件を整えてまた撮りに来ると言って、コマンドたちと抱き合い、撮影済みフィルムを未使用分のように擬装して、山を下りた。そうして、なんとかフィルムを没収されずにベイルートに着くと、もうすでにジェラシ山岳での戦闘は始まっていた。私たちの下山が最後のチャンスだったようだ。7月13日からほぼ1週間の激しい攻防の末、イスラエル軍の攻撃を背後から受け、前方のヨルダン軍の総攻撃によってジェラシ山岳陣地は陥落した。ジェラシの戦友たちは昼夜飲まず食わずの戦闘を続けたが、兵站を断たれ包囲された後、壊滅した。

ベイルートに戻った数日後、ジェラシの人々が絞首刑にされた写真が続々と新聞に掲載された。つい先日まで献身的に我々の生活を助けてくれた人々だ。我々は息を呑んだ。そして泣いた。「あんなに優しかったのになあ」と、若松さんがポツリと言う。「映画を撮る人の距離と戦士の距離は表現のちがいだけだね」と、私もポツンと言う。「我々は表現者としての役割を果たそう。それが戦士への連帯だ。若ちゃんは撮ったものを持ってすぐに帰国してくれ。あとは2人でレバノンの戦場に向かおう」。若松さんも足立さんもそして私も、彼らの身に起こった事態を当事者として引き受けなければならない、という思いに駆られていた。

「革命とはスタンバイであり、スタンバイの中での人々の生活、歴史、まるごとの日常のありようこそが、戦時の勝敗を決める」

70年のヨルダン政府軍との内戦から生き残っていたジェラシの兵士たちは兵站からも人民からも引き離された、「調停」の産物としての部隊だった。アラファトたちPLOのリーダーは、戦場を持ち堪《こた》える力をすでに放棄していたのだから。

「革命とはいかに、日常をスタンバイしていくのか？　それを支える構造は何なのか？」。映画の原型は決まりつつあった。

3　映画は映画である

若松さんが帰国した後、足立さんと私は、被占領地パレスチナ（イスラエル）の北部戦線にあたるレバノン南部戦場に出かけた。70年のヨルダン内戦を経て移動して来たコマンドたちが、ゲリラ陣形を組んで、小隊、分隊ほどの単位で戦略要所に拠点をかまえている。我々もあちこちの戦場をまわってきたので、コマンドたちとの話には少し慣れはじめていた。記録映画の趣旨説明をすると、すぐに「ＯＫ！」と準備をしてくれた。しかしそれは「活劇」であった。コマンドたちがドラマを演じるアクションである。「さあ！　早く撮れ！」という。この戦場では、映画はアクションであり、ハリウッド映画の固定観念は「シュールレアリスム」や「風景論」をまったく受けつけない。足立さんは憤慨してカメラを下に向ける。「ＮＯだ！　生活、日常が撮りたい。革命のスタンバイ姿勢そのものが欲しい！　作られたものは拒否する」。もう一度、説明する。陽気な彼らは訪れた外国人を満足させられなかったことがとても残念だと繰り返し言った。

翌朝、彼らはもっと早めに起きて、「Let's go!」と我々をたたき起こす。明けきらない空を南に走り、イスラエルとの国境付近に我々を連れて行き、再び、突然、アクションに入る。足立さんは怒っている。どうも、昨日の足立さんの批判は勘違いされ、演技の迫力が足りないと批判されたと思ったようだ。「ＮＯ！　ＮＯ！」。この日も、足立さんは再びカメラを下に向ける。「これ、僕の抗議だよ。カメラを上げない。撮らないこと」。「うーん、でも、コマンドたちの努力の方にリアリティを感じてしまうけど」と、私も困った。

「日常を撮りたい」ということが通じない。彼らの日常は、映画ではない日々の連なりなのだ。怒りだすついでに、足立さんは、私の通訳も誤解を招いたと文句を言いだす。再び、コマンドたちに説明する。「いつもの生活。まず起きてどうするのか。その日の日課をそのまま撮らせてくれればいいのだ」と、数人の英語のわかるカードル（幹部）たちに説明を試みる。結局その日も撮れなかった。その日の夜、彼らは全体会議をやった。何かの会議だろうと思った。後でわかったのだが、彼らは全体会議で、明日演じる演劇のシナリオを綿密にしていたのだった。

翌朝、さらに早めに起こされた。「サババハ、ヘール！（おはよう！）」。陽気にコマンドたちが呼びかける。コップの中の熟れた桑の実をスプーンでつぶしながら、ニコニコしている。足立さんが不機嫌な顔で「あれ、血のりにするんじゃないか？　また芝居をやる気だぜ！」。コマンド部隊のジープが3台になり、人数も倍に増えた。イスラエルから分捕って来たというウージー銃も持ち込んで、再びアクション態勢となってしまっていた。イスラエル兵の役割のコマンド数人の胸には、素早く桑の実ジュースがふりかけられ、彼らは藪の中に倒れた。「アタ！　ヤッラ！ハイド、モヘム！　ヤッラ！（アタ！　撮れよ、撮れよ！　いいとこだぜ！）」

憤慨していた足立さんの顔に朝日があたりはじめ、カメラを持った手が、徐々に目線へと上がっていく。「やった！　アタがカメラを回している！」。コマンドたちは大喜びで、「ヤッラ！ヤッラ！（さあ！　さあ！）」とオーバーアクションを繰り返す。渋い顔をしながら、足立さんもわかってきた。「映画と言えばハリウッドなんだなー」。「アッチャン、連中の熱意にカメラの手が上がったのね」。私が言うと、足立さんもにが笑いしている。私は、彼らの「ハリウッド」を撮って欲しかった。足立さんも、演技された画像よりも、その合間に熱心にシナリオを打ち合わせているコマンドたちの姿に日常を探したようだった。「オレが問われている気になっちゃうよ」。足立さんも笑う。隊列を整えると、ジープに乗り、朝日があたりはじめた朝もやの中を川辺に行って、寒さの中でドボンと川水に飛び込んで泳ぎだす。さらにクラシニコフ銃で水面を掃討、魚が気絶して腹を見せて浮き上がってくるのを捕まえてみせる。毛沢東の本を木陰でポーズをとって読みだす者もいる。カメラを向けられると肩に力が入り、俳優になる。みんな誠心誠意、映画に協力する。呆気にとられながら、ふと振り向いて見ると足立さんも演技指導までしているではないか。

　レバノン南部の戦場での経験は足立さんの映画作りをさらに鍛えた。

「アッチャン、やっぱり映画は映画でしかない、というテーゼを突きつけられているんだね。でも映画は映画であるということを逆に大切にすればいいんじゃない？」。私も慰めた。

　ベイルートに戻り、タクシーをチャーターしてベンツの開き屋根から町並みを撮りまくった。ファインダーからのぞく街は、リアリティをコンパクトに映している。映画はリアリティを突き抜けて何を見るだろうか。ジェラシ山岳前線の陥落はアンマンに連なる後方を持ちえなかったゆえだ。後方が前線となって、ジェラシの闘いを支える条件は最早なかった。けれどもヨルダンの前線は後方に、また、後方は前線となる関係は世界規模で言えることではないか。パレスチナの前線も、パレスチナから見える他の世界各地の後方も、闘う現場から見れば、いつも闘いの現場が前線であり、他が後方として支え合っていると考えることだ。闘いの主体のあり方を問うているのだ。地中海のサンセットが見えるカフェテリアで、そんなことを私たちは語り合った。

　パレスチナの戦場に連帯するとは何をすることなのか？　ジェラシに限らないパレスチナの現実を日本で日本人が後方として支えるのではなく、日本の場所的条件の中で前線を形成する主体性を持ってこそ、パレスチナの後方の役割を作れるのではないか？

　古代ローマの剣士たちと観客の例をあげて、連帯を問うたチェ・ゲバラのテーゼがジェラシ山の出来事と重なる。それらは、足立さんにとって映画を通した何らかの連動を模索することになる。のちに日本で上映隊運動として創られていくことになる、新しいリアリティを作りだす行為としてあったのだろう。新たな挑戦として、カンヌ映画祭から降りたったパレスチナの静かなスタンバイや殺された戦士たちとの距離は、遥かな距離ではなく、日本における日常もそんなに違いはないかもしれない。3人にとっても、この旅は、自らを晒していく距離と時間のような旅だった。

洗われていく。晒されていく。自分たちがこれまでの社会や生活、人と人との関係の中で、着飾り、身につけてきたさまざまなものが洗われる。虚勢、格好、煩悩が、少しずつはがれていくようなエクスポージャー。晒されていく感覚。こうした変化は、私にもいやな役まわりを引き受けさせた。

当初、映画製作の条件として、私は映画の画面に出ないと約束してスタートしていた。大体の撮影を終え、出発準備をすませた足立さんがカメラをすでにまわしながら部屋に入りこんできた。「ジェラシの戦場とか、わかっているでしょう？　絵にできないことが多くて。日常が足りないから撮らしてよ。使わないかもしれないけど」。「とんでもない！　約束が違うよ！」と言いつつ、「パレスチナ革命のために」ジェラシではいろんなシーンの映像を撮らなかった足立さんを見てきた。その足立さんに連帯しなければと思う。「足立さんの映画」がいつのまにか私をも当事者にしてしまっている。良いものであって欲しいから、何だか断れない。映画の成功のためには一役買わざるをえない気がして、向けられたカメラを避けながら、照れてボソボソと語る。「あーあ、全部つきあったなあ。地面や道や、そんな映像ばっかりみたいだけど。どんな映画になるのかなあ」。若松映画も足立映画も私にはわからないけれど、戦場を共にした映画の戦友たちは、映画を超えた戦友として、ずっとつながるだろうなあ、と私に予感させた。人生の戦友・同志はパレスチナ人の中にもあの時から育っている。

先日（2003年）、私の公判に出廷する丸岡修証人に会うために、映画の戦友たちが傍聴に来た。相変わらず元気で、サムアップを送ってくる。私はこんな歌を被告人席で書き留めた。

サムアップ少年のごと笑みて友傍聴席はジェラシの戦場

4章　リッダ闘争の時代

1　バーシム奥平

奥平剛士
これが俺の名だ
まだ何もしていない
何もせずに生きるために
多くの代価を支払った
思想的な健全さのために
別な健全さを浪費しつつあるのだ
時間との競争にきわどい差をつけつつ
生にしがみついている
天よ、我に仕事を与えよ

バーシム奥平が戦死した後、日本に残された何冊かのノートの一番後ろの頁にこの詩が残されていたという。残された彼のノートの大半は大学入学直後から東九条のセツルメント運動に関わってきた頃のノートだという。そこには、葛藤や逡巡、権力と対決する不安など率直な姿が記されていたという（つい「バーシム奥平」と書いたが、奥平さんがバーシムと呼ばれるようになったのは71年3月末の軍事訓練の時からだった。以降、私は彼のことを「バーシム」と呼んでいたので、ついついそう書いてしまう。彼はその名をとても気に入っていた）。

ベイルートに着いてしばらくして、太陽の落ちる穏やかな地中海の海を見下ろしながら、バーシム奥平が当時、語ったことがあった。東九条や日共民青（日本共産党系の日本民主青年同盟）のこと。どう活動しつくしても、違和感が残るのだと言っていた。「これは同情だ。同情ではなく、各々が対等に主体となって闘う道はないのか」と。

セツルメント運動の縁から民青にも誘われて入ろうとしたこともあったという。そしてまたある時には、その立場から、民青の防衛隊の一員として、京大でのゲバルト（暴力行為）にも加わったことがあったらしい。「自分が殴ったのは、赤軍派に行ったTではないかな」と笑っていた。しかし、結局民青には行かなかった。違和感が消えなかったという。加盟届を書くところまでいったが、その違和感から、結局取りやめたと言っていた。

そして、トロツキーを猛烈に読んだ（当時、日共は、新左翼をトロツキストと批判していた）。そして、トロツキーの方こそ革命家だと感じたという。

その後、全共闘の運動に参加し、パルチザン（「パルチザン」はイタリア、ユーゴスラヴィアなどの労働者・農民たちによる非正規軍の遊撃隊。その形態にならい党派やセクトに属さず個別に自立した戦闘部隊の形成をめざした「パルチザン」は京大パルチザンなど関西のいくつかの大学にあった）5人組の闘い方に興味を持った。彼が全共闘運動に関わったのも、そんなに長い期間ではなかったらしい。全共闘運動には、工学部の仲間や京大時計台に立てこもった弟の純三やその友人たちが、彼を慕い仲間として残っていたが、その退潮の中で闘いの場を見つけられずにいた。

そして、セツルメント時代からの親しい仲間と土木作業をやっていたという。この土木作業の親方たち、彼らの偽りのない剝き出しの精神に共感しながら己を問うていた時に、パレスチナへの道が開けたということらしかった。

のちに、バーシム奥平の弟の純三は、ある日、2人が下宿していた家に戻ると、兄貴が「今日は良い話が届いた。パレスチナへ行く」と、目を輝かして語ったと言っていた。そして、その日から、彼は即座に闘いの道を定めたようだと話していた。

〝天よ、我に仕事を与えよ〟。確かにこの詩には当時の彼の姿がある。自分の「特権」を否定し、社会に尽くしたい、自己否定しても自己否定しても何者かであろうとする自己がいる。何かを為すべきなのだ。そんな自分への叱咤がある。この詩は、パレスチナ解放闘争のボランティア参加に即座に同意した彼の面差しに重なっている。そして、また、ベイルートで連合赤軍事件を聞いた後、「退路を断った闘いに行くつもりだ」と告げた時の穏やかな彼の瞳に重なっている。彼が戦死したずいぶん後に『天よ、我に仕事を与えよ』（奥平剛士遺稿編集委員会　78年）という本が刊行されて、この詩を知った。

そうか、彼はいつもそのように生きて来たのか。彼の中には奥平剛士を見つめるもう一人の彼がいて、安逸や逡巡や甘えを許さないのだ。

当時のパレスチナ解放運動は、希望を渇望していた。70年ヨルダン内戦によって闘いの道が抑圧され、停戦協定を強いられ、多くのパレスチナの仲間がヨルダン政府軍に殺された。イスラエルでなく、ヨルダン・アラブの政府がイスラエルの肩代わりをして我々を殺すなんて！

そして、70年ヨルダン内戦の停戦協定の妥協の中でわずかにかち取ったジェラシのゲリラ駐屯地は、71年もずっと砲撃にさらされ交戦を強いられたままだった。そして7月、2万5000のヨルダン政府軍の包囲に壊滅させられて、多くのコマンドが再び虐殺されてしまう（その後ヨルダンは72年3月、恥知らずにも、パレスチナ人の主権を無視して、パレスチナ人の代表権を簒奪《さんだつ》する「ヨルダン連合王国構想」を発表する）。PLOが唯一合法的なパレスチナ人の正当な代表であることを認めようとしないヨルダン。武装闘争によってパレスチナを解放する闘いにこそ正当なパレスチナ人民の意志がある。PFLPは被占領地パレスチナでの闘い、イスラエルに対する闘いによってそれを示したいと考えていた。

PFLPには、大胆にイスラエルに挑む作戦司令部があった。その司令部の責任者アブ・ハニや、そこに属するライラ・ハーリド（68、69、70年にハイジャック作戦を闘い、パレスチナ問題を世界に広めた）、その他の名の知れた者たちは、当時の武装闘争を闘うパレスチナ戦士たちの憧れ、模範であった。この作戦司令部は「PFLPアウトサイドワーク局」と呼ばれていた。この部局は、軍事局や被占領地局から独立して、イスラエルの権益に対して合法・非合法的手段で打撃を与えるためにある。のちのリッダ闘争もこの部局の仕事である。当時、パレスチナの闘いには、パレスチナ人のみならず、アラブ、欧州、ラテン・アメリカ、そして、アジアから、連帯を求めて軍事・非軍事を問わず、闘いに参加する多くの若者たちがいた。

レバノン南部戦場で訓練を終え、戦場に駐屯していた若者たちの中から、バーシム奥平は作戦司令部、アウトサイドワーク局に選抜されて、特別ゲリラ戦の道へと自らを飛躍させた。人々のために役に立ちたい、役に立つようなことをする、それはすべてのボランティアの希望でもあった。バーシムの決断は国際連帯の信頼を一身に背負ったものだった。

私は公判の中で、バーシム奥平についてこう述べている。

「奥平さんは知識を決してひけらかさないけれども、何ごとにも精通していたし、努力家でした。初めて会った時から、私心なく自らを律する人だと思いました。現実を解決するためにと、プラグマチックに対応しがちな私と違っています。自ら進んで、もっとも困難なことに挑戦する奥平さんの精神を尊敬もし、時には反対もしました。無私の彼のこうした精神は、京都東九条のセツルメント運動で、発揮されていたようです。奥平さんは、最も抑圧された人々が最も望む方法で、人生を全うしたいといつも思っていました」

バーシム奥平がいなかったら、PFLPのリッダ闘争が実現され得たかどうかわからない。バーシム奥平は、自分に挑戦を課す人だったし、そのように彼は生きてきた。バーシム奥平のリーダーシップはアブ・ハニと共に、パレスチナ解放運動の闘いの当時の戦術を規定していた大きな力だったと思う。

彼がリッダ闘争に発つ最後の夜、また会う時にと彼が私に托《たく》した小さな彼の荷物の中に3冊の本があった。独和辞典と唐詩選、それにボロボロになったランボー詩集の文庫本。私は詩を書かなくなったけど、彼もかつていくつか詩を書いていた。彼が発つ最後の日に少し詩について語り合った。

残されたランボーの「地獄の季節」にいくつもの書き込みや線が引かれていた。たとえば、「俺は自分の理性の囚徒ではない」という一行に、黒々と引かれた太い線だ。

2 1971年アラブ—日本

1971年早春に、ベイルートに着いて活動しはじめた私たちは、日本サイドの赤軍派森指導部とうまく共同できずにいた。場所的距離は思想的距離となってしまった。

私たちが日本を出発する少し前から、赤軍派は大衆基盤の枯渇と財政難を補う方法として、M作戦を採用した。それまでの日本の運動の中でも、こうした倫理意識に欠けた闘い方は、戦後はなかったと思う。でも、私もその赤軍派の一員なのであった（そして、また、のちに違った形で、自分たちだって同じように誤ったM作戦を行ったのである。「大義」の名において）。

よど号事件以降、権力の凶暴さへの対抗措置として、こうした闘い方によって突破しようとする傾向が助長されたのだと思う。私たちのアラブへの出発以降、国内の弾圧は、さらに強化されていた。「日米同時蜂起」を目指し、アメリカに出発する予定だった部隊は、私たちが出発した後、Fさんらが逮捕されて潰されてしまった。それをベイルートの日本大使館で読んだ新聞で私は知った。

森指導部はこうした困難に対して、革命左派・京浜安保共闘との共同を進め、武装闘争で一致し、統一して闘うことによって勢力を拡大し、活路を見出して行こうとしたのだろう。私たちが

「国際根拠地論」に沿って、パレスチナに活路を求めたのと比べて、森指導部はそれよりも国内建軍・国内路線を重視し、その方法として、M作戦による軍事活動と「革左」との統一軍形成による新しい闘いをめざしていたのだと、現在からは捉えることができる。

その分、よど号グループやアラブに行った者たちとの結合や働きかけが切実に継続的に行われることはなかったのだと思う。または、国内の激しい権力との攻防は、そうした目の前の闘いに精一杯で、思いはあっても外と頻繁に連絡し合うことができなかったのかも知れない。

ベイルートにいたバーシム奥平と私は焦っていた。これまでなら、会おうと思えば翌日にでも会い、また電話ですぐ連絡できた。しかし、ベイルートと日本の間は、手紙の往復に1ヵ月ほどかかるうえに、直通電話は当時はない。申し込み電話は1時間以上待たされるうえ盗聴されるし、高額で使えない。

こうした中でも、当初は赤軍派にせっせと手紙で報告し、赤軍派森指導部の意向を受けた活動をめざしてきたが、埒が明かなかった。PFLPは、ボランティアとしてさまざまな分野で受け入れ可能であることがわかったので、軍事的分野の人材も医者も送ってほしいと国内に伝えたが、それに関する返事はなかった。

最初に来た手紙は、71年5月か6月頃で、やっと手紙が来たことに大喜びして、その要求に応えようと英訳して走り回ったものだった。その手紙はPFLPのハバシュ議長宛に〝世界で闘っている反帝勢力の代表者による国際会議を赤軍派とPFLPで共催し、世界に呼びかけよう〟というものだった。どのような政治原則にもとづいて、何を共同支援することができるのか？　と、当初から問い合わせていた懸案の赤軍派とPFLPの共闘のための合意作りには返事がなかった。

こちらの問い合わせには触れられず、〝赤軍派とPFLPで共催する国際会議〟と話が大きい。しかし、それを、実際どう実現するのか何もないものだった。今から考えると、PFLPと共闘のための合意作りの内容という意味で、「反帝グループの代表者の国際会議」と返答してきたのかもしれない。

当時10万人以上もの組織員を有する解放運動組織に対し、数百人にも満たない赤軍派が、意気だけは高く、国際党派闘争とは……中身もないのに。そうした風潮を私自身が持っていたのは棚に上げて、国内赤軍派指導部を批判的に見た。

それでも私とバーシムは、国内赤軍派の意向に沿ってPFLPに要請し、PFLPハバシュ議長から7月、次のような手紙を受け取っている。これは、発表して本に載せるために送ったものではなかったが発表された。

以下は、共産主義同盟赤軍派（日本委員会）へのPFLPハバシュ議長からの手紙の一部分である（『アラブゲリラと世界赤軍――世界革命戦争への飛翔』京都大学出版会　71年）。

「同志たちへ。少し以前受け取った私宛の手紙と『アラブの同志たちへのメッセージ』に対し、私はPFLPを代表して、感謝の意を表したいと思います。私はあなた方の手紙に対する返事が遅れたことをお詫びしなければなりません。しかし、きっとあなた方は、われわれが非常な困難に直面しており、そのために、一定の任務を遂行することさえ難しくなっていることをよく理解してくださることと思います。同志たちに感謝の意を述べるちょうどこのよい機会に、私はファッショ的反動勢力がヨルダン人民に血に飢えた虐殺を行いはじめた、70年9月以降のパレスチナ闘争がどのように展開したか、簡単に説明しておきたいと思います」として、70年内戦以降のPLOのアラファト路線を批判し、危険が迫っている71年夏の状況を説明している。

そして、「われわれは、プロレタリア国際主義と反帝的団結によって、われわれの共通の敵を打倒できるであろうと強く確信します。われわれPFLPは、全世界の何百万もの進歩的人民がわれわれを支持し援助していることをよく知っています。そして、このことは、革命軍兵士が闘争を貫徹する際、実に大きな励ましとなるのです。兵士たちは本当にそうなのですが、ベトナムやラオスやカンボジアや日本やその他どんな所であれ、帝国主義に対決し闘っている同志たちのどんな勝利にも、幸運にも歓喜しています。（中略）

最後に私がお答えしたいことが一つ残っています。それはあなた方から提案された世界の実際に帝国主義と闘っている党・グループの代表会議を持つということについてです。全PFLPはこの会議の開催を心から支持し、それに参加する用意もあります。われわれはこの会議を率先して開くことを望んでいますが、ご承知のように、現在のわれわれの任務と仕事は、このことを非常に困難にしています。

しかしながら、われわれは、この会議を開催するためのあらゆる可能な助力を惜しみませんし、またこの会議の実現を首を長くして待っています。共通の敵と闘っておられる全ての同志たちに戦闘的あいさつを送ります。そして、闘争の成功を切に祈ります。

同志として。

PFLP書記長ジョルジュ・ハバシュ」

バーシムはすでにレバノン南部戦場で活動していた。当時はまだリッダ闘争の前で、レバノン南部戦場では、軍事局も「アウトサイドワーク局」の一部も駐屯し、助け合っていた。その中からバーシムは選抜されて特殊部局アウトサイドワーク局での活動を進めようと計画していた。そして、国内赤軍派に人材の派遣を求めたが、戦士のボランティアについても返事のないままであった。

そうした中で、私の個人的友人がレポや財政的に支えてくれたり、また、バーシムの全共闘時代の仲間たちがバーシムの要請に応えてくれていた。赤軍派の協力が得られない分、こうした力に依拠しながら、ベイルートでの活動を続けざるを得なかった。

私はPFLP情宣局ボランティアメンバー、バーシムは軍事ボランティア、義勇兵として、活動の目処を立てていった。

ちょうどその頃、カンヌ映画祭の帰路ベイルートに立ち寄った若松・足立両監督の希望で、6月から8月、パレスチナのドキュメンタリー映画製作が行われていた。この撮影のため滞在したパレスチナ・ゲリラの基地であるジェラシの戦場は、指揮官がちょうど私たちに下山命令を出した後ヨルダン軍に包囲され、71年7月下旬に壊滅した。このジェラシ山岳地帯は、70年内戦以来停戦合意として許された、パレスチナ・ゲリラの武装駐屯基地であった。多くの戦友がヨルダン当局に殺され、また、逮捕された者は縛り首で晒された。その絞首刑の写真が日々新聞の写真の記事になった。

この命がけの戦場をめぐって撮影されたフィルムは、のちに、「赤軍‐PFLP・世界戦争宣言」として、上映運動によって日本全国で上映されることになる。そして、この映画の日本での上映に向けて、71年秋パレスチナ解放運動の宣伝のために、PFLP代表が日本に派遣された。初めてのPFLP同志の訪日であった。

また、一方、日本からアラブに届いた「赤軍・PFLP・世界戦争宣言」のフィルムは、難民キャンプで上映された後、アジア・アフリカ連帯の専門家のKさんと中国に留学するPFLPの一団との話し合いで、中国で周恩来に見せようという話になった。そして、中国へ一時持ち出した。しかし、周恩来のその後の感想について、私は聞き漏らしたままになってしまった。

PFLPのアウトサイドワークに選抜されたバーシムは、パレスチナ領内、イスラエルの調査要請を打診された。赤軍派とは折り合いがつかず、バーシムの仲間（リッダ闘争後に、VZ58を名乗る人々〔グループ名はリッダ闘争の3人が携行したチェコ製の小銃VZ58に由来する〕）たちがその任に当たることになった。当時「アラブ・ボイコット」といって、アラブ諸国がイスラエルを承認していないため、イスラエルに入国した形跡のある者は、アラブ諸国に同じパスポートでは入国できない。さらに情報漏れの危険もある。そのため、日本にいる彼らをアラブに呼び寄せてから、イスラエルに調査に入るのは難しい。また、バーシムが京都の仲間と意志一致するために帰国すれば、別件逮捕されて再びベイルートに戻ることができないだろう。そんなわけで、限られた人間が関わって、持ち回りで連絡任務を負い、調査の準備を進めていった。

私の方は、ちょうど映画作りやジェラシの厳しい戦場での攻防を経験し、またジェラシ陥落後のアンマンへのレポなどをやっていた一方で、バーシムらの活動は秘密裏に進められた。

3　71年アラブでの出来事

71年のいくつかの出来事に触れておこう。

(1)　バーシムの初めての訓練の頃

71年の4月末だったと思う。私の一人暮らしの部屋に彼が時々訪れる活動スタイルになって1ヵ月頃のこと。私がバーシムに用事があってPFLPの人にその旨を伝えると、ちょうど軍事訓練のコースが終わって任務の切りかえ時なので、私も一緒にバーシムたちのところへ行ってみないかと誘われた。訓練所をうろうろするのは失礼だし好まないと私が言うと、「訓練は終わったところだし、われわれ民兵というのは生活者だから君の思い描いている軍人とはちがうだろうね」と、気にも留めず南部にレポで移動する車を呼んでくれた。

結局、好奇心が人一倍強い私はサイードという40代くらいのコマンドが運転する車に同乗した。彼は先日シャティーラキャンプでの3日間の私の自衛のための訓練をしてくれた教官の一人でもある。この訓練は長期間ボランティアでいる意志のある人にPFLPが行う訓練の一つである。主権国家の首都であるベイルートだって常にイスラエルの空爆や銃撃の危険にさらされているからだ。机上で空爆危険地域での指揮への服従と避難、銃撃にあった時に素早く身を低く転げて位置を変えるとか、銃の構造などを教わる。体操は柔軟やマラソンやダッシュなどの避難訓練。あとは銃の射撃訓練といったところ。彼は射撃の教官だった。

ベイルートから地中海岸を右手に見ながら南へと海岸線を下って行く。途中の海沿いの果樹園はバナナ、レモン、リンゴも一つ所に植えられていて、リンゴは北、バナナは南といった子供時代からの常識がひっくりかえる。肥沃温暖な地中海の自然の恵みの豊饒さが人々を引きつけ、聖書以前から栄えたのがわかる感じだ。

フェニキア時代の港町シドン（サイダ）に30分ほどで着くと、その一角の5万人のパレスチナ人が住むアイネヘルワ難民キャンプに向かう。そのキャンプの中の路地の一角で車を止めて私だけ待っていると、ベイルートのシャティーラキャンプの子どもたち同様、かわいいキラキラした瞳の子どもたちが寄ってきて、「マルハバ！　スィーニ？（こんにちは！　中国の人？）」と聞いてくる。アジア人に対し、アラブではまず「スィーニ」と聞かれる（リッダ闘争後は「ヤバーニ？（日本人？）」と聞かれるように変わった）。習いたてのアラビア語で話していると、訓練所担当なのか若者が乗り込んできた。「シャーディ」と名乗った。

車はさらに南へと走り、海岸から東の方に進むと麦畑が波打つように広がっている。その先に果樹園とオリーブの林がさらにつづく。オレンジ系の甘い花の香りが車の中に運ばれてくる。果樹園の鉄柵の門から広い路がつづいて、両側にポプラと松の木が並びたち、視界のその向こうには両側ともオレンジの樹が整然と並んでいる。シャーディがここで収穫するものはＰＦＬＰの財源の一部になるのだと説明してくれた。道なりに１００メートルほど進むと石造りの古い建物があり、その前で大勢の男たちが土木作業をしている。川から引き込んだ水が果樹園全体に行きわたるよう水路を補強しているのだとシャーディが説明してくれた。

アンダーシャツ1枚でスコップを手に土を掘っている数人のまん中にいるのがバーシムだった。こちらに気がつくとびっくりして笑って手を上げた。「土方仕事は京都でもようやったし」などと言いながら軍手をはずして握手。ここではバーシムは情報が洩れないようにという保安上の理由から、「中国人」ということになっていて、バーシムというアラブ名の他に「モハンデス・スィーニ（中国人エンジニア）」と呼ばれているという。「訓練どうだった？」と聞くと、「まだまだ初歩的なレベルだけど、なんとかやれそうだよ。みんないい奴ばっかりだし」と、日焼けした笑顔で答える。相当気に入っている様子。私たちが花咲き乱れる果樹園の下草の一角で打合せをしている間に、みんなが昼食を準備して呼びに来た。

いんげん豆に羊肉のトマトスープ。ごちそうの羊肉はサイダでシャーディが5kg買い込んできたものだ。大きな手作りの木のテーブルの上に大鍋を置いて深皿によそい、アラブパン、庭でとれたての野菜、トウガラシ、ハッカ、レタス、トマト、それに近所の農夫のもってきたヨーグルトやチーズが並ぶ。20人近くいる。椅子がたりなくて立って食べる人、木陰に座る人。陽気な話題は水路の話から「モハンデス！」とバーシムにどんどん質問が飛んでくる。ラテン・アメリカから来たパレスチナ移民の青年、イラク人、アフリカ人もいる。

「バーシムはすごい奴なんだぜ！」と口々に私に自慢してくれるのがうれしい。「軍事訓練はフォーメーション、射撃、なんでも一番だ」と一人が言うと、「そんなことより偉いのは、農夫にバーシムだけがほめられたことだよ。みな訓練中どうしても畑を荒らすんだ。バーシムは絶対にそんなことしないよ。そういう時はバーシムは怒って向きを変えさせるんだ」「村人がうるさく朝から来るんだ。モハンデス・スィーニに、これをなおしてくれ、あれをなおしてくれって。バーシムはやってのけるよ」などなど。バーシムは「みんな何だ、よく言うてくれるな」と笑い、「こわれたラジオや時計やそんなもの部品を町に買いに行ってすぐなおるようなもんだっただけだよ。大げさだな」と照れっぱなし。「いいねえ、こんなに喜ばれて。アラブに行くこと話した時、バーシムはお父さんに言われたって言ってたでしょ。どこにいても人の役に立つことをするようにって」と私が言うと、バーシムは抗議するように、「まだ何もしていないよ」と笑った。

そうか民兵って、こんなふうなのか。軍事訓練コースを終えて、国境地帯の兵舎に駐屯する人もいれば、こういうふうに労働生産活動もし、みな楽しそうに新しい友情を結び合っている。生活し闘い、家族もいるんだな。休日はサイダのキャンプの家族のもとに帰ったり、サイダやスールの港町に行って「ハーフローストチキン」を食べて（半分のチキンを食べるぜいたくをする）映画を見るんだよと、祖国解放戦士の日常を語ってくれた。「革命軍」といっても、否定してもいつのまにか日本の軍隊めいたものを想像しがちだが、ここは大衆的ルーズさ、自発性ある戦闘的集団、キャンプの生活や親類のつながりのような民兵たち。バーシムによるとファタハの民兵たちはＰＦＬＰの民兵たちの１・５倍から2倍の月給（といってもそれだけで生活できる額ではないが）が支払われるらしい。「命の値段」ではないが、金のある組織と無い組織には差がある。「ファタハはアラブ反動から金をもらって潤ってるけど、われわれはそれと闘ってアラブの革命もパレスチナ解放と一緒にやるんだ」と薄給に胸を張る陽気なＰＦＬＰの戦士たち。日本でイメージしていたよりも楽しく素朴だ。

「せっかく来たんだからわが祖国パレスチナを見せてあげよう」。みな口々に言う。この近くからパレスチナの果樹に覆われた緑の領土が見えるのだという。食後の昼寝時間だから行っておいでよと言うけど、おしゃべりをしてもう4時に近い。シャーディが運転手になってバーシムとバーシムの友人の一人と東南の方角のアルヌーン村にあるカスル（城）近くからパレスチナを見に行くことになった。車を走らせて、赤いアネモネやケシ、黄色のキク科の花、紫のムスカリに白いセリの花のようなたくさんの花の彩る道から岩山の道を行くと、行く手に幻想的な城が山頂絶壁に現れた。それがアラビア語で「カラァト・アルシャキーフ」、フランス語で「ボーフォール（美しい砦）」、英語では「ビューフォート」と発音していた。レバノン紙幣の図柄にもなっているし、あの「アラビアのロレンス」が「中東一美しい城」と絶賛したという。フェニキア時代から砦のように建っていたところに、十字軍が占領して西洋風に補強した城。あの城塞に上がると遠くまでパレスチナの街が見えるという。観光遺跡として城の中に入ることもできるらしい。城を近くに見る小高い丘からパレスチナを眺めた。

「あの黒々と続く道が緑に消えるところ、あそこからパレスチナだよ」。すでに何度もこの辺りに来ているバーシムが教えてくれた（このビューフォート城は75年レバノン内戦の始まった後76年からパレスチナ解放勢力の要塞として、ここから被占領地へとロケットを撃ち込んだりした。78年、82年とイスラエルの侵略空爆で、ユネスコの緊急アピールにもかかわらずイスラエルはビューフォート城を破壊した。82年以降はイスラエルが占領し、２０００年にレバノンから敗走する時さらに爆破し、今では土台が残っているだけになってしまっている）。

バーシム奥平は新しい環境の中で、日本の多くの仲間たちにこんな場を提供できたらいいね、そんなふうに話し合った。

(2) バーシム、レバノン南部戦場へ

初期訓練後の果樹園での活動を終えると、バーシム奥平は希望してパレスチナ北部戦線、つま

りレバノン南部国境方面へと向かった。当時パレスチナ国民憲章（68年採択）は次のように謳《うた》っていた。「第9条　武装闘争は、パレスチナを解放する唯一の道である。それは全般的な戦略であり、単なる戦術的段階ではない。パレスチナ・アラブ人民は武装闘争を続け祖国解放と帰還のために絶対的な決意と断固たる決心を確認する」

時代は世界でもベトナム反戦運動の高揚、民族解放の正義で熱かったし、当時のアラブ全体もその中にあった。レバノン南部はパレスチナの北部と接しており、パレスチナ解放のためのレバノン側からの闘いは保障されていた。

ヨルダン内戦を経て、私たちがベイルートに着く前頃から南部戦場は強化され急速にゲリラ基地が広がった。レバノン政府がパレスチナ解放に積極的だったわけではない。むしろ弾圧してきたのだが、ナセル大統領のエジプト革命以降の反植民地、反イスラエル、アラブの統一を求めるアラブ主義の正義が、アラブ各国の基本政策としてあったために、レバノン政府もその政策に沿わざるをえなかった。アラブ連盟加盟国はパレスチナ解放支援を決定しており、国境を接するレバノン政府もしぶしぶ従っているにすぎなかった。旧宗主国フランスの庇護の下で特権を保ってきたレバノンの支配層、とくにマロン派キリスト教徒のリーダーたちは、パレスチナ問題が自国の公正な政治改革を求める勢力と結びつくことをおそれて弾圧をくりかえし、パレスチナ人の権利を認めず、難民キャンプへ押し込めようとしてきた。そのため、いつもパレスチナ解放勢力との矛盾が絶えなかった。

69年10月、レバノン軍がパレスチナ・ゲリラや難民キャンプを攻撃したことから抗議デモが拡大し、レバノン北部、ベイルートそして全国へと広がった。エジプト大統領ナセルの仲介によって停戦となり、69年11月「カイロ協定」が合意された。この協定は、同年2月にPLO議長となったアラファトとレバノン国防相によって結ばれたもので、「レバノン内のパレスチナ人居住者は、レバノンの主権及び安全が許す限度内において、武装闘争を通したパレスチナ革命への参加が許される」と確認している。そして、コマンド活動は、レバノン軍の国境へのコマンドの接近の援助や国境地帯における接近地点と監視哨所の明確化などが合意された。こうした合意を苦々しく思うキリスト教徒右派が、のちにイスラエルと共謀してパレスチナ人弾圧に乗りだし、それがきっかの一つとなって、15年にわたる「レバノン内戦」が始まるのは75年、まだ先の話である。

私たちがベイルートに着いた71年は、この69年の「カイロ協定」にそって難民キャンプも南部戦場も活況を呈ていた。南部ではレバノン村民の支援や共闘、加えてレバノンの大学生や近隣諸国、北欧、西欧、トルコやイランの若者たちもボランティア参加していた。当時PFLPはサイダの難民キャンプでも、ファタハと同様にメンバー数も支持者も多く、そこを政治本部としながら南部ナバティーエに軍兵站本部を置いて、地中海沿岸のパレスチナ国境に近い南西から南東まで広く兵舎を維持していた。

バーシムはナバティーエ本部に集結した仲間とそこからさらに南のリタニ川近くに配属されたらしい。そこは最前線ではないが、果樹園や放牧地を利用して村人の協力を得てテントを張ったり、石造りの農家を提供されたりして駐屯の陣形をつくっていた。そばには他の解放組織の兵舎もあり、バーシムらの10人ほどの小隊のPFLPの仲間は旧い1軒の農家が兵舎だった。

小隊長のパレスチナ指揮官は、のちにわかったが、アウトサイドワークの者で、レバノンから比較的近いパレスチナ北部サファド出身の30代のオブラヒム。父親がハバシュやサファド出身のアブ・ハニらと共に、アラブ・ナショナリスト運動（ANM＝Arab Nationalists Movement）を興して反植民地闘争、反イスラエル闘争を闘っていた人だ。他にはヨルダン内戦を生きのびてきたヨルダン難民キャンプの両親から生まれた若者たち、それにトルコ人２人の中にバーシムも加わった（ANMは、PFLP議長のジョルジュ・ハバシュやアブ・ハニたちが１９５１～５２年に創設した汎アラブの反植民地・反イスラエル運動。当時のインテリ富裕層や軍人のリーダーたちが運動の指導的中核をなしていた）。

バーシムはあいかわらず「スィーニ（中国人）」で通していたらしい。「トルキーエ（トルコ人）」もパレスチナ人もレバノン人も少し離れた他の組織の仲間も、おたがいにパレスチナ解放に集まった仲間としてアラブ名で呼び合う。村人の小麦の刈り取りや荷運びを助け、射撃訓練、学習、巡回、歩哨と、兵舎は役割分担や当番制で、アウトドアの学校でのキャンプ生活のように秩序立っている。食事は昼は給食が届くこともあるが、基本は届けられる材料、缶詰で、当番が作る。じっくりと煮込んだ料理も時々やるが、日中はイスラエルの空爆を避けて果樹園や岩場の陰のテントに陣形を取りながらの生活。空爆避難下でも石のかまどを作ってじっくり料理に熱中する猛者は、ファタハの隣の兵舎の者たちだとバーシムが笑って話していた。

「こんな生活好きだなあ」。会うたびに、斥候《せっこう》や巡回、訓練で、アザミイバラの鋭いトゲの草の中を行ったり来たりするせいであちこちすり傷だらけにしながら、「もし、革命がなかったら、俺、ベドウィン（アラブ遊牧民）になりたかったなあ」と嬉しそうに南部の任務を話していた（かつて今西錦司のいた京大の探険部に入っていたと言ったか、入りたかったと言ったか。バーシムは磁石と星の位置を頼りに夜間行軍をするのが好きだと言っていた）。

南部で活動しはじめて1ヵ月くらいだったか、バーシムは引きあげ移動を命じられてベイルートに戻ってきた。バーシムの話では、2つの事件が重なったからということらしい。指揮官のオブラヒムが話してくれたことによると、ファタハの若者たちと村人との銃撃戦が起こってしまい、そのあおりでバーシムらの兵舎も不穏になったということらしい。コマンドたちの援農が思わぬ方向に発展したというのだ。援農は村人に対するコマンドたちのボランティア活動で、当時は友好的に行われていた。麦刈り、オレンジの収穫、オリーブ摘みや枝落としなど、人手が必要な時には兵舎に留守番を数人残して援農に出かけるのはコマンドたちも楽しみだった。働いたら喜んでもらえるし、オレンジやリンゴの差し入れやチーズまでおみやげにくれたりする。

こうした中でちょうど麦刈りの最中、ファタハの若者が、知り合った農家の娘と水汲みを手伝いながら仲良くなったらしい。何度か娘を待ち伏せて話しかけたらしい。若者は他愛のない楽しい気分で話しかけたのかもしれないが、村人たちの厳格な習慣「家族以外の男と口をきく」ことがタブーな文化をわきまえなかったことが村人の目撃するところとなった。そしてある日、娘の兄弟が問答無用でコマンドの若者を襲撃し重傷を負わせ、それに怒った事情を知らないコマンド仲間が反撃して村は大騒ぎになってしまった。

銃撃音に「すわ、イスラエルの侵入作戦」と、あちこち戦闘態勢に入ったらしい。バーシムたちの兵舎もとばっちりを受けた。ただしオブラヒム指揮官の判断で援軍や銃撃には至らず、分散迎撃態勢を取ったので村人を間違って殺さずにすんだ。死者はいなかったが、何より村人の信頼を大きく損なった。「一人の不注意な判断と行動がどんな結果を生むか覚えておくように」とオブラヒム指揮官は言ったが、バーシムは村人の側の反応や処理、その後のファタハの処分について詳しく聞くことはできなかったらしい。撤収が急がれたために、よく兵舎に来て話し込んでいく他の組織のコマンドたちと話す機会がなかったらしい。

撤退を急いだもう一つの理由は、トルコで起こった駐トルコのイスラエル総領事誘拐事件だった。バーシムはアラビア語の日常会話はもうできるようになっていたが、バーシムよりましなアラビア語を話す2人のトルコ人は英語も話せるし、ずいぶん助けてもらっていたらしい。いつものように昼食を2時過ぎに終え、昼寝をしたあとの時間か夕食後の時間だという。アラブティーを飲みながら、イスラエルのアラビア語放送かどこかのアラビア語放送を聞いていたオブラヒム指揮官が、険しい顔をしてみんなを見廻した。

何かあったとバーシムはすぐ察したらしい。トルコ人はトルコの地名や「イスラエリ」という発音から、すぐ起こったことを察知したらしい。「イスラエル大使がトルコ人民解放軍に拉致されましたか?」と即座に聞いた。「大使ではなく領事だ」と指揮官が答えると、それより早く「ブラボー」「ブラボー」とパレスチナの若者は大喜び。トルコ人も「ブラボー」と抱き合っている。バーシムも自分の短波の入る小型ラジオにイヤホーンを差し込んで英語放送を探した。そして事件を確認するとイヤホーンをトルコの仲間に渡した。トルコ人はあわただしくトルコ語の放送を探し、ニュースに聞き入って仲間に早口で事情説明している。拉致グループは政治犯の釈放を求めている。

トルコ人の2人が、トルコ人民解放軍の人々だとこれまでの会話からわかっていたが、おたがいさまで正式にはこちらも名乗っていない。作戦があることを事前に知っているということは、PFLPも支援したのだろう。軍事独裁のトルコ政府が易々と要求に応じないことはこの兵舎の誰もが知っている。要求をのまないばかりか逆に虐殺弾圧強化が続くにちがいない。他の組織の人々もPFLPに事情を聞きにくる。友好的なのを知っているからだ。オブラヒムは箝口令《かんこうれい》を敷いて、「我々は何も知らない」とトルコの仲間も答えている。1週間後、人民解放軍側はイスラエル総領事を処刑した。要求が拒否された結果だった。

こうした事情が重なって、トルコ人仲間はすぐ新しい体制づくりに入ることになり、南部から出て行くことになった。そうした事情は当然だった。南部レバノンにもイスラエルのスパイ網は張りめぐらされており、どこかで情報が洩れる。イスラエル総領事を拉致したグループが南部にいるのがわかれば、空爆や潜入攻撃で逆に拉致されかねない。あとでバーシムも知ったが、バーシムのいたオブラヒムの小隊は、PFLPの軍事局とは別個のアウトサイドワーク局の指揮下にあったようだ。

この2つの事件が起きてから、すぐオブラヒムは動いた。イスラエル総領事の死体が発見されたというニュースの後には、小隊は兵舎をたたんでナバティーエ本部に戻った。そしてしばらくしてオブラヒム指揮官とトルコの仲間とバーシムはベイルートに戻った。バーシムはその頃にはもうすでに選抜されてアウトサイドワークの任務に移ることも決まり、レバノン山脈を越えて東部ベカー高原のバールベックへ向かうことになった。

バーシムにとって、南部での闘いの経験は短かったが、村人の文化、パレスチナ戦士のヨルダンでの闘い、トルコの戒厳令下の弾圧に抗した命がけの闘いなど、忘れられない世界を広げたようだった。「日本で闘っていた時には、〝本気であること〟が、なぜかこっけいになってしまう。京大パルチザンの戦闘訓練だって、『パルチザン前史』のドキュメンタリー映画の中ではこっけいの極みだったし……。闘うことがこっけいでないところ、命をかけるのが当たり前のところにいると今しみじみ思うよ。闘いが、闘いこそが希望だって照れずに叫べるところ」。そんなふうにバーシムは南部戦場について語っていた。世界のあちこちで、死ぬ気になって闘っても勝てないかもしれない。それでも正義のために勝つまで命がけで闘っている。その広さ、深さ、歴史が、自分を駆り立てているんだというような話をしていた。

日本とははるかに違う地点で、命をかけて闘うことをとうに決めている。パレスチナのために。それはみじんも悲愴ではなく、あたかも数学の難解な応用問題が解けた時のようなすっきりとした顔つきで話すのがバーシム流だ。そんな一方でトルコやパレスチナの仲間とおたがいのコインを交換したりする。バーシムは「5円玉を渡したよ、ご縁があるようにね」と、縁起もかついだりする。バーシムが南部戦場から戻ってまだベイルートにいた頃、私は若松・足立組と映画の撮影に出かけた。

(3)　アンマンへの旅

71年7月、パレスチナ解放のヨルダンにおける最後の軍事拠点、ジェラシ山岳地帯が陥落した。1週間にわたる最後の戦闘の末、ヨルダン軍2万5000に立ち向かい、弾を打ち尽くして、戦士たちは投降せざるを得なかった。映画の撮影に訪れた私たちを歓迎し、共同生活の中でいろいろ語ってくれたコマンドたち。

凶暴なヨルダン兵は、拘束後、ＰＦＬＰの人々を絞首刑にして、「戦果」を公開し、新聞には毎日、かつての戦場の友人たちの吊るされた写真が載った。「もはや、ヨルダンにはパレスチナゲリラは一人もいない」と、ワスフィ・タル首相は豪語した（このワスフィ・タル首相は、同年11月、カイロ訪問中、パレスチナゲリラの報復によって暗殺された）。当時、アル・ハダフ事務所にいた誰もが気が気ではなかった。ＰＦＬＰの仲間が日々殺されていた。

若松さんらが帰国したある日、ガッサン・カナファーニが私に、「我々はヨルダンに入ることができない。誰が殺されたのか、何人生き残っているのかもわからない。その後のことも。こちらの意志も伝えたいので、レポに行ってくれないか」と言う。私は二つ返事で引き受けた。レポの中身はわからない。でも、役に立てるなら嬉しい。ただ、それだけだった。急いでヨルダンへと向かうことにした。

絶対に取られてはならない手紙を、ガッサンから受け取った。アル・ハダフのメンバーの一人Ｂさんの実家はヨルダンの金持ちですぐわかるから、そこに行って、Ｂさんの弟を呼び出すことにした。まだ高校生だという。そうしてある人の家に連れていってほしいと名前を告げれば、必ずやってくれる。それが秘密に接触する方法だった。

こうして私はアンマンへのレポに出発した。シリアのダマスカスから乗ったアンマン行きの小型バスは、ヨルダン国境ですべての荷物を一つ一つ検査されて、それだけで3時間以上もかかったうえに、何人かは殴られ、何人かは拘束され、何人かはバスに戻って来なかった。シリア国内では陽気に騒いでいた乗客は、歌ったり、喋ったり、ラジオ・アシファ（カイロからのパレスチナの放送）に合わせて浮かれていたのに、ヨルダン国境で押し黙った。

やっと国境を越えて高速道路に入って、運転手が再びアシファ放送をつけると、「やめてくれ！俺だって聞きたい。でも、今は安全にたどり着きたいんだ」と乗客の一人が言うと、沈黙が続きラジオは消された。途中、ヨルダン軍による検問は何度もバスを止めて、身分証の点検をくり返した。

私の隣に座っていたアメリカから里帰りするというパレスチナ人は、酒を飲みだした。そして、検問のたびに寝たふりをし、検問が終わってバスが走りだすと、「パレスチナなんて糞食らえだ」と泣いていた。そばの婦人が私に語りかけた。「誰も自分の故郷に帰りたくないわけじゃないのよ。帰りたい。それでもなぜこんな仕打ちを受けなければならないのか……」

そんな旅は、早朝に出たダマスカスから夜になってやっとアンマンに着いた。いつもの2倍の時間がかかっているという。

私はアンマンですぐ行動を開始した。小高い金持ち地域にあるBさんの邸宅を訪れた。そして、弟の手引きで無事に仕事を終えて、1週間ほど後にベイルートに戻ってきた。

(4) 襲撃事件

事件は、私がアンマン滞在中に起こったらしい。8月だったかもう9月に入っていたか。私はアンマンからPFLPのレポを終えてベイルートに戻った。そして、ガッサンにアンマンからの手紙を渡し、報告も終えた。充実した気分で夜アパートに戻ってくると、小さなロビーに、下働きのパレスチナ人のイーサらが、PFLPのシンパだと言っていたコンシェルジュの弟の若者と顔中をあざだらけにして、ちょうど話をしているところだった。私の顔を見るなり、殺気立って「出て行ってくれ！　どこにいたんだ！　お前の留守中にお前のハズバンドと仲間連中が来て、『パスポートを返せ』と袋叩きにあった」と言うではないか。

5月のある日、部屋にかけておいたカバンに入れたパスポート、現金、帰国用の航空券が紛失した。ちょうどバーシムが来ていて、2人で外出する前に確認していたのに食事から戻ったらそれらの中身がなくなっていた。下働きのイーサとアハマッドしか犯人は考えられない。部屋に鍵が掛かっていたからだ。その時は証拠がないので仕方なく日本大使館にパスポート紛失届を出してやっと再発給してもらった。その後、足立さんが映画の撮影を終えて帰国する際にテープレコーダーを盗まれ、それはイーサとアハマッドが犯人であるのがわかって取り返した。パスポートの時にもバーシムとバーシムと仲のよい友人サミールは怒り、PFLPとして尋問すべきだと私に同意を求めたが、パスポートが再発給されたのでそうしなかった。バーシムにテープレコーダー盗難の話をすると、「やっぱりあいつらだったのか。パレスチナ人の風上にもおけない！」と憤慨していた。私がアンマンに出かけた間に、「尋問」をやりに来たらしい。

コンシェルジュの弟の若者は何もこれまでのいきさつを知らない。銃で武装した連中がイーサらを殴りつけ、止めに入って彼も殴られた。「とっさにドアを閉めて、閉じ込めて警察を呼んだ。ところが奴らは銃でドアを壊して、ハズバンドは逃げた。見てみろ！」と壊れたドアを示して、騒ぎがあった様子を怒りつつ語っている。

私は若者に、イーサたちが原因でこんなことが起こったのだ、2回目の泥棒は証拠もつかんだことも伝えた。でもイーサは開きなおって、自分は知らないと言い張る。それはそうだろう。認めたら明日から路頭に迷う。イーサは必死で、「お前のハズバンドがならず者を連れてきた」と言うばかりだった。

こちらも仕返しされてはかなわない。ここで公然とPFLPのメンバーを連れてきて、大事になっても困る。日本人会の友人の中でも貧乏同盟と呼ぶ現地採用の仲間を呼んで、私はそのまますぐ引越しをすることにした。この仲間たちは、のちにも、日本で聞いていた条件と違うと、日本食レストランから逃げだした若い日本人女性たちの待遇改善を助けたりもした。金はないけど知恵を出して、いつも助け合っていた。日本人会の友人はすぐに駆けつけて、引越し荷物を担いで、近所の仲間のアパートに避難させてくれた。

翌日、ガッサンに緊急連絡を頼んで、バーシムらのところに行く許可を取った。夕闇のはじまる頃しか私の方から行くことが許されていない場所がある。ベイルートの古い屋敷の高い塀の中は、何人ものコマンドたちがいる。中にはさまざまな人々が待機していた。イスラエルの拷問で盲目になったコマンドなど、有名無名の人たちがいた。

薄い夕暮れの中、小さな通用門のドアが開いて、塀の中に滑り込むとジャスミンのにおい。まだ、ジャスミンの真っ盛りの一角がある。薄い暗がりにジャスミンがポッと白く映えた下に、低い小さな椅子を持ち出して、何人かが夕涼みのようにアラビックティーを小さなガラスコップで飲んでいた。そのうちの一人がバーシムだった。

片手を挙げて立ち上がるとニヤッと笑って、「びっくりしたろう⁉」と言った。「昨日アンマンから戻ったばかりよ。でも、襲撃したのね？　コンシェルジュの弟たちは顔が腫れ上がって傷だらけよ」と言うと、照れておかしそうにクックックと笑った。

「サミールたちと5人、あいつらを尋問しようと思ったんだ。もう旅券は戻らないとしても、パレスチナ人に恥をかかすようなことは、もうこれ以上やってほしくないからね」。血気盛んなコマンドたちは、正義感一杯で、作戦遂行のように行動したらしい。

ところが、事情を知らないＰＦＬＰシンパを名乗るコンシェルジュの弟の邪魔が入ってしまった。イーサらを尋問中、外から鍵をかけられて、警察隊が来る羽目になった。サミールが即座にピストルで鍵を壊して、バーシムをまず逃がして、後は自分だけ警察署行きとなったらしい。

ちょうどベイルートにハバシュ議長がいたので、すぐにＰＦＬＰとしてハバシュがレバノン当局にかけ合って、サミールの身柄を警察から貰い受けてきたという。それからバーシム、サミールら襲撃隊のみんなは許可なく行動したと禁足処分を食らって、この屋敷から出ることはできないと言う。

バーシムはその尋問作戦を語りながら、「落とし前のちょっとした戦闘だったけどね」と、照れて笑っていた。ああ、日本から友だちも呼んでると言っていたし、ハズバンド役をやめるのだなと思った。サミールや仲間たちが集まってきて、「マレシ！　マレシ！（気にするな！）」と笑っている。「もう彼らも盗みは止めるだろう。パレスチナ人だからね」と言っていた。イーサもアハマッドもいい奴なのだ。貧しくなければ、きっと良い才能や可能性があったかもしれないのにと、みなで口々に語っていた。

ずっと後に、奥平さんが書いたという詩を読んだ。彼の情念は、その時の怒りと暴力性は共通している。それはまた、パレスチナやのちに闘われるリッダ闘争への愛と情熱でもある。以下の詩は、１９６６年2月、京都の東九条で、３人の死傷者、２００人以上の罹災者を出した大火災を描き、セツルメント運動をやめる頃の詩だという。20歳頃の奥平さんだ。

みんな！　東岩本町が燃えた！
さあ！　わくわくと〝大事件〟にはずんでいる心をうまくおしかくして地域へ入れ！
チャンスだ！
君の心が躍るのもむりではない
きのう東九条にあがったすさまじい火柱は
すべての頽廃となれあいとあきらめを切りさいて
地の底から噴きあがった
人々の憤怒の炎ではなかったか
あのまい狂った火の粉は
三畳のくされだたみと　あかまみれのせんべいぶとんと　なまぐさい粘液のはぜる火花では
なかったか
ああ　あの鮮烈な火炎は　売血にむしばまれた数千人の血に誓った
アルコールにくさった一万人の肉体の上に復讐を誓った
天をつく火柱のまわりに
わをつないで踊り狂う無数の影が見えないか
ツルハシと棍棒と酒の中に
三畳の奴隷部屋の中に
空しくすりへらされた子供や大人の無数のいのちが
今　炎の中にまい狂う

その必死の叫びをきけ
「見ろ　それこそがぬすまれた俺たちの血潮だ！
見ろ　それこそがふみつぶされた俺たちの心だ！」
セツラーよ　その声が君らにも聞えるか
彼らの叫びをむだにするな
もし君に彼らと同じ血潮があるならば！

東九条におどり狂ったすさまじい火柱は
空しくすりへらされた
底辺何百万の生命をつぐなうにはあまりに小さい
だがセツラーよ
のろしはすでにあげられた
復讐の時は来たのだ
野火よ　かぎりなく燃え広がれ
ひそひそと燃える鬼火どもよ
さあ集まって　天をこがす赤い火の玉となれ
セツラーよ　その篝火の前で酒をくもう

（『天よ、我に仕事を与えよ』より）

結局、この襲撃事件でサミールもバーシムも１ヵ月の権利停止の処分を食らった。そして10月、イスラエルの調査を終えて、京都の仲間たちがベイルートに合流し、軍事訓練がはじまった。

4　71年秋、赤軍派との決別

こうした8月か9月頃、国内の友人から「統一赤軍」（のちの「連合赤軍」）のビラが送られてきた。国内赤軍派本部からは、それどころではなかったのか、この「統一赤軍」についての説明はなかった。そのビラには、「反社帝論」が述べられており、私はまず反対であった。当時私たちは海外に出てから、中国はソ連同様戦略的友として理解していたが、中国の「反ソ反社帝論」を批判してきた。中国が「反社帝論」にもとづいて実践するアフリカでの影響力拡大の争奪戦は、アンゴラやエリトリアなどでアメリカと共同する結果となっており、私たちの友人たちは被害を受けており、批判していた。こうした中国政府の政策に私たちも批判を持っていた。また、国内赤軍派の統一戦線なしの唐突な軍の統一には驚き、事情もわからなかったが、PLOの統一戦線を学んでほしいと資料を送り、疑問・意見を提起した。それに対して返答はなかった。

その後、10月だったか11月に、PFLPの同志が日本から帰国し、PFLP情報局アル・ハダフで報告会が行われた。そこで日本の上映運動の様子を聞き、赤軍派指導部の要請を受けて会議を持ったことなどが伝えられた。また、その時にPFLPハバシュ議長から赤軍派宛の手紙が合意なく公表されて、本が発行されつつあることも指摘された。

国内とかみ合わない。パレスチナ解放の最前線の闘いに協力しているつもりの私たちと、赤軍派の志向性は大きくずれている気がした。

「統一赤軍」といい、ハバシュ議長の手紙の公表といい、すべてが宣伝の道具になり、実体作りを妨げているのではないか？　私たちもアラブの実情が少しずつわかってきていた。私たちの行動によってパレスチナの闘いを損なってはならない、そんな思いが募っていた時だった。

11月だったと思う。やっと本部からの手紙が届いた。しかし、この手紙は、逆に私たちとの対立を決定的にしてしまった。「ＰＦＬＰの諸君には哲学がない」の一言でパレスチナ問題を片付け、国際党派闘争を行うべきだとか、当時アルジェリアにいたブラック・パンサー党のエルドリッジ・クリーバーとコンタクトしろ、などの任務指示があった。

ＰＦＬＰの人は日本の人々にパレスチナのことを伝えるために行ったので、ＰＦＬＰの人の安全上の条件を考えて、赤軍派としてわざわざ会う必要がないと本部には伝えていた。それを会い、会えたのは良かったと言えるが、せっかく会ったのに学ぶ姿勢に欠けて「哲学がない」と言うのでは話にならない。

ハバシュ議長の手紙の公表に対する釈明もない、さらに、自分たちの決めた連合赤軍方針を賛美し、それに反対している人々のことについて、「左右の日和見主義」が党内に発生していると書いてあった。右は大菩薩峠の保釈組、左は釜ヶ崎組だと述べて、君らは中央に従うようにという内容だった。連合赤軍についての説明もなかったし、「統一赤軍」のビラを見て、意見を伝えたことにも返事はなかった。

国際根拠地の闘いに対する理解もなく、ＰＦＬＰから学ぼうとしていないし、私たちの現実をわかろうともしていない。それに、党内の左右日和見主義というが、中身が知らされず、従うことだけを要求する。もう、やってられないという思いが噴き上げてしまった。

あんなに好きだった赤軍派を離れて、本当にやっていけるのか？　当初から苦労を分かち合った獄中にいる仲間たちと離れてしまうのか？　アラブの地に来て母体を失うのは簡単なことではない。しかし、母体はその役割も果たしてくれない……。悩みつつもう一緒にやれないと思った。まだ、連合赤軍事件の前のことなので、森指導部はそのうちまた変わるだろうという思いもあった。すでにバーシムの友人たちは赤軍派から答えのなかった活動を補って、パレスチナ解放闘争を支えている。決断する時だと思った。そうでなければ、「本部待ち」になってしまい、これ以上バーシムも前に進めない。すでに私たちの活動は、独断先行ということになるのだろう。このことは、バーシム奥平とまず話し合った。そして私たちは決別状を書かざるを得ないという結論に達した。そして、手紙を国内に書いた。

「国際根拠地論に基づいたアラブ側の私たちの闘いを理解していない。赤軍派のためにPFLPの人が行ったのではないのに囲い込んだり、ハバシュ議長の手紙を了解もなく公表するような合法主義では闘えない。国際主義の地平を踏みにじっていると自覚すべきだ。党内のことも、連合赤軍のことも、内容を伝えず、指揮に従うことを求めてきても、もう従えない」と、これまでのことに釈明を求めた。そして、「手紙を読んで、共に本当に闘うなら、中央の責任で回答すべきだ。もし回答が得られない場合は、私たちは赤軍派と別個に活動する」と、宣言した手紙を書いた（もっと穏やかに書いたかもしれないし、また、もっと激しく書いたかもしれない。とにかく決別状として、最後の返事を求めた。返事はなかった。そのまま関係が途切れ、その後、あさま山荘「連合赤軍事件」をニュースで知ることになった）。

この赤軍派との決別のことは、バーシム奥平の他にサラーハ安田も入って話し合った。赤軍派からの手紙も読んでもらい、こちらの返事も読んでもらった。バーシムはそうならざるを得ないとサラーハにも説明した。バーシムは短い間の赤軍派時代、どの仲間も良い人物だったと赤軍派の軍を好み、義理と愛着も持っていた。

サラーハ安田は赤軍派とは関係なかったのだが、バーシムにもしものことがあった場合にと、会議などにはバーシムのサブ役で参加していた。サラーハは、バーシムが赤軍派として来たことを初めから知っていたので、「自分たちもいずれ赤軍派に、と声がかかると思っていたのに」と、笑いながら私たちの話を聞いていた。

とにかく、今一緒にやれる者同士で態勢を立て直そう、赤軍派を代表するよりも、口幅ったく言えば、「プロレタリア階級の一員」として、革命家として、ここから足場を固め直そうということになった。

赤軍派中央に報告して許可を求めることも不要だし、自分たちの責任において自分たちの責任の持てることからはじめよう。バーシムの思いは、ＰＦＬＰの要請に沿った闘いに向いていた分、赤軍派との関係が解消されることは、大きな問題ではなかったのかもしれない。逆に重荷が一つ取れたのかもしれない。私も一度、赤軍派「過渡期世界論」の学習会を京都でやった時に、京都パルチザンの仲間たちと一緒になったことがあった。安田さん、山田さんらは、バーシムを敬愛しつつ、赤軍派には加わらなかった。のちに、リッダ闘争にＰＦＬＰの義勇兵として組織を名乗らずに闘うとしたバーシムたちの意志には、当時すでに名乗るべき赤軍派と決別していたし、また、連合赤軍で赤軍派は解体していたこともあったが、より広く大きな使命を受けたＰＦＬＰの義勇兵でありたいとする思いが込められていたと思う。

遠山さんには手紙で私の新しい想いを伝えた。「連赤事件」発覚後届いた遠山さんの母上からの手紙によると、彼女は私から届いた手紙を持って出かけたまま、生きて帰ることはなかったという。

5　1972年1月、オリード山田の死

(1)　新年会のこと

「新年会をやろう！」というバーシムからの申し出を受けた。実は、私の住んでいる海岸近くのアパートから一つおいた隣のブロックに、バーシムたちは住みだしたのだという。バーシムと共同していたPFLPの人が、私の部屋を確めずに部屋を借りてしまったために、軍事訓練を終えてベイルートに戻った日本人仲間たちが、ベランダから私をよく見かけていたらしい。

そのおかげで、私のほうが新しい引越し先を探す羽目になった。ベイルートで外国人が当時住む地域とアパートの数は限られていて、海岸周辺のラウシェやアメリカン大学の周りと、繁華街ハムラ通りの周辺のどちらかだった。

軍事訓練を終えたので、PFLPの許可も取ってあるから、私の引越しの前に新年パーティをやろうということになった。彼らの部屋に私が行くと目立つので、私の部屋に彼らが夜来るということになった。私の部屋には、さまざまな日本人が出入りしていたので、そのほうが目立たなかったからだ。まだ、レバノン内戦前の「中東の真珠」と呼ばれる美しい観光地であったベイルートには、日本食料品店や日本食レストランがあり、中東地域の日本人は、ベイルートに息抜き

と日本食を求めて、定期的に訪れていた。

私は、〝新年会〟準備のために日本食料品店に行って、スルメとか焼きソバとか、かんぴょうや海苔、日本酒を初めて買った。海苔まき、それに地中海まぐろの握りとか、はまち、あじなど、新鮮な海産物で、新年会の準備をした。こんな豪華な食事は初めてだ。海外で買う日本食は高いのでほとんど買わない。魚は二束三文だが、パレスチナ人と住む彼らは魚を買って料理することはないらしい。私はバーシムが来るたびにお金とか、もらった日本食の食材を渡そうとするが、「あるからいらない」と言う。私がなけなしのお金を、あたかも余裕があるかのようにバーシムに渡そうとしたように、彼らも本当はジャガイモを茹でて食べたりキャベツのスープとサラダの質素な食事で倹約していたのを、彼らが戦死した後になって知った。当時は財政的にもずっと困難が続いていて、私の友人たちからの不定期なカンパに助けられていたし、ベイルートの日本人会の協力的な支援も大きかった。申し出れば、PFLPからも援助は受けられただろうが、できるだけ迷惑をかけず自力で生活条件を作ろうとしていた。

当時のベイルートの日本人会は牧歌的で仲がよかった。日本貿易振興会ジェトロの代表は、京大の滝川事件に抗議した学生時代を過ごしたという話だったし、60年安保で挫折して、流れてきてベイルートに辿り着いたという人もいた。その2人と一緒に日本人会の忘年会や宴会で、私も肩を組んでインターナショナルを歌うといった雰囲気だった。

日本人会とアメリカ大使館の日米対抗野球も活発だった。日本大使館員たちが日曜日になると応援に行こうと私を誘いに来て、アメリカン大学のグラウンドで試合を応援したものだった。日本チームを応援して「米帝打倒！」などと騒いでいた。

また日常的に私は大使館も使って日本語の新聞を読み、特派員たちと情勢討議をしながら学んでいた。まだ連合赤軍事件もリッダ闘争も起きる前の頃のことである。ベイルートにいる日本人たちがさまざまなアルバイトを作っては私を助けてくれていた。そんな生活のやりくりの中で久しぶりの買い物だった。

夜の闇に紛れて、バーシムと一緒に3人の仲間たちが1DKの私の部屋を訪れた。

一人は背が高くひょろっとして眼鏡をかけており、オリードと名乗った。もう一人は背の低い人で、サラーハだった。サラーハは何度もバーシムと一緒に訪れていたので、顔見知りだった。3人目は中肉中背で、無口そうな青年で、少し長髪で、ユセフと名乗った。もちろん当時は本名は知らないし、また必要もなかった。

オリード山田修もサラーハ安田安之もユセフ檜森孝雄も、71年夏以来、PFLPとバーシムの希望と要請に沿って、一緒に闘いの道に踏み出していた。彼らは日本国内で、パレスチナ（イスラエル国内）調査を依頼されて、その調査に伴う訓練と準備を重ねていた。そして9月下旬、日本を出発して、イスラエルへと向かった。リッダ空港到着ロビーの様子、見取図を正確に記憶してくるよう、幾つもの細かい指示を受けていた。

ユセフは、京都で、歩幅と歩数で正確な距離が測れるように訓練したと書いている。それで到着ロビーの見取図を作ったのだろう。日本人は、当初は攻撃部隊ではなく、調査部隊として、このリッダ闘争への関わりがはじまったということらしい。

3人はイスラエル入国時からあやしまれたのか、それとも日本人をイスラエルが警戒しているのか、チェックを受けて荷物が一つ「紛失」していた。しかしその荷物は翌日ホテルに届けられていたという。荷物をよく改めてみると、サラーハが辞書に書き込んだ暗号様の数字のページが警告のごとく破りとられていたという。彼らは怒りと悔しさと緊張の下で、イスラエルでの何日かを過ごした。

そして、アテネに戻り、日本大使館でイスラエル入国済みの旅券を提出して、新しい旅券を発給してもらってベイルートに来た。アラブには、イスラエルの入国印のある旅券では入国することはできない。

私にはオリードとユセフは初対面で、始まりはバーシムが急ピッチで酒を勧めながら飲み、サラーハが一人で座を盛り上げてはみんなで笑った。サラーハは明朗で、ここ一番という時、関西弁で笑わせるのが得意だとバーシムがいつも言っていた。高校時代から同棲してしまったり、やりたいことは全部やったし、何でも来いという感じだと話して笑わせた。

何がきっかけだったかわからなかった。突然、バーシムがボクシングのジャブみたいなスピードでサラーハに手を出した。「おっさんに、そんなこと言われるなんて、考えてもみんかった!」と言って立ち上がって怒り、真っ赤な顔で言い返しているサラーハの声が涙で詰まった。

私は、男たちのやりとりに圧倒され、意味が飲み込めないでいた。

「親孝行のために」と大学をきちんと卒業しようとしたサラーハの姿勢が気に入らない、闘う人間としては、なぜ、そういう大学卒業のライセンスのペーパーにこだわったのか?　と、酔ったバーシムがなじり、手を出したようだった。「親を喜ばそうというんが、悪いんか!」と、サラーハが言い返した。

私は、「何でそれが問題で、何でそれで殴ったり殴られたりしなければならないの?」と、わけもわからず仲裁に加わった。仲裁役は私とユセフだった。

今から思えば、バーシムは、当時、闘いの重責の中にあって、バーシム自身がしてやれなかった親孝行をやってきたサラーハを偉いと思い、そうしなかった自分を密かに恥じていたのではなかったかと思う。

ユセフは言った。「男同士、こうして軽いジャブが飛ぶのは、京都での我々の酒の飲み方だから心配しないで」。驚いている私に言い訳をしながら、ユセフとオリードは場をとりなした。やがて、飲みすぎてちょっと眠そうなバーシムを連れて、ユセフは「帰ろうよ！」と抱きかかえるようにして帰ってしまった。

部屋に残ったサラーハとオリードはしばらく静かに飲み、私は何を言っていいのかわからなかった。何を言っても白々しいし、責めるべき対象もいなかった。

これまで東京の活動の中で出会った男たちと違うマナーがあるのかもしれない。

きっかけは、酔って言い合いになった時、バーシムが発した言葉の中の「お前らを利用したんだ」という一言らしい。オリードは気にし、サラーハも咎めたらしい。「おっさんにあんな言われ方するなんて……どないしたんやろ、おっさん」とサラーハがポッンと言った。しばらくして、「政治かもしれん」とオリードが言った。バーシムがみんなを発奮させるためにわざと怒ったり、サラーハに手を出して反応をうかがおうとしたのではないかと言っているように聞きとり、私は初対面のオリードのその言い方にかちんと来て、「バーシムは、そんなふうに政治を張る人ではないと思うけど……どういう意味で政治かもしれんと言っているの？」と聞き返すと、オリードは黙ってしまった。

3人で黙ってスルメを齧っていた。それからサラーハは、バーシムへの思いやアラブで語り合ったユセフのことなどをポツリポツリと語ってくれたが、友情がこもっていた。オリードにバーシムのことを釈明しているようだった。オリードとサラーハはカップルのように仲良しだった。サラーハの話に、しまいにオリードも声をあげて笑った。

大声で歌を歌えるようなアパートではないけれど、楽しいはずの新年会は尻切れトンボになってしまった。でもそのおかげで、のちにまた新年会と称して飲む会を持ったけれど。

その時のことが、映画の1シーンのように、今も、私の部屋のカーテンや、ベッドカバー、テーブルクロスの色とともに鮮やかに甦る。

翌朝早い時間に、ユセフ檜森が私の部屋をノックした。散歩に行くと部屋を抜け出てきたと言い、「昨夜のこと、心配無用です。今朝、おっさんは、『サバーハルヘール！（おはよう！）』と起きて来て、昨夜のことは何も覚えてないから。だから、あなたから、おっさんに何も言わないでほしい」と、付け加えた。わざわざそれを告げるために訪れてきたユセフの優しさに、「良い友だちだなあ……」と感心したものだった。もちろん、私はバーシムに前日あったことをことごとく話したけれど。

バーシムを中心とした彼らの友情は厚く、私のような東京もんとは違う濃厚な、うらやましいほどの密度の深さが彼ら同士の間にはあった。当時の彼らのパルチザンや戦闘団的な心情的深さのゆえだったのかもしれない。彼らは観念的左翼的大言壮語の議論を嫌い、心情的兄弟的なつながりと協働を大切にする。心が一致しないと力が湧かないたちで、それは私もその傾向があったので共感していた。バーシムが人格的にも他を凌駕した存在だったのだろう。彼の大好きな漢詩の世界や『三国志』の世界や明治維新に至る幕末の世界は、アラブの戦場と連なっているようだった。

(2)　オリード山田の死

新年会を終えて、日本から来ていた私の友人を送り返すと、私はすぐに引っ越した。繁華街のハムラ通りの裏道の一角の、大家一家が住むビルの3階である。新しい引越し先は、バーシムにまだ伝えていない。引越し先を教えるために、バーシムと待ち合わせしていた何日か前のことだった。当時もっとも仲の良かったPFLPと親しい絵描きのDさんの家に用事があって、夕方出かけた。私の引越しは、いつも彼女が家を探し、付き合ってくれる。それに彼女とバーシムは気が合って、PFLPとコンタクトした後、よく彼女の家を私たちは訪れていた。

エレベーターを降りて、彼女の部屋の暗い扉の方に向かって歩きだすと、ぬっと人が動いた。

前月、私は強盗にピストルを突き付けられ、襲われて大格闘をし、全治10日の負傷をした後だった。荷物を持ってエレベーターを待っている時に、男は私の背に銃を突きつけ、私のカバンを摑んだ。銃はブローニングだった。よく見ると銃の撃鉄が下りたままだ。即、保安訓練の成果で、こちらだってやる気だ。履いていたブーツで男の股間を蹴飛ばして、大声を立てて反撃。

敵は銃身で力一杯三度も顔面を殴ったが撃たなかった。取っ組み合いで撃てないのだろう。長い時間取っ組み合いをした気分だったが、敵が走りだした。追いかけていって、その後で、男が何もとらずに逃げたのだと気づいた。見上げると、アパート中から鈴なりの人が見ている。乱闘が終わったと知ると、どっと何人も駆け下りてきて、「大丈夫か?」といろいろ聞く。「警察を呼ぼう」と言う。私は言った。「警察は不要。あなたたちと同じで、知りたがるけど、何の助けにも来なかったでしょ」と言ってやった。当初、ＰＦＬＰは、この事件をモサドなどの攻撃と疑って調査したが、ただの泥棒であったらしい。

しかし、この後、深夜に男がナイフでドアの柱を削って、鍵の差し込みをはずして、私の部屋に侵入しようとした事件があった。隣人のレバノン航空のパイロットが深夜帰宅して発見し、アパート中の捕り物騒ぎになったりした。それもあって早めに引っ越したのだった。

また⁉　と身構えると、バーシムだった。米軍放出のもののような厚手のカーキ色のジャケットを着たシルエットが、壁に寄りかかっていた背を離すと、一言「オリードが死んだ」と告げた。え⁉　と、意味が飲み込めなかった。先日会ったオリードの顔が浮かんだが、実感が湧かない。いつものように、寒中水泳のためにピジョンロックのそばで泳いでいて、心臓麻痺を起こしてしまったらしい。すぐ警察に連れて行かれたが、日本大使館が来て対応してくれて助かっている。オリードの遺体搬送も大使館で協力してくれるから心配ないから、と早口で状況を伝えると、「それだけだ。君は心配しないでいい。急ぐから」と足早に去っていった。

オリードが死んだ⁉　真面目そうな面差し、ゲリラ戦や地域での活動のあり方、古代ローマ遺跡のこと、Ｍ作戦は是か非か、やくざを許容するサラーハと楽しげに論争していたオリード。「こいつもやり手なんだ。なあ、２人で日本を出る前に置き土産のちょっとした闘いの仕事も一緒にしたんじゃ」などと、サラーハとは親友同士の切っても切れない仲のようだった。

あの新年会の夜の顔を思い出していた。オリードは確かバーシムや私と同じ26歳。ベイルートの海は日本ほど冷たくないとしても、アラブの人々が驚き呆れ、時々批判するほど、彼らは徹底した訓練スケジュールをこなしていた。彼らは、寒中水泳は訓練でなく、息抜きと言うけれど。

翌早朝に海に向かってオリードを弔い、夕方にはオリードとの別れの会をもった。小さなパスポート写真しかなかったので、その写真の周りをバラとフリージアに、摘んできたピジョンロックのそばに咲いた、まだ小さな葉っぱだけの野菊を加えて飾った壇をしつらえた。

この時初めて、バーシムらのアウトサイドワークの指揮官、アブ・ハニに会った。黒いスーツに黒いオーバーを着て、女性秘書と共に花籠を持って弔問に来た。イスラームでは、葬式や通夜に花を飾らないのが習慣と聞いたが、寂しすぎると戦場でもみな花を飾る。アブ・ハニもまた花で葬送しようとする。キリスト教徒のせいかもしれない。バーシムからは伝説のようなアブ・ハニの話を聞いていた。70年には、ベイルートの自宅にイスラエルからバズーカ砲が撃ち込まれて、息子が重傷を負い、ちょうどライラ・ハーリドらと隣室で会議中だった彼は助かったこと、以来、アウトサイドワークはＰＦＬＰの他のビューロー（部局）からも非公然な、独自の体制を取っているのだと言っていた。革命飛行場作戦のハイジャックや数多くのゲリラ戦や隠密作戦を手がけてきたので、イスラエルとの地下戦争の最前線にある。

危険に留意しながらも、オリードのためにわざわざ弔問に訪れたのだった。思っていたより穏やかそうな印象を受けた。すでに事情は了解していて、アブ・ハニは困ったことはないかと聞いた。そして、お悔やみのためにパレスチナの家族にしているように、オリードの家族への見舞金と年金の話をはじめたので、バーシムは即座に「ノー・サンキュー」と答えた。パレスチナでは、戦死した人の家族に見舞金や年金がわずかだが支払われる。

弔問客が帰ってしまった後、私たちは今後のことを話し合った。まず、オリードの水死を説明するためにユセフを帰す話になった。ユセフは帰国を渋っていた。オリードの死のこと、それなら親友のサラーハが相応しいと。彼の遺体を日本に送る手続きも日本大使館のほうでやってくれる。闘いを誓い合った仲間としては、継続してこれまでの計画を進めようとしていたため、誰もが帰国を渋っているのだった。バーシムは、オリードの家族、友人たちに、オリードを水死させてしまったことを詫びつつ説明しなければならないので、帰国すべきだとユセフに説明していた。

親しさでいえば、サラーハのほうがオリードと近しかった京大仲間だったが、彼らの事情から帰国の役割はユセフになった。とにかく私もユセフを説得した。新年会くらいでしか私と話したことのないユセフは、私のほうに口惜しそうな目を向けていた。オリードの死んだ今こそ自分が残って加わるべきだ、とずっと言っていた。

そしてサラーハはサラーハで、日本を出てからのオリードのことを次から次へ語り、イスラエル入国時のことも語りながら涙声になっていた。この調査旅行中「イスラエル」でもギリシャでも、オリードは他の2人よりも歴史に詳しいこともあって、パレスチナとギリシャの遺跡を誰よりも興味深く見て回っていたという。そして、レバノンに入国して10月から11月の間、軍事訓練を重ねた。当時、彼らは古代ローマ遺跡で名高いバールベックの神殿からそんなに遠くないところにいた。時々、神殿の石柱が横たわった草むらで日向ぼっこをしたという。そして、夜は満天の星、眼下にも星降る高台で、オリオンを探したり、「心騒ぐ青春の歌」やロシア民謡などを歌ったりしていたという。

ちょうど私は、PFLPの仲間を上映運動のため日本に送り出したり、でき上がった映画「赤軍・PFLP・世界戦争宣言」の翻訳ガイドを作ったり、フィルムを持って来てくれた仲間と語り合ったり、キャンプでPFLPと上映会をやったりしていた。また、赤軍派との矛盾に、バーシム共々悩んだりしていた時と重なっている。

彼らは、11月からリッダ闘争の作戦に関する討議に入ったらしい。ユセフ檜森が記した文書に、当時のことがこう書かれている。

「多分11月だったと思う。訓練キャンプから帰ると、作戦任務の話し合いが始まった。何時か。PFLP（パレスチナ解放人民戦線）の側が熟考していた。僕らは待つのに慣れていなかったと思う。海外の武装解放運動と連帯しながら、独自の地下軍を日本に創り出すという確認はあったが、それぞれのニュアンスの違いが浮き上がるのに、時間はかからなかった。オリードは日本を離れて自分のあり方を考え直してみようという試行にあった。そうした彼にとって、大雑把な路線と数ヵ月の訓練で、作戦任務へと意を決するにはまだ無理があった。バーシムにしても、赤軍派の路線転換と組織混迷の最中にあった。サラーハは、長年、オリードと生活を共にしてきた関係から、オリードの態度は日和見ではないと見守ろうとする姿勢を示した。僕はベイルートくんだりまで来て、こういう議論に到ることが残念だと口にしてしまった。誰もオリードを日和見とは思っていなかったし、そういう見方を最後まで持つことはなかった。僕らは京都パルチザンで、たがいの生活をある程度は共有し合える関係にあったし、共通の敗北感を経ていたと思う。重苦しい数ヵ月がつづいた。オリードは一人で考え込む時間が多くなり、皆もそうなった」（檜森孝雄「日本赤軍創成期をめぐる覚え書」〔『水平線の向こうに　ルポルタージュ檜森孝雄』風塵社

05年に所収〕）

当時私が共有できた部分はすべてではなかった。この時、何重にもバーシムは苦しんでいたことになる。国内赤軍派との矛盾の他にも、目の前の作戦遂行をめぐる問題にバーシムらは直面していた。それゆえ、新年会の時に、バーシムは、さまざまに重なったストレスが噴出してしまったのだろう。赤軍派に入隊し、赤軍派から支援を受けることなく、しかし国際根拠地をめざした最初の戦士として、自己犠牲的に自ら役割を果たそうとしてきた。そうであるがゆえの新年会のできごとを思い返していた。そして、新年会を経て、彼らにはもっと強い絆が生まれていたはずだった。

とにかく、オリードとも一緒に交わした「桃園の誓い」（劉備、関羽、張飛の3人が、生まれた時は違っても死ぬ時は同じにと誓ったという『三国志演義』にある逸話）の思いを抱いて、へこたれずに進もう。そのためには一人が日本に帰り、次につなげるように進めなければならない。帰国を指示され、その任を負ったのは、結局ユセフだった。ユセフは帰国を拒みながらも、日本に帰る指示に従った。新たな要員が不可能なら、また戻るという彼の希望を条件にして。

6　連合赤軍事件

1月24日にオリード山田を失い、彼の分まで志を継いで闘おうと思っていた頃、あさま山荘銃撃戦（2月19〜28日）があり、そして3月7日、「連合赤軍」の衝撃的なニュースの第一報が唐突に届いた。

いつものようにPFLPアル・ハダフの事務所にいた私のもとに、マスコミから国際電話が入った。

「〝3時のあなた〟の山口淑子と申します。赤軍派が仲間を殺しました。ご存じですか。山田孝さんが殺されました。あなたのご意見を聞かせてください」。たたみかけるような情報と質問。受話器を置くと立っていられなかった。

「何かとんでもないことが起こってしまった！」と、山田さんが殺されたことをバーシムに泣きながら伝えた時、バーシムは「スパイと間違って殺されたのかもしれない」と私を慰めた。私は山田さんと近しく仕事をしたのでよく知っている。そんなことはあり得ない。ただ森さんのせいできっと何かが起こった。そう直感した。この一報の後で、すぐに一人ではなく十数人が殺されたこと、親友の遠山さんも殺されたことを知った。今度は私はもう泣かなかった。泣けなかった。殺されたのは一人でなかったと、この事実を告げると、バーシムは驚愕し、今度は彼が泣き崩れた。

森指導部に疑問も不信もあらわにして、手紙を送ってきていた親しい遠山さんや仲間たちの姿が頭から離れない。遠山さんと共通の思いで赤軍派の現状を嘆き、森指導部に代わる党の革命はかならず来るからと、文通し合ってきた。その彼女が殺された。私と森さんとの対立が遠山さんの死を招いたのか？　解決できない悩みに襲われた。呆然としながら前を向こうと必死だった。

何よりもまず、同志を殺す隊伍には革命は担えないし、人民を解放する資格もない。階級的同志愛で結ばれていなければ革命は長つづきしない。バーシムは傍らの本を取り上げると、号泣を押しとどめるように同じ箇所を何度もくり返しくり返し読みつづけた。

「隊伍を整えなさい。隊伍とは仲間であります。仲間でない隊伍がうまくいくはずがないではありませんか。我々は隊伍を整えた。全軍は91人と72丁の銃を残すのみとなった。多くの者が失われたが、残った者はどのような困難と欠乏にも耐えうる革命の志に結ばれた一心同体の仲間のみであった」

これは『映画批評』という雑誌に載った竹中労の「毛沢東　青春残俠伝」の中国革命の長征時の一節である。この一節を泣きながらバーシムはくり返し暗くなるまで何度でも読んだ。そして起こった事情はわからないけれど、同志愛と革命が不可分であることを国内へ伝えようと語り合った。

「連合赤軍事件」に対して、アル・ハダフのスタッフたちに報告を行った時のことを思い出す。PFLPの仲間たちは、驚きと共に私が前年に赤軍派と組織的関係を絶っていたことを知っていたので、その選択を支持すると私を励ましてくれた。そして理解できない事態だとも述べた。本当は私も同じ思いであった。アル・ハダフのスタッフたちは連合赤軍の人たちはなぜ人民のところに還らないで山に入ったのか？　人民こそ教えてくれるのに、なぜと驚いていた。ことに宣伝活動のため71年に日本に行ったことのあるPFLPの仲間は、新聞の写真を見て、森さんとも会ったと言っていた。そして彼ら赤軍派の現状が「インターナショナル」と言いながらも、ナショナルな観念にとらわれている日本的なあり方だと言いつつ、驚きと悲しみを表明した。

さらに「なぜ日本で武装闘争を急ぐ必要があるのか？　多様な闘いや発言の場がある日本で、武装闘争は人民の望むことなのだろうか？」「なぜ仲間に死に至るきびしさを求めるのか？　小さな喜びをも分かち合うべきで、きびしさは敵に与えたらよいのに……」など、ガッサン・カナファーニ編集長が言ったのを思い出す。敵は組織戦・思想戦をしかけている。敵との闘いによってしか、隊伍は訓練されないし、団結も育たない、そんなことを口々に言った。

「連合赤軍事件」で、私は国内の信頼していた仲間を失った。私は日本国内に団結を求めていこうとするよりも、PFLPとの共同によって現実の新しい世界へと乗り越えていこうとする思いがさらに強くなった。そのため、日本階級闘争の生死を決するような総括論争に自らの総括を結集させえなかった。私自身、これまでの問題意識としても政治思想水準としても、日本の論争のあり方に反発もあった。またそこに自身が有効に提起しうるとは考えきれなかった。むしろ観念的論争にうんざりしながら、より使命感を持ってパレスチナ解放闘争の役割を担い国際根拠地形成をめざした。

そこでの欠陥は、革命組織の敗北を政治思想的、論理的にとらえ返し、赤軍派の人たちと共にこれまでのあり方を問い返すことをしなかった点にあるといえる。親友たちの死も個的に捉えていたため、革命の政治目的に向けて、党内論争へと組織する意識性も力量もなかった。「むしろパレスチナ革命に溶解してでも現実からスタートしていこう」という方向で進んだ。この考えはバーシム奥平に強かった。

7 リッダ闘争に向けて

帰国したユセフは、京都でのフレームアップ捜査弾圧の渦中に遭遇し、当てにしていた仲間たちを送り出すことに苦労したようだった。それ以上に、あさま山荘につづく連合赤軍事件の発覚は、日本の空気をこれまでとまったく違うものに変えた。人選は困難だったようだ。岡本さんは、本人の希望が寄せられたこともあって、早めに出発した。そして、パリ経由でベイルートに着いた。

その後、丸岡修さんが4月にベイルートに到着した。

私たちは、まだ連合赤軍事件の衝撃の中にいた。仲間が仲間を殺してしまった……。パレスチナの戦場では、生命の大切さを学びつづけてきた。バーシムは、イスラエルの拷問で身体障害者となりながら闘い続けるパレスチナの仲間と共に暮らしてきたこともあった。ある者は眼球を傷つけられて盲目になっていた。拷問で下半身不随の者もいたし、精神に障害をきたしている人もいた。そんな中にあって、日本の連合赤軍の「共産主義化」によって命が奪われていったことにはやりきれない思いだった。日本の観念的な闘いとパレスチナの闘いとの落差を思わずにはいられなかったが、その分、私たちに革命家としての闘い方、生き方を考えさせた。

そして連合赤軍事件の衝撃は、バーシムに闘い方、生き方、やがて死に方を示さなければ……というふうに使命感を強くさせたのだ。

「退路を断った闘いに行くつもりだ。後は頼む」。事件の衝撃のまだ消えない時に、バーシムがその話を切り出した。1月、オリードの水死の時から、オリードの分まで闘って死ぬから、ユセフお前が帰国しろ、と笑顔で言っていたサラーハやバーシムの様子から、そういうことを言いだすのではないか……と思っていた。連合赤軍事件の衝撃の後で、バーシムはそのことを切り出した。

私は、闘いに参加することはもちろん賛成だった。赤軍派として来た闘いの目標の一つでもあった。しかし、自ら命を捧げる闘い、決死作戦には反対だった。まず同志を失いたくないという素朴な気持ち。それに、パレスチナで学んできた、生き延びるしぶとい闘い方を願っていた。加えて、国内では壊滅してしまった赤軍派、連合赤軍ばかりか、その事件によって革命全体に及ぶ害毒に対して、闘いを通して克服していくためには、これからバーシムがいて、軍をまだ育てなければならない。継続する人材はいるとしても、これまで築いてきた信頼に応えるには、バーシム、サラーハは不可欠な存在のはずだ。もっと時間が必要だ。早すぎる戦闘だ。バーシムを説得したが、彼はすでに進行している計画に忠実でありたいと思い、私の希望を受け付けなかった。私は、ＰＦＬＰ政治局に意見書を提出して、まだこれから共闘関係を作りつつある私の仲間たちが決死作戦に参加することには異議がある旨を書いて送った。

政治局から、アウトサイドワークのアブ・ハニが会議に出てきた。そして、ＰＦＬＰは高度な戦術の作戦を準備中だが、自決作戦を我々は望んでもいないし、そのつもりはないと穏やかに語った。アウトサイドワークの作戦には、戦闘し投降することはあっても、これまで自決はない。バーシムたちの訓練の責任者がチューリッヒ空港のエルアル機襲撃の生き残りだとバーシムが話していたのを思い出しながら、アブ・ハニの話を聞いていた。

私は、ＰＦＬＰよりも私たちの仲間の意志が決死を求めているのをその時に悟った。拷問によって自白したり、見苦しいことで、闘った後にパレスチナの大義を損なってはならない。闘った者のけじめとして、闘う以上は「敵」を狙い命を奪うことを余儀なくされる。誰も命を奪うことを欲しているわけではないが、戦場での闘いはそうなのだ。無辜《むこ》の人々を巻き込まない闘いをめざし、それを祈るしかない。そうした闘いに志願している以上、自らも潔く果てる道を選び取ろうとしているのだと悟った。それでも、生き残り、闘いつづけてほしいという私の願いは変わらなかったが、闘う者の無私の志を認めざるを得なかった。

今から考えると、PFLPは、当初から48年5月14日のイスラエル建国によるナクバの月、つまり5月に計画を定めていたのだろう。PFLPアウトサイドワークは、オリードの死が新聞記事になったことを気にしていた。イスラエルに入出国した日本の若者がベイルートの海で、今ごろ、冬に死んだのだ。イスラエル情報機関に注目されないはずはない。そして、イスラエルの妨害の前に作戦を遂行すべきだと結論付けたのだろう。もう何度か慎重に行われるべきイスラエル空港調査は、欧州のボランティアの人々などの協力で行われたらしい。

作戦に必要な戦闘要員は、バーシムの指揮の下に3人のユニットの日本人として立案されていった。「調査部隊」だった日本人は志願し、「戦闘部隊」に確定していったようだった。当初、生還のために、空港襲撃の後にリッダ空港にランディング中の他の飛行機を奪って帰還するといった案も検討されたが、これでは二つの作戦になり、両方とも中途半端になるからと、空港や管制塔の占拠に絞り込んでいったということらしい。そして、PFLP側はバーシムたちに自決を思いとどまるよう説得したようだった。奪還闘争を待て、と。空港での戦闘のあり方も日本人とPFLPとの間に違いがあった。

丸岡修さんは「リッダ闘争の諸質問に答える」の中で、次のように述べている。

「奥平同志たち部隊の主張は、管制塔破壊、警備隊との戦闘でしたが、PFLP国際活動部隊（註：アウトサイドワークのこと）の指揮は、空港ロビーからの戦闘開始であり（ロビー内にも多くの保安部隊が配備されており、戦術上管制塔にまでは達し得ないと判断された）、それに従わざるを得ませんでした。共同武装闘争であっても、客観的情況を把握しているのも、その後の戦闘拡大に責任を持つのもＰＦＬＰなので、それに従いました。決死作戦（自爆）にするか否かで、意見が分かれました。奥平同志たち3人は『連赤粛清事件』に深い悲しみを持ち、本当の闘い方を自らの死をもって示すことを第一にしたのです。もう一つの理由は、徹底抗戦を前提に捕虜になることも拒否したからです」

バーシムが指揮官として、闘いにとって最良のやり方と方法は何かを選択の基準として計画を詰めていった。

バーシムが「連合赤軍事件」を経て、退路を断った闘いに行くことを私に告げた時には、サラーハと共に、もうすべて決断した後だった。そして、闘いの組織的継承は闘いの結果からさらに広がり、アラブでも、また日本でもはじまるはずだと語り合った。闘いによって、きっと新しい闘いと仲間と組織が誕生するだろう。アラブでは賛美の中で、日本では弾圧の中で。

ユセフ檜森は大丈夫だろうか。ユセフはバーシムたちの闘いが始まる前に一つの仕事を約束していたが、それは実行されなかった。

ユセフが帰った後だったと思う。ちょうど日本大使館のスタッフもその頃帰国した。外交官は給料は外地手当てで二重取りのうえに、年に1回帰国できるらしい。私と同年輩の大使館員の一人が帰国した。彼は私と同じ大学で、ビラ配りしていた私を見かけたけど、自分はもっぱらマージャン学生だったと笑っていた。

2月か3月か、日本からベイルートに戻った彼は私に言った。「びっくりしたよ。公安がベイルートの君の状況を知りたいって外務省に問い合わせて来た。『彼女？ 我々と野球応援や釣りをしたり、大使館にも来て仲良くやってますよ』と言ったら、刑事が何と言ったと思う⁉『いや、騙されないでください。彼女は自民党の政治家みたいなところがあって、腹の中で何を考えてるか、あやしいもんですよ』なんて言ってたよ。がんばらないと、あなたはそこまで見込まれてるよ」などと、冗談を言いながら梅干しのお土産をくれた。リッダ闘争の後は、あれこれ大変苦労をかけてしまったうちの一人だが、そのままに不義理をしてしまった。

4月、本格的なPFLPとの話し合いは最終段階に入っていた。ユセフが送った人材はニザール丸岡という若者だった。彼は作戦要員として誘われたわけではなかった。ニザール丸岡は率直に、自分は日本革命のための訓練を受けるために来た、今すぐパレスチナのために命を捧げる準備はない、と語った。そして、決死作戦を断ったことから、バーシムはニザールに詫びたという。そして、若いけど骨のあるニザールに国内を託し、アラブでの闘いを望むユセフを呼び戻そうとしていた。ニザールを日本での組織者として残すという選択に切り替えようとしていたのだった。

しかし、PFLPは時間的条件を急いだのだろう。また岡本公三さんが作戦参加に同意したこともあって、結局、バーシム、サラーハ、アハマッド（岡本）のユニットで闘いに臨むことになった。そしてニザール丸岡は帰国し、替わってユセフが再来訪するか、他の人材がアラブに常駐する布陣をとることになった。

こうして態勢を整え、バーシムのユニットはPFLPのボランティア義勇兵として、無名で闘うことにした。当時すでに赤軍派との関係も途絶えており、勝手に名乗る気はなかった。決別状を送ったし、連合赤軍事件もあって相応しくないこと、また、京都の仲間たちも個々人の人脈だし、アラブの地のボランティア仲間にもまだ組織を名乗るべき実体もない状態だった。

アハマッド岡本は、赤軍を名乗るべきだと、当初から主張していたらしい。アハマッドは「連赤」を糾弾し、「連赤」を超える闘いは、やはりレッドアーミー、世界赤軍構想しかないと。また、アハマッドは、PFLPの奪還闘争を待つべしという説得を他の2人よりも受け入れていたと、闘争の後PFLPの仲間は、アハマッド岡本が生き残った後で語っていた。

バーシムは無名戦士として闘い抜くと決断した一方で、赤軍派時代の短い上京の間に、同志として共に過ごした仲間たちに義理と愛着を持っていた。赤軍派としてアラブに来た以上は、赤軍派として最初の闘いを名乗るのが筋ではないかとも言っていた。しかし、すでにその組織はもうなかった。バーシムは、今後一緒に闘ってくれと、赤軍派時代を共にし、知り合った仲間の名をニザールに残していった。

8　リッダ闘争

5月、バーシムたちの出発間際に大きなゲリラ戦闘が起こった。これは、アブ・ハニには折込済みの戦闘であったようだ。5月8日、ブリュッセル発イスラエル行きのベルギーのサベナ航空機をパレスチナ人4人が乗っ取り、イスラエルのテルアビブ（リッダ）空港に着陸させた。そして服役中のパレスチナ人317人の政治犯の釈放を求めた。これに対し、イスラエルはだまし討ちに出た。要求を呑むと言って空港で政治犯の移送を演出し、国際赤十字の車で食料と医薬品の差し入れを装って特殊部隊「サエレト」が突入した。実行部隊の男2人を殺し、女性2人を拘束した。あと一歩だったのに！　と、ベイルートの人々を悔しがらせた。しかし、しばらくして拘束された女性の一人がテレビに登場して、男たちにだまされたなどと自供を強いられた。人々はせっかくの被占領地を戦場とした闘いに誇りを持っていたのにと、イスラエルに怒りを向けると同時に、女性の覚悟のなさを糾弾した。このサベナハイジャック作戦は、私の友人のＰＦＬＰの女性の兄アリ・タハが指揮官であった。彼をキャップにしたファタハの「黒い九月」の闘いであった。

ＰＦＬＰのアウトサイドワークがこの闘いを知っていたのは、そういう人脈で共同していたのだろう。この指揮官アリ・タハは元ＰＦＬＰのアウトサイドワークの一員であった。この闘いが成功裏に行われ、次にＰＦＬＰのリッダ闘争が連続して、テルアビブ空港をめざすことになっていたようだ。しかし1弾目のサベナハイジャック闘争はテルアビブ空港で対峙したのに、闘いの結末は苦い沈滞ムードを作り出していた。その分、ナクバの時期の満を持した思いを共に、このサベナ航空に対するだまし討ち事件に報復する闘いとしても、もう一度戦術が検討された。このだまし討ちの暴力と女性の自供を報道するＴＶを目の当たりにして、バーシムらは自決の徹底を再検討したようだった。

そして、また、このサベナ航空機事件の取材に当たった西側のボランティアのジャーナリストの友人たちも、イスラエルに入国し、テルアビブ空港や警備状況をうまくＰＦＬＰに伝えたらしい。そのことから、京都の仲間たちの調査などがほぼ完璧だったことがわかったという。

5月中旬、ベイルートに居合わせたボランティア仲間が集まって、寿司のメニューで別れの宴を持った。「ワルシャワ労働歌」や「インターナショナル」「琵琶湖周航の歌」「北帰行」や「逃匪行」など、みんなで歌い合った。

「もう思い残すことは何もない。ただ一つ心残りなのは、裸足で走りまわっている子どもたちに、さよならのあいさつができなかったことだな」「難民キャンプのあのきれいな瞳の裸足の子どもたちが、僕たちの後に銃を取ってつづくのがわかる」「PFLPには闘いの場を与えられて感謝している」とバーシム奥平とサラーハ安田、それにアハマッド岡本も穏やかな顔で笑っていた。

この時、バーシムを継ぐという若いニザール丸岡に私は初めて会った。静かな若者だった。パレスチナの話からワイワイと日本の活動の話になり、予備校生だったというニザールの経歴の話から、私が赤軍派の高校生が自供して困った話をしたら、あたかもニザールの批判をしたように聞こえてしまい、「赤軍派の大学生のほうがずっと信用できない」などと言い返されてしまった。初対面で、ニザールと口をきいたのが、そんなやり合いになったので、バーシムが仲裁した。バーシムは、自分たちの後を託すので、ユセフら、赤軍派のSら、みんなとやっていってくれよと念を押しながら、改めて膝をそろえて、「ありがとう」と礼を言った。私もみんなも口々に礼を言い合い、勝利を誓って肩を組み低い声で「インターナショナル」を歌った。「闘うぞ! 我々は絶対に失敗しない。必ず成功させる。我々が死んでも葬式はいらない。祝ってほしい」「そうだ、闘いの日を祭としてくれ」「我々の旅立ちには祭こそふさわしい」

「僕は、今日はどんなに飲んでも良い酒だよ。新年会と違うよ」と言って、最後まで、バーシムはサラーハとニコニコしていて、私のほうが悪酔いしてしまった。バーシムは身内には僕と言い、改まると私と言い、また、ちょっと照れる仲間と話す時は俺とかワシとかの一人称を使っていたように思う。この日は僕だった。

彼らはその後レバノンを発った。欧州に出て、列車でイタリアへと向かった。のどかな麦秋が広々とつづく欧州の田園風景の平和さと比較して、レバノンのパレスチナ難民キャンプが心に焼き付いている、と死んだ後に届いたローマからの手紙に記されていたので、そうしたルートを辿ったことがわかった。

ローマで、PFLPの仲間が、彼らの望んだ銃、チェコ製の自動小銃VZ58と手榴弾を渡した。そして、彼らは最後の日をそれぞれローマの大聖堂やコロセウムなどの遺跡を巡りながら時を待った。

彼らはローマ空港から3時間の距離のテルアビブ空港（私たちはリッダ空港とも呼んだ）に飛んだ。

72年5月30日、パリ発のエール・フランス機は、かなり遅れてリッダ空港に着いた。現地時間午後10時30分。エール・フランス機の到着の遅れも想定内のことだったらしい。

PFLPのパトリック・アルグレロ隊（部隊名は70年のライラ・ハーリドらのイスラエル・エルアル機ハイジャック作戦の際、イスラエル保安隊に機内で射殺されたニカラグア人パトリック・アルグレロに由来する）のバーシム、サラーハ、アハマッド（奥平剛士、安田安之、岡本公三）は、ただちに行動を開始した。PFLPの作戦名は「ディル・ヤシーン村虐殺の報復作戦」（通称ディル・ヤシーン作戦。48年4月9日から10日の間に、パレスチナ全土占領をもくろむユダヤのテロ機関によってディル・ヤシーン村の子供・女性を含む254人が虐殺された事件への報復を指す)。

空港ビルに入ってから、パスポートコントロールの検査を終えるのが、一つの山場だ。

68年にライラ・ハーリドらが、PFLPアウトサイドワークの指揮下、初めてハイジャック闘争をはじめた。そして70年にエルアル機内でライラと2人のうち一人の仲間が射殺された。それがパトリック・アルグレロだった。68年以来、イスラエルは飛行機の乗客に特別の警戒を取っている。イスラエルへの旅行者は、どの空港からでも、どの乗り入れ航空会社の便でも、特別の厳重な別個の検査が搭乗前に行われていた。手荷物、身体検査などまだ機械による検査がはじまった頃だったが、イスラエルは乗客全員の手荷物検査もとくに入念に行う。

アウトサイドワークのアブ・ハニたちはそれをよく知っていた。そして、考え出されたのが今回の行動だった。サラーハ安田たちの事前のイスラエルへの入国調査によって、大荷物の搭乗時の事前検査がないことが確認されていた。搭乗機をハイジャックする場合には大荷物は役に立たない。身体と別に格納されていて、飛行中は取り出せないからである。普通、乗客は目的地の空港に到着したらパスポートコントロールを通過してから、ターンテーブルの上の自分の荷物を探して受け取り、そのまま出て行く。もし、空港の税関に荷物を開けろと言われたら開けて見せるだけだった。

まず、3人が偽のパスポートでコントロールを通れるかどうかが第1の関門である。パスポートコントロールを通ったら、もう成功も同然。後は荷物を持ち静かに開けたら、計画で何度も行ったフォーメーションに従って行動するだけだ。

バーシム奥平がアハマッド岡本を同道し、少し離れてサラーハ安田がつづいてパスポートコントロールを無事に通ることができた。小銃を入れた自分たちの大荷物が届く前にまず静かにトイレに入ってパスポートの写真を千切って、捨てたようだ。彼らのパスポートは日本に控えがあるわけではない。写真を捨ててしまえば、後は逮捕歴のあるサラーハ安田が手榴弾を抱え込んで指を吹き飛ばせば身許が割れないかもしれない。結果的に身許はわかるだろうが、それまでは無名戦士である。

パトリック・アルグレロ隊は、イスラエル兵と交戦し一時空港を制圧した。部隊は弾を撃ちつくして、バーシムとサラーハは自決し、そして、アハマッド岡本は拘束された。闘いは計画通りに実行された。

闘いの様子は、一方的にイスラエルの映像によって「テロと無差別殺人」として声高に叫ばれた。その何千倍、何万倍ものテロ虐殺の張本人はイスラエルなのに。

アラブでは国家を挙げて、アラブ民衆一体となって、リッダ作戦を喜び称えた。号外や各地での自然発生的デモが歓喜をもって闘いへの支持を示した。

この空港を当時イスラエルはロッド〔Lod〕空港ともテルアビブ〔Tel Aviv〕空港とも呼んでいたが、パレスチナ人はテルアビブ空港ともリッダ〔Lydda〕空港とも呼んでいた。またパレスチナ人はこの作戦を「アメリーエ・マタール・リッダ（リッダ空港作戦）」と呼ぶので、私たちはそれにならい「リッダ闘争」と称した（ＰＦＬＰの英文の政治声明は「テルアビブ」を使っている）。

パトリック・アルグレロ隊の闘いの一端は、85年に捕虜交換で帰還したアハマッド岡本のインタビュー（『日本赤軍20年の軌跡』話の特集　93年）で次のように語られている。

Q　どうしても、作戦に向かった時の事等を聞きたいですね。
岡本　大した事ありません。

［ベカー高原からベイルートへ］出発の日に、レバノン山系には霧がかかっていました。「あー、これが最後だな」って思い詰めていたら、乗っていたタクシーが突然「プスン！」とガス欠で立往生して笑いだしてしまいました。緊張もしていたんでしょうが、感傷的になっている僕たち自身に気付いたんです。ところが大変、通りがかりの車でガソリン買いに行った運ちゃんが何時まで待っても帰って来ないんです。二時間後に、やっと来たなと思って、「どうしたの？」と聞くと「何、ベイルート迄行ってきた」と平気でガソリン詰めて再出発なんです。運ちゃんが戻ってくるまで、いろいろ心配したり悩んだりした事が、馬鹿馬鹿しくなりました。

「何か、大きな事を教えられたね」と、それからは、真剣な中にも気軽な冷静さみたいなものを忘れずに行けました。

と言っても、やはり、とても緊張していました。作戦内容から、「これから死ぬ」というのがハッキリしていましたから。安田同志も緊張していた。奥平同志は何かきっぱりとしていて非常に落ち着いていた。

テルアビブ空港に着き、飛行機のタラップを降りながら武装警備兵たちが立っているのを見て、「この警備兵と撃ち合うんだな」と思い、空を見上げたら星が一段と光って見えたのは、今思えば、その緊張の所為ですね。

安田同志が、最後に荷物から自動小銃を鷲摑みにすると、「じゃ、あばよ」って笑った顔のまま走り去り、僕がポジションに着いた直後、予定通り銃声がガンガンと響き、「始めたな」と思って、僕と奥平同志も身構えた警備兵との撃ち合いに入った。奥平同志は終始ぼくをカバーしていた。随分長く撃ち合っていたように思う。手持ちの弾を撃ちつくした後、手榴弾をかまえて、飛行機に向かって走るところを捕り押さえられて逮捕され、気を失った。気を失いながら、「奥平同志、安田同志はどうしたろうか?」という想いが頭をかすめていた。自分が、何か叫んでいるのを聞いたような気もして……。

正気に戻った時は、既に手錠を掛けられ、取り調べ室に括り付けられていた。
Q　イスラエル当局とその広報を受けたジャーナリズムは、当時、警備兵との銃撃戦は無く、「テロリストは、一般旅行客を狙い撃ちした」と、宣伝した。
岡本　訓練した我々三戦士が、計画どおり警備兵を撃ち、慌てた警備兵が旅行客に向かって無差別に撃ち返した。その結果、戦闘に巻込まれた人々が多数死傷した。我々が想定していた以上に、慌てたイスラエル警備兵の出鱈目な射撃による死傷者が大半だった。しかし、今僕がそう証言しても、自己弁護にしかならない。

アハマッド岡本がエール・フランス機のタラップから夜空の星を眺めたように、バーシム奥平もサラーハ安田もオリオンを探したかもしれない。星を見上げて、秘かに深呼吸したことは確かだろう。

9　引きつづく闘いのはじまり

当時のイスラエルの報復はすさまじいものだった。イスラエルの首相ゴールダ・メイアは報復を宣言した。

「アラブのテロリスト諸団体は、ただの殺人と流血に飽き足らず、傭兵を使って、彼らの呼号する〝世界革命〟をやろうとした。事件のニュースを聞いて、カイロとベイルートから歓喜の声が上がった。戦場で、我々に蹴散らされている連中が、飛行機に爆弾を仕掛けたり、無辜の人々を殺害することで英雄となっている。テルアビブ空港の虐殺を喜んだアラブ諸国政府は、この事件に対してすべての責任を取らねばならない」と。

そしてこの宣言どおり、数倍の虐殺を行った。レバノン南部の村、パレスチナ難民キャンプ、バーシムたちのいたバールベックや北部トリポリまで空爆した。百数十人ものパレスチナ人、レバノン人が死傷した。レバノンは国家非常事態宣言を発した。そして国連に提訴したが、いつものようにイスラエルは無視して爆撃を続けた。

当初、バーシムたちの闘いは、ＰＦＬＰの作戦としてパトリック・アルグレロ隊の無名戦士として闘い果てる計画であった。しかし、アハマッド岡本が生き残った。彼は、「我々はレッドアーミーである」と宣言した。その名は瞬く間にアラブへ、世界へと広がった。アラブでは、英雄戦士の希望のレッドアーミーとして、そして、イスラエルと日本では「狂気のテロリスト」として。

あの作戦の日、5月30日、ガッサン編集長は、PFLPの情報センター、アル・ハダフのスタッフを集めて、階下のPFLP専用のような小さなレストランで、みんなに昼食を振舞いながらこう言った。「明日からマリアンは旅行に出るから、スタッフ休業だ」と。そして、私の目を覗き込みながら、小声で「夕方に保安局の人たちが君のところに行くから、荷物を整理しとくといいよ」。そんなふうに言っていた。そしてみんなとアラブ式にハグして、私はアル・ハダフを後にした。

私は、今から考えると、案外高をくくっていたのか、数日の避難というふうに考えていた。だから手荷物をまとめただけだった（そのアパートには結局戻れなくて、PFLPの人が引越し荷物を整理に行ったのだが、リッダ闘争の事件を知った大家が涙を流して日本人に感謝を伝えていたという。そして、お金は要らないから、この部屋を空けておくのでいつでも帰ってきてほしいと話したらしい。そんなわけで、そこはPFLPの仲間がただで住むことになったと聞いた）。

夕方から親しいパレスチナ人の友人たちも保安局の人も来た。そしてニュースを何度もチューニングしては、時報の度にニュースを待っていた。「ムシュマオール（ありえない）」。彼らはニュースがないことに苛立っていた。私はいつ起こるかわからなかったが、バーシムたちが任務に失敗するはずはないと確信していた。

深夜12時のBBCが「Three gunmen attacked at Tel Aviv Airport」と、最初のニュースで

告げた。ああこれだ、これだったのか、闘いは予定通りだという。一人が生きて捕まったという。アハマッド岡本に違いない。バーシム、サラーハ、アハマッドよくぞ闘った、パレスチナのために、ありがとう。やったね。と思った瞬間に、後悔と悲しみがどっと押し寄せた。ただ、任務を！　というベクトルに抑え込んでいた思いがあふれ出た。けれども、彼らはそれを望んだのだ。闘うことによって、彼らの意志を引き継がなければならない。泣かないぞ明日からは。そんな思いだった。

中国帰りの友人の一人が、持ち帰った中国語の「インターナショナル」のレコードをかけて、中国の小学生にもらったという赤いスカーフを私の首に巻きながら、「おめでとう！　ありがとう日本の同志たち！」と泣きだした。

興奮のままに少し仮眠した後、夜が明けないうちに、みんなとそこを離れて、私は新しいシェルターに入った。暁闇《ぎょうあん》にジャカランダの花が輝いているのを見上げながら、新しい部屋に入った。遠くで叫び声がする。「あれはリッダ闘争の号外を叫んでいるんだよ」と、パレスチナの友人が伝えてくれた。

1週間ほど後、シェルターで、私はローマからの彼の手紙を受け取った。手紙にはこんなふうに書かれていた。

ローマの大聖堂の窓辺で、今この手紙を書いています。窓から美しい日射しが届いています。〝神ははらからの為に命を棄て給いけり、汝も又はらからの為に命を棄つべきなり……〟という声が届きます。（中略）これから旅立ち、そちらに戻ります。ありがとう。生きたい道を生きられたことをあなたに感謝する。我々は決して失敗しない。我々の戦死は決して悲しまないでほしい。葬式ではなく祭を！　祭こそ、我々の闘いと死にふさわしい。先に行って待っている。地獄で又、革命をやろう。

とあった。あの時の胸の震えと慟哭は今もよみがえる。

手紙には両親宛ての手紙が同封されていて、次のように書いてあった。

ご無沙汰しております。今ローマから書いています。これが最後の手紙になるでしょう。国を出る時から生きて帰ることはないときめていましたが、不思議に今まで生きのびて、多くの人にあい、多くの事を知り、そして、最初の考え通りの路を行こうとしていること、何度考えても、ありがたい事だと感じます。思う通り、わがままいっぱいにさせていただきましたこと、お礼の言いようもありません。ついに孝養のこの字もさせていただくひまがありませんでしたが、もしも任務が許すならば、いつも第一にそれをしたいと思い続けていた事は、わかって下さい。

我々兵士にとって死はごく当然の日常事ですが、ただお二人が嘆かれるだろうこと、それだけが今僕の心を悲しませます。ベトナムで今死んでいく数千の若い兵士、こちらで、又世界の至る所で、革命のために死のうとしている若い兵士たち、僕らもその一人だし、あなたがたも彼らのために泣いている何千何万の父や母の一人であること、こうした我々の血と涙だけが何か価値のある物を、作りだすであろう事をいつもおぼえていて下さい。
ローマの空は明るく、風は甘いです。町は光にあふれています。少年時、よみふけった、プリュータークの思い出が町の至る所で、僕を熱くさせます。仕事がすみしだいお二人のもとに帰ります。
ではお元気で、さようなら。

剛士（一九七二年五月二九日）

当時の20代の自分たちの姿を、遺書の送られた母親の歳になって読んでも、再び、26歳の当時の自分たちの時代のひたむきな精神の高揚感が同じように訪れる。

当時の私たちの仲間は、出会いはじめた在欧の日本人たち（彼らは1971年天皇訪欧抗議のヨーロッパの学生・労働者と共に闘った人々のうちの一部で、抗議行動でコペンハーゲンで逮捕された日高敏彦さんものちにアラブに合流している）、バーシムを支援してきたパルチザン仲間であるのちの「VZ58」を名乗る人たち、それに足立・若松映画上映運動を進めていた日本の仲間たちなど、リッダ闘争を闘った仲間たちと有形無形に革命の志を共にした人々であった。そしてもちろんアラブにいてボランティア活動に参加共同している数えるほどの私たちが中心であった。リッダ闘争後、当初はPFLPの作戦に無名のアジア人か日本人が加わったとして話題となるであろうが、私たちはその間は沈黙を貫くことになっていた。PFLPの作戦はそのように準備されていた。その成り行きを踏まえて、私たちはゆっくりと自分たちのあり方を設計していくつもりであった。

リッダ闘争の戦士たちは、PFLPの戦士として退路を断ち、闘い、自決する決意をしていた。その後、たとえば、リッダ闘争の戦士たちが「よど号グループの岡本の弟」だとか、私の「偽装結婚の夫」だったとか、何を言われても沈黙するつもりだった。「PFLPの闘い」として公表され、日本人の発言は、「ノーコメント」のはずだった。それに、物質的にも組織的にもまだ何の準備もなかった。みんな集まった最後の別れの宴の時に、今後彼らの遺志を継いで闘うにあたって、結社のイメージがいいとか、名称は「紅孔雀」はどうかなどと、明るい気分で、リッダ闘争前の仲間たちと話したことはあったが、組織というのはこれから考えようというレベルにすぎなかった。

ところが、PFLPの兵士として、無名で闘うはずだったパトリック・アルグレロ隊は、アハマッド岡本によって、「我々はPFLPと共に闘う赤軍兵士である」と宣言された。その現実に立って、PFLPのスポークスマンであり、情報センターの責任者であるガッサン・カナファーニの指示で、岡本を援護射撃すべく、英文の「赤軍声明」を発した。そしてリッダ闘争の作戦に参加した赤軍兵士の立場を表明した(「赤軍兵士」とは国境を超えた世界人民のための兵士の意である)。

赤軍声明(一九七二年五月三〇日)

一、われわれ赤軍は、PFLP(パレスチナ解放人民戦線)の同志とともに、共通の敵に対して成功裏に行われた攻撃的闘争のニュースを享受できて幸福である。われわれはこの作戦を誇りとする完全な権利を持つ。

一、敵は、全世界にいつわりの情報をまき散らし、わが革命的攻撃の衝撃をけんめいに低めようと努めている。彼らがいかに、〈ヒューマニズム〉の名に於いて自己を正当化しようとしても、われわれは彼らが１９４８年４月９日から10日、ディール・ヤシン村で何をしたか、１９５６年10月20日、パレスチナのカフル・カシム村で何をしたかを思い出すだけである。彼らが〈ヒューマニズム〉について叫べば叫ぶほどわれわれ戦う人民は自らの長い虐げられた歴史を、ますます鮮明に思い出す。

一、虐げられた者の語ることばは、銃以外になく、虐げられた者が心に抱くヒューマニズムは、武装闘争以外にない。ベトナム、パレスチナの同志たちが、帝国主義者の世界分割によって作られた国境を突き破って日夜任務を果たしているのと同じ方法でわれわれも戦い続け、闘争を強化する。

一、真の団結は、先進国ならびに第三世界の人民の共同武装闘争を通じて、また共通の敵を打倒する過程を通じてのみ達成される。

一、三人のゲリラ戦士は、具体的かつ効果的な実行と、犠牲の上に立つ、われわれの革命に永遠の火をともすために、喜々として攻撃におもむいた。われわれもやる。全世界にわたる彼らと同質の闘争を拡大しよう。

一、パレスチナの虐げられた友よ、この闘争は、日本帝国主義者の黒い血にまみれた手で育った日本人民が武器を置くことなくあなた方に手をさしのべ、抱擁し、歩き続けていることを証明した。それをわれわれは誇りに思う。

一、われわれは宣言する。「われわれはパレスチナの友人ならびにＰＦＬＰの同志と手を取り、世界の全ての敵を打倒するまで前進する用意がある」ことを。
一、勝利の日まで、日本に住む朝鮮、中国人民に、さらに日本の中の第三世界を強制された沖縄人民と共通の敵の打倒において、われわれと共にある全世界の友よ、われわれは互いに会うことはないけれども灯をともすプロレタリア国際主義があらゆる戦線ならびに戦場を統一し、ひとつの敵をたたきつぶすことを、確信をもって告げる。世界革命までともに歩もう。
一、日本の同志よ、友よ。愛する三人の同志の闘争を前進させ、既成の国境を打ち砕き虐げられた者の心はひとつであることを胸にしつつ、より大胆に進もう。
一、三人の同志の最後の言葉は次のようであった。「われわれは絶対に失敗しない。歴史の中の無名戦士としてどこでも死ぬ用意がある。いざ友よ、家族よ、葬式をせずにお祝いをせよ！」

私たちは、アハマッド岡本の赤軍宣言を受けて「赤軍声明」を発した。そして、その直後から在アラブの赤軍として、日本に向かっては「赤軍派」と区別されるように「アラブ赤軍」と名乗ることにした。なお国際的には日本人の赤軍の意味で「日本赤軍」と呼ばれていた。私たちは国内に向かっては「アラブ赤軍」、アラブや世界からは「日本赤軍」と呼ばれるという二重の名称から出発した（以降、74年末正式結成前のアラブ赤軍は「日本赤軍」とカギを付ける）。

私は6月はじめに、日本人会の友人たちとアポイントがあったが、連絡も許されず、不義理してしまった。それでも彼らのほうから、アル・ハダフに日本語新聞を届けてくれて、「無事で生きていてくれ」と走り書きが添えられていた。そして少し経って、そのうちの一人に会った。リッダ闘争にはみんなも仰天したという。「誰が驚いたって、一番驚いたのは俺たちだよな！」と、大使館で常連たちが語り合ったという。それにリッダ闘争のおかげで、日本人はどこに行っても優遇されて、ありがとう！　と言ってるよ。とくにビジネスには弾みがついてありがたいと。でも、日本政府はイスラエルに謝罪なんてとんでもないこととして、皆怒っているよ。日本商品がボイコットされないように、彼女に頼めよと言う声まであったという。

そして、彼女は作戦を知ってたのだろうか？　いや知ってたはずはない、と論争になったと教えてくれた。「知らなかったけど、少し知ってたと言えなくもないかな」と答えた。

作戦直後、アハマッド岡本は共に闘った同志の遺体を見せられ、号泣し、死ねなかった自分を悔いたらしい。それを利用して、イスラエル当局は、「供述と引き換えに、自決用のピストルを渡す」と約束した。アハマッド岡本は供述し、ピストルを渡された。しかし、彼がピストルの引き金を引いた時、弾丸は入っていなかった。当然のことだったが騙されたのだ。これはのちに軍事法廷で、明らかにされた。

その際の供述で、時間稼ぎにニザール丸岡を助けるためだったのか、アハマッド岡本は「ローマでジュンという女性に会って、武器を受け取った」と、作り話をしたらしい。それで、マスコミは「ジュン探し」で沸き立っているという。「ローマのジュン」とは誰かと。もちろん、5月30日の当日まで、ベイルートにいた私であるはずがない。そんな話で、日本人会はもちきりだという。大使館の連中も本省から「一緒に話していて、何をしていたのか」と言われると困るよなと言いつつ、リッダ闘争対策に大騒ぎしながら心配してるよ、などと笑って友人が教えてくれた。

リッダ闘争直後、日本政府はイスラエルに特使を送り、謝罪して見舞金を払った。このことで、アラブ・パレスチナの大義に泥を塗る敵対行為だ、とアラブ中から連日批判がくりかえし出ていた。日本人会が心配するのも無理はなかったのだった。「アラブ・ボイコットに、日本商品を加えるべきだ！」と、大きなキャンペーンがつづいた。

公開されている当時の外交文書によると、アラブ各国の日本大使館から「対日経済ボイコットが議題とされつつある」と伝え、「総理または大臣のアラブ向け声明の発出方至急ご考慮を」と打電している。私もPLOから意見を求められた。

私は、日本人会の人たちの苦労を知っていたので、商品ボイコットよりも日本政府の中東政策を問題にするべきだと伝えた。ことに、アラブにいる日本人たちは、あまりのイスラエルのひどさにアラブびいきなのだから。

また、アル・ハダフには、友人知人の特派員ばかりかフリーランスの記者や新顔の日本人記者が押しかけた。日本でのスキャンダル探しのように、執拗な取材にはアル・ハダフは慣れていない。アル・ハダフの建物は警護部隊が3ヵ所からビルを防衛している。そんな中での統制された記者会見に業を煮やしたのか、日本の記者がビルの近所の人たちに取材をはじめた。私が出入りしてたかなどと聴くのに、記者としてのマナーを超えて金も渡しているという。

PFLP保安局では、敵の手先かもしれないので、拘束して尋問すると決めた。日本の特派員らはカイロもベイルートも顔見知りで、そんなことはしない。きちんとルールを守って取材している。そんなわけで、ガッサンの要請で保安局が動いた。

警戒中、3人の日本人を発見。拘束しようとして近づくと逃げだしたという。空に向けて威嚇射撃しながら追いかけたが、取り逃がしてしまったらしい。

その後1時間ほどして、付近の北朝鮮貿易代表部からPLOとPFLPに問い合わせがあったという。彼らのスタッフがPLOと道路を隔てて、ほぼ対面にあるアル・ハダフに近づいたあたりで、拉致されそうになり、必死で逃げたと言う。それでわかったのだが、PFLP保安隊が追いかけたのは、「日本人スパイ」ではなく、北朝鮮代表部の人たちだった。ガッサンが訪ねて来た北朝鮮の人々に事情を話して詫びると、「ああ、そうでしたか……我々はまたCIAに拉致されるかと、あわてて逃げたんですよ」と、大笑いになったという。この話をしてくれたのはガッサンだ。

この頃、私はドルーズ地区へと避難場所を変えていた。ここでPFLPの保安の指揮下で離れ離れになって会えなかった日本人ボランティア仲間と再会して、涙々で抱き合った。会議などは山岳地帯のオリーブ林やオレンジやリンゴの果樹園の中でピクニックのようにゴザを敷いてやっていた。リンゴの花のいい香りの下で素焼きの水入れを置いて会議した。またアラブのこってり煮込んだ甘ったるい紅茶を飲み、語り合った。

キャンプ内の人たちがどれだけ感謝と感動をしているか、連日の「オカモト軍事公判」に向けて支持連帯をアピールしたり、生まれた子どもの名にリッダ3戦士のバーシム、サラーハ、アハマッドと名づけていると語っていた。キャンプの中でも日本人へのモサドの報復からみんなが守って警戒してくれているという。

この時、仲間たちに妊娠したらしいことを告げると、「おめでとう！　産もうよ！　新しい生命みんなで育てていこうね！」「バーシムたちも仲間が増えて、喜ぶね！」。失った仲間たちの預けてくれた命のように、希望のように、それを祝してくれた。

キャンプのパレスチナの人民も、戦士も、自分たちがいつ殺されるか知れない命だから、生きよう、産み育てようとする生きる力も希望も強い。日本にいて妊娠していたら、そんな決断ができただろうかと、ふと思う。パレスチナの仲間と日本人の仲間がいたから、私の決断も支えられたと思う。

あの会議の後、数日して、ガッサンはイスラエルのモサドの自動車爆弾で爆殺された。朝、車に仕掛けられた爆弾がエンジンをかけたとたんに作動し、登校予定の姪共々虐殺された。アハマッド岡本の軍事裁判のはじまる2日前の7月8日のことであった。また、7月26日、ガッサン・カナファーニを継いだバッサム・アブ・シャリーフは、イスラエルの小包爆弾を仕掛けられて、重傷を負った。

リッダ闘争で歓喜し、勢いづいたパレスチナ解放勢力の有名無名の人々をイスラエルは無差別に殺しつづけた。それでもイスラエルによって、パレスチナが占領されている限り、パレスチナ解放を闘う者は増えることはあっても、決して減らないだろう。闘いは生きることそのものだから。

10　アハマッド岡本の軍事裁判

アラブではイスラエルによる報復の空爆や暗殺の企てがつづいた。また逮捕されたリッダ戦士コーゾー・オカモトの動向をめぐって、ずっとリッダ闘争の興奮はつづいた。イスラエルはリッダ闘争の日本人を傭兵だと批判し、プロパガンダした。イスラエル・シオニストの影響の強い欧州のメディアは、連合赤軍事件と同一視した報道を「日本発」の記事として宣伝した。こうした情報が一方的に流され、またアラブでは真逆の全面讃美の報道の中で、アハマッド岡本の軍事裁判が7月から始まった。『銃口は死を超えて　岡本公三裁判全記録』（徳岡孝夫著　新人物往来社74年）に、以下のような裁判状況が記されている。

救援連絡センターと岡本さんの長兄の依頼で、弁護を引き受けた庄司宏弁護士がテルアビブ空港に着いた。しかしイスラエル法務省に入国を拒否され、機内から一歩も出られなかった。庄司弁護士はパリで記者会見を行い、イスラエルの弁護士会に対し、以下のようにアピールを発した。

私はあなたがた（イスラエル弁護士会）の注意を喚起し、あなたがたの職業的協力と援助をもとめようとするものです。

1　今日までのテルアビブ事件に関する新聞報道は感情論の域を出ず、そのため表面的な報道にとどまっている。この事件の実際の事実は、イスラエル警察当局からまだ発表されていないと言わざるをえない。このことは法廷での事件の判断に影響を及ぼしかねないものと思われる。

2　岡本の予備審理をめぐる法廷の処理に一方的なものがみられる。たとえば、イスラエル政府が岡本につけた通訳は我々の職業的立場からみれば、その能力に疑問があり、そのことは法廷での岡本の供述が甚だしく誤解される原因になっている。

3　これらの事実から極めて明瞭なことは、本件の真相を明らかにする為には、岡本と相互信頼関係を確立し、完全に意思疎通が出来る日本人弁護士を、岡本の弁護士として指名することである。なぜなら、この事件において、唯一の信頼すべき弁護側証人は岡本本人であって、その他にはありえないからだ。以上のような理由によって、私は岡本を弁護することに職業的な情熱を燃やし、岡本の裁判が、世界の目の前で、公正に行なわれることを提案したい。

として、さらに事実関係に対する具体的疑問や問題を指摘した。

イスラエル捜査当局は、岡本さんが自分だけ生き残ったことを悔いているのを利用して、取り調べの際、岡本さんに、これまでのいきさつを語れば、自決のためのピストルを渡すと約束した。そして実際、そのように岡本さんは行動し、ピストルの引き金を引いたが、弾は入っていなかった。そのことも軍事法廷で明らかになった。

イスラエル側は、庄司弁護士が、ラストボロフ事件（54年、駐日ソ連代表部のラストボロフ書記官がアメリカに亡命し、ソ連に通じている日本人の名をあげ、外務省の人間が逮捕された事件。敗戦時、在モスクワ日本大使館の参事官であり、外務省国際協力局職員だった庄司氏も逮捕された。氏は無罪となり、のち弁護士に転じた）の被告人だったことを引き合いに出して入国を拒否した。

軍事法廷でアハマッド岡本は次のように述べた。

「私の職業は赤軍兵士です。裁判制度をプロパガンダとして設定する。われわれ三人の赤軍兵士は、こんどの革命戦争において、われわれの主義主張は、断固として貫かなければならない。これが死んだ二人に対する私の義務だ」と、当時の赤軍の考えを彼の理解において主張した。彼は世界赤軍兵士であり、世界党、世界赤軍をめざす世界革命戦争の一環としてパレスチナ解放闘争を闘ったことを明確に述べた。そして最後に、「われわれ三人は、死んだあと、オリオンの三つの星になろうと考えていた。（中略）革命戦争はこれからも続くし、いろいろな星がふえると思う。しかし、死んだあと、同じ天上で輝くと思えば、これも幸福である」としめくくったという。軍事裁判の5日目に、検察論告は「あえて死刑を望まないことにしたい。終身刑を望む」として、この公判を最大限利用して、PFLPやPLOに対する悪宣伝の攻撃を行った。そして8月1日、終身刑が確定した。

当時、岡本軍事法廷と時を同じくして、「ノイマン事件」がやはりイスラエルの軍事法廷で裁かれていた。19歳のユダヤ人青年ジオラ・ノイマンが、イスラエル軍の徴兵検査で、国家と軍に忠誠を誓うのを拒否したという事件であった。そのため起訴されたのだった。

ノイマンは「イスラエル国防軍は占領軍隊であり、六日戦争で獲得した占領地域、とくにガザ地区において住民を迫害している」と、忠誠を誓うことができない理由を述べて、イスラエル国家政策を告発した。彼はヤッファ軍事法廷で、6ヵ月の刑を受けた（「六日戦争」とは67年の第3次中東戦争）。

こうした姿に見られるように、当時は、パレスチナ解放運動を全面的に支持する多くの社会主義国、非同盟諸国からの反帝の公平な正義を求める中にあって、イスラエルにも共産党や平和運動の強い流れがあった。また、イスラエルの武装グループ「レッドフロント」もあった。「レッドフロント」は、欧州の68年の反戦闘争の流れを受けたグループと言われていた。70年代に摘発されたが、アラブ人と共闘するユダヤ人の組織であった。

岡本裁判は、「反テロ」キャンペーンの一方で、世界の友が連帯すれば勝利の一歩となることを被占領地パレスチナにもアラブ世界、国際社会にも印象づけた。こうした時代状況の中で、私たちにはまだ何の準備もなかったが、岡本同志の正義の叫びを受けて立ち上がり、リッダの戦士たちの闘いの地平を継承発展させねばならないと誓い合った。

リッダ闘争は、パレスチナ解放闘争の新しい希望を示すＰＦＬＰの闘いであった。ＰＦＬＰの指揮下で、共同武装闘争を自らの使命とする者たちが義勇兵としてその闘いに志願した。赤軍派系もパルチザン系も、みながアラブの地で、持てる力を発揮してＰＦＬＰに結集した。

そしてリッダ闘争によって切り開かれた地平から、後を託された者たちが、新しい主体へと自己を飛躍させようとしていた。アラブでは圧倒的な支持と熱狂の中から、アラブ赤軍（のちの日本赤軍）を生み出し、日本ではかつてない弾圧の中で、敗北の中からＶＺ58として再生が試みられた。

さらに、パレスチナ解放闘争におけるＰＦＬＰの活動とＰＦＬＰへの支持を作り出した。そしてまたリッダ闘争は、国際階級闘争の中で大きな可能性を育てた。

バーシムは自分たちの闘いが、その後パレスチナのこれからの歴史に刻まれることをよく心得て旅立った。

11　闘いはつづく

5月30日のリッダ闘争は、日本では激しい批判にさらされた。日本政府ばかりかマスコミもまたアメリカ発の色眼鏡で国際情勢を見ていて、パレスチナの実情を理解しようともしなかった。ベイルートやカイロの特派員の送る記事は、日本の新聞社のデスクに「アラブ寄り」と見なされ、書き換えられることが常々多いことを、私も日本人会の付き合いで知っていた。連合赤軍事件の衝撃の延長線上で、日本のマスコミはリッダ闘争の暴力を論じていた。そのため、シオニストの傘下の欧米マスコミは、日本発の「連赤事件」とリッダ闘争を結びつけて、パレスチナを非難した。

また、ひどいニュースでは、ＰＦＬＰやパレスチナ解放闘争の権威を失墜させるような、でたらめな情報も流していた。「日本人をだまして死地に送った」とか、「連合赤軍事件を利用して、ＰＦＬＰが日本人を決起させた」とか悪意の情報は、少なからず日本にも歪んで伝えられていったようだった。そういうことを知ったのは、ずいぶん後になってからだった。

そんな中で、日本では国際情勢に明るいべ平連系の「文化人」たちや戸村一作三里塚反対同盟委員長らが連名で、交戦下のパレスチナ解放の闘いであり、支持すると表明した。

しかし左翼は、獄中の赤軍派にすら沈黙と批判の声があるという。国内の左翼の反応は私には意外であった。闘えば必ず友人たちは支持すると思い込んでいたし、また、連合赤軍事件を吹き飛ばすような国際主義の闘いと思い込んでいたので、その反応は私を驚かせた。私にはかなりの衝撃であった。しかしこの反応に示されたように、アラブの情況に埋没していた私にとって、日本との落差を知り、埋める方法を模索するゆとりも精神的余裕もなかった。

アラブの現実の側から、日本に理解を求めようとした。そして、国内に「国際主義について」の一文を送った。日本は「左翼」によってでも国境の壁が高くなっていると批判した。以来、国内との関わりは、闘い続けることによって、左翼に限らず日本の中で支持してくれる人々と出会っていこう、そんな思いだった。

交流のあった日本の中のVZ58ばかりか、「赤軍‐PFLP・世界戦争宣言」を上映していた若松プロも人民新聞も、すでに弾圧捜索にさらされつつ抗議し、権力に対峙しながら支えてくれた。少したって、「連合赤軍事件」で崩壊していた赤軍派の中から、赤軍派の大菩薩峠事件で保釈されたUさんらが、「あれは世界赤軍の闘いだ」と盛んに支持を訴えた。また、中核派の救援対策部がリッダ闘争戦士に同情し、イスラエルにおけるアハマッド岡本の軍事法廷への庄司弁護士の出発を支援した。

そうした中で、Uさんや京大同学会を中心にして、72年の大文字焼きの8月16日、京大で、リッダ闘争戦士追悼の集会を開くことを決めた。3人の戦士のうち2人が京大生であったことも作用したと思う。彼らは、実行委員会を結成し、「8・16　パレスチナ　インドシナ人民連帯日本二戦士追悼国際集会」を行った。

集会実行委員会は、この8・16集会について次のように述べている。


「三人の戦士が我々に言葉を残した。

『我々は戦争に赴く、絶対に葬列をくり出すな。ただ、祭りを。我々と世界革命の友人たちの為に。』

全共闘運動の中からパルチザン軍団を先頭に旅立った戦士の群と赤軍派を頂点とした革命の軍事形成への長征の出発。これら革命戦争派の最も突出した質を断固として継承せんとする赤い血によって結ばれた義兄弟達の集い。8・16パレスチナ人民・インドシナ人民連帯日本二戦士追悼国際集会は京都大学法経一番の大教室を満場の熱気で埋めて開催された。

奥平・安田二戦士、そしてイスラエルの爆弾テロルに倒れた・PFLP中央委員・政治局広報担当員ガッサン・カナファーニを、そして既に戦い半ばに倒れた多くの日本の、世界の革命戦士への黙悼、そして『同志は斃れぬ』の合唱。後につづく義兄弟達の決意と厳粛さに溢れた黙禱と合唱は入場の際チェックされている報道関係者達にも自発的な起立を促す。(後略)」

(「序章」9号三戦士追悼特集「デイル・ヤシン作戦」と世界革命)


と報告している。

そして、赤軍派代表、相模原の米軍戦車輸送阻止闘争の現場から、岡本さんの鹿児島大学の友人から、奥平・安田さんの友人たちから、イスラエル入国を阻止された庄司弁護士から、釜ヶ崎の労働者などから、闘争現場を中心に多くの発言があったことを伝えている。獄中からは、檜森孝雄さん、永山則夫氏らも。

また、アルジェからアラブ赤軍の声明が、そしてPFLP、PLOの各代表のメッセージが読み上げられた。さらに、訪日していたパレスチナ解放戦士のテープによる連帯アピール、リッダ戦士の実弟や、両戦士と共に闘った京大の友人の決意表明など。「今回の闘いは、帝国主義とシオニズムに対する正当な反撃であり、この闘いを断固として支持し、連帯して進撃する」という連帯の挨拶が続いた。

「集会終了八時五分前。実行委員長は『戦士の魂が今夜の大文字によって送られるのではない。幻野を照らし出す大文字とともにオリオンの三ッ星となって我々の戦いを見つめているだろう』

と締めくくった」と報告している（同前）。

この8・16集会にPLOはアラファト議長の名において、メッセージを送った。それを以下に掲げる。

追悼集会へのメッセージ　パレスチナ解放機構

同志のみなさん、友人のみなさん

日本のパレスチナ人民支援センターの方々が、八月十六日京都において、テル・アヴィヴで戦死した故二同志のための追悼集会が開催されることを知らせてくれました。

私は、PLO（パレスチナ解放機構）を代表して、故二同志の死に深い哀悼の意を表明するとともに、集会参加者ならびにすべての日本人民に対して、われわれが最終的な勝利の日まで日本人民とともに闘い続けることを明らかにするものです。

三名の日本人同志たちによるシオニスト・イスラエルに対する革命的攻撃は、パレスチナ人民およびアラブ人民によって完全に支持されており、また両人民はアメリカ帝国主義、シオニスト・イスラエル、そしてアラブ反動勢力に対する闘争をいっそう鼓舞されています。三名の日本の同志たちは、アメリカ帝国主義とシオニスト・イスラエルがパレスチナ革命を絞殺しようと策動を強化している情況にもかかわらずパレスチナ人民の来たるべき勝利への確信を強固にしたのです。

同志のみなさん、友人のみなさん

われわれの革命は、帝国主義、新旧の植民地主義および反動勢力に反対する世界革命総体の一部分です。パレスチナ人民は、アメリカ帝国主義と日本帝国主義に反対する日本人民の闘争を全面的に支持しています。日本帝国主義は自衛隊増強を中止し、沖縄派兵をとり止めるべきです。このような日本の支配階級の態度は中国、朝鮮、ヴェトナム人民、そして世界の全ての革命勢力に敵対している、とわれわれは考えています。

親愛なる日本のみなさん、

われわれが入手した情報によれば、シオニストはわが岡本公三同志に対し、パレスチナ人民に行ったのと同じ拷問を加えました。そして、軍事法廷は終身刑を宣告し、同時にシオニストたちは、パレスチナ人民迫害の事実を隠蔽しつつ、この判決が「ユダヤ人の寛容」なるものを示している、と世界に宣伝しています。その一方で、シオニストたちは、故ガッサン・カナファーニ同志をはじめとしてパレスチナ革命の指導者たちをあらゆる手段を講じて暗殺しようとしているのです。現在のイスラエルのこうした策動に対して、ＰＬＯ革命勢力は革命的報復を実現する用意のあることを明らかにしておきます。

最後に、パレスチナ革命とパレスチナ人民は日本人民との連帯をいっそう促進することを希望しています。私は、日本の人民、ことに東京の支援センターの方々が継続的な物質援助をして下さっていることに対し、心からの感謝の意を表明するとともに、支援運動の拡大を希望するものです。そしてまた、われわれには、世界革命と一致する日本人民の闘争に対するわれわれの義務を遂行する用意があります。

どうか、われわれの友情を連帯の挨拶をお受け下さい。

故奥平・安田両同志哀悼！
パレスチナ革命万歳！
パレスチナの民主主義国家万歳！
日本人民とパレスチナ人民との連帯万歳！

PLO議長、常任司令委員会幹部　ヤセル・アラファト

また、PFLPも次のようなメッセージを送っている。

追悼集会への挨拶　パレスチナ解放人民戦線
親愛なる日本の同志のみなさん
世界革命へのコミットメントの表現としてパレスチナ人民のために殉教した同志たち、すなわち奥平（バーシム）、安田（サラーハ）を追悼する京都集会をあなた方がとり行っているこの歴史的機会に際して、私は、PFLPの名において、あなた方に戦闘的な挨拶を送るものです。
親愛なる同志のみなさん
われわれは帝国主義・世界シオニズムやアラブ反動といった反動的・ファッショ的な付属物一切に対する闘争の単一性のみならず、運命の統一性によっても相互に結びつけられています。この同志的な紐帯に加えて、一九七二年五月三十日のリッダ空港における「デイル・ヤシン作戦」での奥平・安田同志の殉教とともに一層の強化がもたらされました。彼らの殉

教は、プロレタリア国際主義の崇高な理想、つまり全世界で解放と社会主義をめざして闘っている革命家を結び付ける理想を強調し、強化するに至りました。

二名の殉教者の血は、人民武装闘争の道程を導き、世界革命の革命的分遣隊の統合を更に推進し、強化する方向にわれわれを導く烽火《のろし》となるでしょう。

われわれは、あなたがたの光栄ある集会に参加できないことを極めて残念に思います。しかしながらわれわれは、このメッセージを通じて、日本の大衆および革命的勢力に対し、PFLPの全てのメンバーが二名の英雄的殉教者に対して抱いている深い愛情と尊敬の念を保証するものです。われわれは、これらの殉教した英雄を産み出し、また、彼らの殉教を追悼し、これら二戦士の崇高な革命的動機にケチをつけようとした帝国主義的・資本主義的・排外主義的プロパガンダを非難して立ち上がっている日本の大衆に対し大いなる賞讃の辞を呈するものです。

PFLPの内部においてわれわれは、わが戦士たちと日本の闘士とを結び付ける一連の殉教を誇りに思っています。われわれは、囚われの闘士、岡本同志を誇りに思っています。

これらの三名の同志および進歩的な日本の大衆に対するわれわれの態度を表明するのに、全世界のあらゆる革命勢力、とりわけ帝国主義とその反動的・ファッショ的従属物に対して大打撃を加えているインドシナの英雄的人民の前にわれわれの誓いを新たにすること以上によいものはありません。

抑圧された階級および人民の勝利が達成され、そして人間による人間の収奪がこの世界から根絶されるまで、われわれはいかなる犠牲をも物ともせず闘争を推進することを明らかにします。
　われわれはこの場を借りて、戦闘的な英雄たち——帝国主義的・資本主義的なデマゴギーに断乎として対抗している——が活動していた京都大学における革命的運動に敬意を表したい。京都大学の学生たちが帝国主義的・反動的・ブルジョア的プロパガンダを完全に拒否することの表現として奥平・安田同志の写真を大学の門（時計塔）に高々と掲げたことを、われわれは常に想い起こすでしょう。
親愛なる同志のみなさん
　われわれの共通した闘争の道程は、いかなる困難があろうとも、革命家たちの決意とともに進むことを確信していただきたい。われわれは、わが殉教者たちの血によってこの道程の渇きをいやし続けるのです。先月のガッサン・カナファーニ同志、そしてガザにおける指導的同志の一人であったアーマド・オムラン同志の殉教はわれわれの闘いを続ける決意を示す例でしかないのです。
世界の革命勢力の間の同志的プロレタリア国際主義万歳
抑圧された階級ならびに人民の闘争万歳
インドシナ人民の解放闘争に勝利を
人類の敵に死を
革命闘争の殉教者に栄光あれ

ＰＦＬＰ書記長ジョルジュ・ハバシュ

この72年の集会の後に、いつからか高瀬泰司さんら京大パルチザンの友人たちの手で、京大西部講堂の屋根にオリオンの三ッ星が描かれた。彼らリッダ三戦士の国際連帯を不滅の輝きとするために。そして、また京大の若い世代が先輩の一つの闘いを考える機会になるようにと。

一方、アラブでは、7月10日岡本軍事法廷のはじまる日、虐殺されたガッサン・カナファーニの人民葬が行われた。葬列はベイルートのシャティーラキャンプを出発し、キャンプを巡り、ベイルートの街を進んだ。パレスチナ遊撃隊の音楽隊を先頭にして、葬列は反イスラエル・シオニストのデモとなって続いた。

パレスチナ国旗に包まれたガッサン・カナファーニの棺、花輪に埋もれたガッサンの写真と共に、バーシム奥平、サラーハ安田、そしてアハマッド岡本の写真が掲げられた。パレスチナ、レバノン人民の葬式デモは4万人をはるかに超えていたという。

葬列は、歌、音楽、シュプレヒコール、踊りとなって、人々を鼓舞し、闘いへの決意の場に変わっていく。

2時間ほどの葬列の行進の後、シャティーラキャンプのはずれにある墓地に、ガッサンの棺は埋められた。棺を地に還す時、花びらが雨のように降りそそぎ、肩車されたガッサンの子どもがVサインを掲げると、合図のように拳が上がり、クラシンコーフが空に向かって連続的に弔砲のように撃ち放たれたという。

「今日の葬式は、また、バーシム、サラーハの弔いでもある。彼らは我らの地、パレスチナのどこかに埋められた。解放された祖国に戻ったら、必ず、シオニストが埋めた所から彼らを探し出して、英雄戦士の墓に、パレスチナの兄弟として埋葬するつもりだ」。ハバシュ議長がそう語った。

のちに松林の共同墓地の一角にバーシム奥平とサラーハ安田の墓が作られた。もちろんそこに彼ら2人の遺骨はない。しかし、墓石には、彼らがパレスチナの戦士たちの一人として、1972年5月30日に殉教したことが記されている。

2002年3月30日、日比谷公園の一角の桜吹雪の下で、パレスチナの土地の日に連帯して自決したユセフ檜森の遺灰もそこに加えられた。2011年5月29日、日本の獄中で戦死したニザール丸岡の納骨もまたそこに、家族・友人たちによって行われた。パレスチナの闘いはそうした無数の人民・戦士・リーダーたちの使命と犠牲と祖国愛の生命の歴史上に築かれてきた。そして、今も、占領されたパレスチナ解放を求めて闘いは続いている。

1972年リッダ闘争を経て、PFLPの指揮下「ジャパニーズ・レッド・アーミー」はアラブ、アフリカ、ラテン・アメリカの解放勢力や、欧州の急進的な革命潮流の間で、「国際主義のシンボル」として賞賛を浴びていた。

しかし、その一方で、この時期は未経験なことの連続で、私にとっては最も困難な時代であった。この時代のさまざまな経験を通して、私はアラブで生き闘う方法と覚悟を身につけたと思う。

12　リッダ闘争の評価について

5月30日付で発せられたPFLPの宣言内容に沿って私たちも立場を表明した。

リッダ闘争は、占領された祖国を解放する正義の闘いであり、PFLPの作戦に日本人が参加したこと、リッダ空港は交戦下の戦場の軍事空港であり、これまでも戦場に近づかないように警告してきた。しかもPFLPの戦闘は非戦闘員に向けられたものではない。ゆえに、イスラエル兵士によって民間人の死傷者が多数出ていることを見のがすわけにはいかないので、調査を要求する。亡くなられた方々には哀悼を表する。以上がその要旨である。

リッダ闘争の交戦による日本人以外の死者は、アメリカ国籍のプエルトリコ人17人、イスラエル人8人、カナダ人1人の計26人となっている。負傷者は73人である。PFLPは、「イスラエル兵の無差別反撃による死者をこそ調査すべきである。パトリック・アルグレロ隊の弾丸と種類がちがうはずだ」と主張し、欧州NGOなども動いたがイスラエルは国連による調査を拒否した。

リッダ闘争は、パレスチナではもちろん、アラブ中東でも大きな支持を得た。しかし日本・米欧のメディアは「無差別殺人」非難に終始した。このネガティブ・キャンペーンは予測されたことであったが、日本の友人たちから「戦時下の闘いといえども非戦闘員の犠牲を出したことは許されない」と批判が寄せられた。

日本の中で闘う人々に支持されない闘いでよいのか？　パレスチナ解放闘争に連帯し、パレスチナ・日本人民の革命と連帯を育てるために闘ったのではなかったか？　そうである以上、国内の批判に対しアラブ・パレスチナ、PFLPの路線に身を寄せて正当性をくり返すだけでは責任を取りえない。この点について当初意識化されずにいた。

「非戦闘員を巻き添えにしない」という点からいえば限界ある戦術形態という批判でもある。その点について、「戦争だからといって、巻き添えはやむをえないとすることはできない」として、丸岡さんは92年「リッダ闘争の諸問題に答える」の中で「批判を受けとめる」立場を表明し、同時にパレスチナ革命の歴史的な闘いの現実への理解を求めた。

それらをふまえて、現時点でリッダ闘争をとらえ返してみると、まず第一に、交戦状態におけるパレスチナ解放運動の一つの作戦であるということ。国連でも祖国を占領された民の抵抗権が認められてきたように、パレスチナの解放勢力が占領に対して祖国を取り戻す闘いの一環として闘われた。このPFLPの戦闘は中東戦争の交戦状況の中で、当時イスラエルの軍事空港でもあったリッダ空港という戦略拠点中枢に対する攻撃として闘われた作戦の一つであった。

第二に、あの時代のアラブ世界の攻防下において、アラブ・パレスチナ人民の正当な正義の闘いの一つであったこと。当時の70年ヨルダン内戦、ヨルダンによるジェラシ山でのパレスチナ解放勢力の虐殺（71年）やイスラエルの虐殺弾圧によってパレスチナ解放闘争は厳しい局面にあった。だからパレスチナ民衆のみならずアラブ民族主義政権からも支持を受けた。だからこそ、リッダ闘争を闘ったオカモトは85年にパレスチナ解放運動の戦士たちによって捕虜交換で釈放された。またその後２０００年、レバノン政府が岡本さんを政治亡命者として保護していることにも、アラブにおける正当な闘いであるという評価が示されている。

第三に、非戦闘員を巻き添えにした闘いであったという点については、アラブの「正義」においても相殺しえないこととして、批判として受け止めたい。もちろんリッダ闘争は無差別の攻撃ではなかった。非戦闘員が巻き添えになる危険を承知した闘いであったという戦術上の限界はあった。

しかし当時、日々無差別に虐殺されているパレスチナ人にとって、リッダ闘争という攻防におけるパレスチナ側の1回の戦闘のみが非難されるいわれはないという立場にPFLPは立っていた。国際社会の〝人道的側面〟での非難は受け入れがたいものがあった。なぜなら数限りなくパレスチナ人が攻撃・虐殺された時には、虐殺の張本人であるイスラエルに対して、国際社会からは有効に批判・非難が表明されてこなかったためであった。そして、私たちアラブ赤軍は、当時そのパレスチナの立場に立つことこそ、抑圧された人民の側に立つことだと考えていた。

とらえ返せば、批判は当然受け止めるべきだし、非戦闘員を巻き添えにしたことは正当化しないし、またしえない。その点は謝罪しなければならない。ただ、やはりパレスチナの受難の歴史と70年代という時代の中でその問題を捉えたい。問題の根源は、イスラエルの占領と支配にあり、その現実は今もつづいており、闘いは引きつづき継承されている。

第四に、問題は、当時関わった日本人の参加のあり方として問われている。ことにリッダ闘争以降の対処である。私も起こった結果に対して、とにかく闘った人々の正義を守るために一歩も退かないという心情的な形でしか対応しきれずにいた。戦死したバーシムたちの命を惜しむ想いも決して消えなかった。

また「自国の革命を忘れた義勇兵」という批判やイスラエルからの傭兵非難に対して、「ちがう！　我々は赤軍として、主体的に闘ったのだ！」と法廷でくり返しアハマッド岡本は主張した。〝我々〟の主体的意志で闘っていることを「リッダ闘争の地平」として、日本のみならず世界の革命に役立つ闘いへと継承しなければと、私（たち）は強く考えた。

残った数少ないアラブ赤軍のメンバーは、よくも悪くもリッダ闘争の期待を負う立場に立たされた。しかしリッダ闘争によって切り拓かれたパレスチナ解放運動への献身性を人民連帯へと育てきれなかった。文化的広がりやボランティアへと継承していく合法的な活動は、攻防の激化の中で制約され果たしえずにいた。ガッサン・カナファーニの暗殺の次は私だとPFLPの人たちは案じ、きびしい保護下に制限された活動になっていた。そうした保安上の中にあって、武装闘争路線による国際主義の広がりと展望をこそ進めるべきだと考えていた。しかし現実にはリッダ闘争の地平を狭い一面へと先鋭化していく傾向を持っていた。私自身の限界である。

5章　リッダ闘争後の私たち――ドバイ闘争・第4次中東戦争

1　レバノン軍によるパレスチナ難民キャンプ攻撃＝「キャンプ戦争」

レバノンのベイルートからシリアに向かうダマスカス街道から山岳地帯に入ったところに、アレイ地区がある。ここには旧フランス植民地時代の支配者たちの広大な邸宅が並ぶ。私たちが73年4月末に行ったアレイ地区の山荘は、松、レバノン杉の大木に覆われ、下草が繁りはじめた広い敷地の小高い丘の上に建っていた。このあたり一帯では、夏になるとハイソサエティのレバノン人が、たとえば昔の日本の軽井沢のように憩う。またサウジアラビアやクウェート、ドバイ、バハレーンなどの中東の王族が別荘として一夏を過ごす土地でもあった。

この山荘の持ち主は、ＰＦＬＰの前身であるアラブ・ナショナリスト運動（ＡＮＭ）の時代からの同志で、この地域の有力者らしかった。

山荘は秘密の隠れ家のように使われているらしい。金網で囲まれた広大な敷地に入って、車でさらに坂道をなだらかな道なりに登りつめると正面玄関に出る。玄関の脇には1・5メートル、2メートルと側面に水深を記した長さ6〜7メートルほどのプールがあった。玄関のまわりは噴水を囲んでバラやグラジオラスの花が植えられていた。噴水の水は止めたままにしてあって、水の落ちる小さな池は乾いていたし、脇のプールはまだ水は入っていなかった。この家の主人はキリスト教徒で、冬場には暖炉を囲んでクリスマスを過ごすこともあるらしいが、夏以外はたまにしか使われていないようだった。

レバノン人が75年からの内戦に引き裂かれる前の優雅な終章の頃、73年4月のことであった。この金持ちの山荘のことを書いたのは、長いアラブの反植民地闘争には広汎な層の人々が参加していることを示す意図がある。解放の闘いには貧しい人もいるし、故郷を追われて難民生活を強いられているパレスチナ人もいる。同時に王族や民族資本家や都市ブルジョアジーも歴史的な反帝反植民地闘争のリーダーであり、味方なのであった（こうした条件は、のちのアラファト路線の強さとともに、また曖昧さも育てていくことになる）。

アラブの地は貧富の差が大きく、中間層未形成の社会であったが、貧富の差を超えて、闘う同志としての絆が強いのには、当初戸惑い感心したものだった。


リッダ闘争を経て、にわかに私の生活、活動条件が変わった。

72年7月8日のガッサンの死の直後、ＰＦＬＰ保安局はもはやベイルートやレバノンでの私の保護には限界があると言った。私は7月、ＰＦＬＰの指示でイラクに移った。以来、安全な避難所として、バグダッドは私たちの活動の場の一つとなった。リッダ闘争の関係者とされたため帰国を断念して、欧州の友人たちの保護下で潜伏していた丸岡さんと8月、このバグダッドで再会した。彼はバーシムと約束した任務のために帰国しなければならないと考えていた。

しかし9月5日、「黒い九月」のミュンヘン・オリンピック攻撃事件が起こった（ファタハの武装組織「黒い九月」がミュンヘン・オリンピック村を攻撃し、イスラエル選手団9人を人質にイスラエルに囚われているパレスチナ人政治犯とドイツに囚われているドイツ赤軍の釈放を要求した。人質と共にエジプトへ移動中、ドイツの軍事空港でドイツ特殊部隊が攻撃して人質全員とゲリラ兵3人が犠牲となった）。日本の公安当局は、この事件直後、丸岡さんをリッダ闘争の件で国際指名手配した。指名手配された彼は、バーシム奥平から引き継いだ国内での軍事部隊の育成などの活動を、アラブの地で活かすことを考えざるをえなくなった。

73年初めに、私は密かにベイルートに戻った。ＰＦＬＰの信頼できる病院があり、ハバシュの友人の産婦人科医がいるベイルートでの出産を勧められたためであった。私も日本人の仲間と会えるし、パレスチナの友人のいるベイルートでの出産は心強い。日本人仲間との少し遅い新年会を共にし、日本人やパレスチナの仲間の立ち合ってくれるベイルートの病院で、3月1日娘のメイを出産した。

出産後に体調をくずしたためにその回復にかなり時間がかかった。一人前に動けず、6月になるまで産褥安静期として医師から診察を受けながら過ごした。このまま動けず、普通に歩いたり活動したりできなくなったら困るな……。避難し、守られるばかりで、それが辛かった。生まれたばかりのメイを抱いて、精神は高揚しつつ、時々途方にくれそうになることもあった。動けないので致し方ないのだが。

ベイルート市内で、4月10日にイスラエルによるＰＬＯリーダーたちへの同時多発暗殺攻撃があり、市内は大混乱していた。イスラエルはこの攻撃を72年9月のミュンヘン・オリンピック事件への報復だと主張した。ファタハのトップのＰＬＯリーダーたちが3人暗殺され、パレスチナ解放組織の事務所も爆破され、他に多数の死傷者を出した。

この時攻撃されたＰＬＯの2人のリーダーが住んでいたビルは、ちょうど私がリッダ闘争直前まで住んでいた建物の真ん前にあった。部屋を借りる際、すでにＰＦＬＰからその場所に誰が住んでいるか私にも知らされていた。公然活動のリーダーのためか、いつもにぎやかに車が止まっていて、こちらが目をつけられないかとひやひやした。

このイスラエルの攻撃をめぐって、レバノン政府とＰＬＯの間でやり取りが続いていた。イスラエルの攻撃にレバノン軍が遭遇したのに、イスラエルテロリストを攻撃せず、傍観したらしい。レバノン軍側は、パレスチナ勢力同士の内紛と思ったので介入しなかったのだという。ＰＬＯやレバノン民族主義勢力が調査を要求した。この責任追及に対して、政府やキリスト教右派は、ＰＬＯの武装存在がレバノンに混乱を持ち込んでいると批判し、追及と批判がくり返されていた。イスラエルはＰＬＯリーダーたちを暗殺したばかりか、レバノン政府とＰＬＯの間に火種を植え付けたのだった。

メイを出産して戻った場所は難民キャンプの近くにあって、4月10日のイスラエルの攻撃ですぐに危険地帯となってしまった。1ブロック先のＰＤＦＬＰ（パレスチナ解放民主戦線、のちのＤＦＬＰ）の事務所がイスラエルの襲撃に応戦し爆破されていた。私たちはあわてて空港を見下ろすドルーズのＰＦＬＰの友人宅に避難した。その後5月2日、レバノン軍によるシャティーラパレスチナ難民キャンプ攻撃のはじめの砲弾で、私たちが住んでいたそのビルはやられた。

この「キャンプ戦争」と呼ばれる戦闘は6月までつづくことになる。

私とメイは、キャンプ近くの部屋、ドルーズの友人宅を経てこのベイルートを見下ろす山岳地帯へと緊急避難してきた。

広いベランダからベイルートの町を見下ろすと、シャティーラキャンプのあたりはすぐにわかった。夜中でも曳光弾《えいこうだん》が弧を描いて飛び交っている。レバノン軍とパレスチナ難民キャンプの戦争が夜間も続いているためである。漆黒の中、眼下に小さく広がる点々とした灯の残る町に曳光弾が弧を描く。その美しさには、戦争でありその下で人々が殺されている現実が偽りか幻のように思えてくる。

時々、曳光弾がキャンプのあたりからとんでもない方向に飛ぶと、山荘を警護するコマンドたちは「あ、あれはEが撃った弾だ」などと、日本人ボランティアたちの名をあげて大笑いしている。彼らは戦争でも、いつも陽気だ。

2 アラブ赤軍の仲間たち

アラブ赤軍のボランティア仲間は、キャンプ戦争の間、キャンプの内側にいた。医療・負傷者救援のため戦争が終わるまで退去せずに闘うからと、Eさんからメッセージが届いていた。EさんはPFLPボランティアの中でもリーダー的存在だ。はっきりものを言うが、いつもそれでよかったのかと捉え返す人で、私も一番頼りにしていた人だ。

私はバグダッドから、出産のためベイルートに戻ったので、日本人ボランティア仲間とは頻繁に会えた。しかし軍事的部署にいた仲間とはなかなか会えていなかった。

軍事的部署は、バーシムたちの献身的な働きのおかげで、リッダ闘争後、それまでとは様子が変わっていった。かつてはどのボランティアもPFLP保安局のチェックを経たうえで、軍事活動を望むボランティアはまず「軍事局」に配属されていた。しかしリッダ闘争後、日本人に対してそうしたチェックはゆるくなったらしい。そして、日本人軍事ボランティアは特殊な部局であったアウトサイドワーク局に直接招請されるようになっていた。バーシム奥平自身は、軍事訓練から軍事局のボランティアを経て、アウトサイドワーク局に選抜されてリッダ闘争へと臨んだ。

軍事局は、レバノンにある15の難民キャンプの30万を超えるといわれるパレスチナ人の防衛や訓練を行う。もちろん、PLOや他のパレスチナ組織も同様に機能していて、PFLPだけがキャンプを防衛しているわけではない。また、PFLP軍事局は、他のパレスチナ組織と同様に、シリアやレバノンの南の国境地帯から、占領されたパレスチナに向けての潜入ゲリラ戦を行うゲリラ部隊を統率していた。

リッダ闘争を担当したアウトサイドワーク局は軍事局から独立して特別の秘密活動を行う。またアウトサイドワークはベイルートでアブ・ハニがバズーカ砲攻撃を受けて以降、情報漏れを警戒して他の部局に対しても非公然・独立の活動態勢を取っていた。アブ・ハニはパレスチナ解放のためにすべてを捧げて闘う模範的なリーダーであり、絶大な人気があった。決して偉ぶらず、かつてキャンプで病人を診察したように各人に接する公平な姿勢もあって、誰もが慕うリーダーであった（アブ・ハニは医者であった）。当時、ハバシュ議長よりアブ・ハニを自慢気にあげるPFLPの人が多かった。非妥協の闘いの立案者として知られていたためだろう。

リッダ闘争後「アラブ赤軍」を名乗っていたボランティア仲間の私たちはPFLPの指揮下にあり、軍事ボランティアはアウトサイドワークの指揮下に入っていた。在欧の日本人仲間はそれまでにも情宣局やアウトサイドワークの情報戦や調査に協力していた。非軍人のボランティアは恒常的に拘束されているわけではない。志願と要請の関係にあり、後は自由だった。また医療活動をしている者たちは国際関係局や人民組織局など別の指揮下にあった。

私は、もともと情宣局ガッサン・カナファーニの指揮下にあったが、ガッサン・カナファーニが暗殺され、その後政治局の指示でバグダッドに移動した。そしてイラク政府の許可のもとで、バグダッドを中心に住み、活動していたので政治局の指揮下にあった。国境を超えた活動をしていたからである。所属自身は情宣局、国際関係局との共同をつづけた。

このように、ＰＦＬＰの指揮下といっても、それぞれの部署の特性によって活動していた。自由に活動するオープンな場もあれば、アウトサイドワークのように指揮と機密に制約される部署もあった。ことに「兵士」として志願した人、またはアウトサイドワークが兵士として受け入れた人には厳しい機密が課せられて行動が制約される。その割りに、政治的保証が果たされていないなど、矛盾があるらしかったが、当初はそれらもわからなかった。

バーシムの後を引き継いだニザール丸岡がアウトサイドワークのいわば中枢に触れることによって、こうした実情に徐々に直面することになった。

ただ当時、私は赤軍派以来の組織観を持っていた。赤軍派は武装闘争優先のために軍事第一で、非軍人はそれを支える位置にあった。その考え方はずっと私の頭の中の組織のイメージとして付いてまわっていた。この考えのまま、バーシムやニザールたちを支えていた。こうした私の考えは、軍事至上主義を助長していったと思う。他の在欧・在アラブのボランティア仲間も、「プロパガンダの最高の形態は武装闘争である」とするＰＦＬＰの闘い方に共感していた。私と似たり寄ったりであった。

3 アウトサイドワークとの矛盾

日本への帰国途中の欧州からアラブに戻って来たニザール丸岡は、バーシムの仲間として共同訓練をしてきたいきさつから、アウトサイドワークを引き継いだ義勇兵として、以降の日本人の軍事ボランティアのリーダーという位置についた。

そのニザール丸岡が私たちのいるアレイ山荘に来た。彼は3月、メイが生まれた頃一度病院に見舞いに来てくれていた。アウトサイドワークの仕事で、欧州、バグダッドと出かけていたらしい。中東では手に入らない日本製のセルロイドの起き上がりこぼしとひさし付きの白いレースの帽子をメイへのお土産に持って来てくれた。ちょうどキャンプ戦争の停戦が成立して、包囲が解かれたので、シャティーラ難民キャンプの中で活動していた仲間も訪れていた。

広々としたベランダの目の下には、この家のワイン用のぶどう畑が広がっている。中東のこの季節、人々は果実の若い実を好んで食べる。桃のまだ青い小さな実のようなアーモンドの実に少し塩をつけて丸ごと食べるし、スモモの青い実に塩をつけてガリガリ齧る。生のピスタチオもおいしい季節。すでにサクランボも大きくておいしい。果実や青い実を山盛りにしたテーブルを囲み、広いベランダで、生まれて間もないメイに日光浴をさせながら、皆で話をしていた時だった。

ニザール丸岡が意を決したような、思いつめた表情で言った。「アウトサイドワーク、アブ・ハニとの共闘は棚上げにしたい……」。それまで、私たちはキャンプ戦争でのレバノン軍の攻撃に対して、キャンプ内でどんなふうに砲撃を受けながら闘っていたか、ことに母親、娘、子どもたちが統率よく活動していたとか、カナダ人のボランティアはスパイだったらしいなど、おしゃべりに夢中になっていた。私たちは話を止めて思わず彼を見た。
ニザールは、バーシムがいた時代からアブ・ハニらと懸案になっていた日本政府を共同ターゲットとして闘おうとしていた。

もちろんどのような闘いをするのかという政治課題や方向についてはバーシムがいた時から仲間で話し合っていた。しかし立案とか作戦になっていくと、それはスムーズにはいかない。日本人側はまだ素人なのだ。共同といってもアブ・ハニらは、結局日本人側の考えを無視して進めることになる。ニザール丸岡は、それが我慢ならなかった。

リッダ闘争の切り開いた活動条件はアウトサイドワークとの共同が前提にあった。当時のパレスチナの武装闘争の闘いは国際的に認知されていた。武装闘争を解放の主要闘争形態と定めており、第4次中東戦争に至る前の時代である。民生分野や南部戦場または留学など、いくつかの他の条件もあったし、もっと人材をシフトしようとしていた。ニザール丸岡は社会主義国への留学のみならず、他の戦場への教官としての派遣も乞われていた。これらすべてアウトサイドワークの中で培ってきた広がりである。

バーシムたちとの約束を狭く捉えていた私もニザールもまた他の仲間も武装闘争により高い価値を置いていたので、そのアウトサイドワークとの共同から撤退することには躊躇があった。とくに、私自身はバーシムからニザールへと引き継がれてきたアウトサイドワークとの共闘の日常的困難の中身を知らない分、幻想もあった。アブ・ハニはリッダ闘争を切り拓き、闘いつづけてきた人だ。パレスチナの尊敬を一身に受けている作戦立案のベテランである。何とかそれは乗り越えてほしい隘路《あいろ》だと思った。

この時に、次の作戦の獲得目標・戦術方法で対立があった。
アウトサイドワーク側は、日本政府をターゲットにする以上、赤軍名を出せば日本側が要求を飲まなくなるのではないか？　彼らにとっては作戦上、財源確保が第一義的であった。日本人側は政治性のない作戦には参加しない。政治犯の釈放を盛り込むべきという獲得目標をめぐってまず対立になった。

アブ・ハニにとっては、日本政府がリッダ闘争直後にイスラエルに支払った見舞金の10倍という高額を要求するために、政治犯釈放はできるだけ加えたくないテーマであったが、2人の政治犯釈放ということで結局折り合いがついた。この2人は、バーシムが赤軍派の時に知り合った仲間である。

次の矛盾は、「被占領地の息子たち（Sons of Occupied Land Organization）」という名でやるという指示が来たらしいことだ。その時も日本人側は、ＰＦＬＰまたは「日本赤軍」という政治責任の持てる主体なしに架空の組織や部隊名だけの名で作戦をやることは認めないともめた（すでに述べたが私たちはリッダ闘争後、日本国内には「アラブ赤軍」、世界に向けては「日本赤軍」を名乗っていた）。

この時、作戦に参加するラテン・アメリカのグループも日本人の意見に同調して、日本人が作戦から降りるなら、自分たちも日本人に連帯して降りると言いだした。そのため、結局、これも、「被占領地の息子たち」と「日本赤軍」名でやるということで折り合いをつけたという。

こうしたプロセスを経て、ニザールはすっかりアウトサイドワークのやり方に不信感を持っていた。

また冷静に考えてみれば、国際的な「賠償金闘争」として、「日本赤軍」の名前とか赤軍派のメンバーの釈放とか、日本の問題を出さずに行ったら、あるいはやり方によっては成功したかもしれない。また作戦の要求実現に、あと数日ねばる戦術だったら成功したかもしれない。

みんなでニザールを支えようと言いつつ、ニザールに判断をゆだね、そのままニザールと別れた。もちろん、闘ったことによって新しい展望が開かれるのは言うまでもないが、結局、ニザールにアウトサイドワークとの継続を強いたのではないかと思う。

4　ドバイ闘争

１９７３年７月20日、パリ発アムステルダム、アンカレッジ経由東京行きの日航４０４便のボーイング７４７ジャンボ旅客機は、アムステルダムのスキポール空港を離陸した後、ハイジャックされた。

12時頃のことであった。ファーストクラスに搭乗していた男女の乗客が２階のラウンジに上がり、武器を取り出そうとしたところ、カチッと音がして、手榴弾の安全装置が外れてしまった。不良品だ！　その手榴弾は女性の乗客から夫である男Ａへと手渡されるはずの武器の一つだった。女性はとっさに自らの身を挺して手榴弾を身体に抱え込んで爆発させた。夫は身のちぎれた妻が微笑んでいる顔を抱き上げる間もなく、即座に肉片の付いた拳銃を握り締めると操縦室に飛び込んだ。本来２人で行う行動であったが、血の海を越えて、夫Ａは一人で任務についた。そして操縦室から、「この飛行機は完全に我々が支配した」とハイジャックを告げた。

この暴発音は、エコノミークラスにいた他の仲間たちには、ビール瓶の栓が抜けた程度の「ポン」という音にしか聞こえなかったという。しかし、この「ポン」という音にも、ハイジャックを告げるコールサインまで、エコノミークラスの3人は動かなかった。夫Aから1人ずつ、番号でコールが告げられると、アラブ人2人がファーストクラスに駆け上がり、日本人がラウンジと操縦席へとダッシュした。ラウンジでは、作戦部隊の一人であったAの妻と、巻き添え負傷したチーフパーサーが倒れていた。妻は腹部の大きな損傷で、ほとんど即死状態だった。パーサーは幸い腕の骨折ですみ、飛行機に穴も開かなかった。Aの妻が身を挺して防いでいなければ大変なことになっていた可能性があると、戦士たちはのちに語っていた。

部隊のリーダーBが英語の機内放送で、「我々は『被占領地の息子たち』と『日本赤軍』である。我々はこの飛行機を完全に支配している。我々の指示に従うように」と放送した。飛行機は通過する各アラブの国々の空港の管制塔に連帯のメッセージを送りながら、アラブ首長国連邦のドバイ空港に着陸した。そして部隊のリーダーBは、飛行機からの交渉を拒否し、ドバイ空港で待機態勢に入った。

一方、事件発生後、千代田区の日本航空東京支店窓口に英文の要求書が直接置かれた。英文で、「パリ発東京行き日航ジャンボジェット404便は、現在我がコマンドの完全な支配下にある。リッダ闘争の際、イスラエルに支払った賠償金に照らして、1500万ドルの支払いと赤軍派2名の政治犯のドバイへの移送を求める。要求に従わなければ、飛行機を爆破する」という内容の要求書であった。その金と政治犯の移送に関する細かい指示も書かれていた。

しかし、日本政府と日航側は、その指示に従った行動を取らなかった。その要求書を握りつぶし、公表も実行もしなかった。もっぱらドバイ空港に待機中の実行部隊に、交渉に応じるよう求めた。

日本側のドバイ空港の管制塔からの交渉役は元ベイルートの大使館勤務の知合いのKさんだった。彼はオリード山田の水死の際、サラーハやユセフを助け、遺体も日本に送る手続きをしてくれた人だ。のちに、74年には、とうとうクウェート日本大使館で人質にもなった人だ。「ベイルートで助けたのに、ひどい目に遭うとこぼしていた」と、のちに友人から聞いたことがある。気の毒なことに何度も巻き込まれた人だ。彼が誰よりもアラビア語がうまかったことも災いしていただろう。

実行部隊はパレスチナ人のリーダーBのもとに、パレスチナ人1名、ラテン・アメリカ人のA夫婦、それに日本人Cの5名であった（日本人Cとはニザール丸岡である。丸岡さん自身が作戦参加を認めている）。彼らはシンプルな指示を受けていた。

「飛行機をハイジャックし、ドバイ空港で待機せよ。勝利は日本人政治犯がドバイ空港に着いたことによって示される。それ以外、たとえ、アブ・ハニの名において指示が来たとしても、いっさい耳を傾けてはならない。交渉の権利はない。作戦成功は、予め決められた本部からの暗号指令によって、管制塔を通して知らされる。もし時間内にその指令電報が来なければ、決して時間延長や交渉に応じてはならない。ただし、指令が届いたら、釈放された政治犯の到着は待つ。しかし、指令電報が期限内に届かなければ、ただちにドバイ空港を発って、リビアのベンガジ空港に着陸せよ。そして、そこで一人残らず乗客を安全に降ろした後にジャンボ機を爆破せよ」

これは当時のアウトサイドワークの指揮のもとでの闘い方であった。現場判断をほとんど排除したやり方である。兵士には情報を与えず、できるだけシンプルな役割を与え、命令に服従させるやり方である。実行部隊のリーダーBには、一定のことは知らされていただろうが、部隊員には知らされない。作戦共闘に参加した者がどのような政治的地位や立場にあったとしても、いったんユニットが形成されて行動する以上は兵士である。これは安全に闘いを継続していく彼らの経験から導いたやり方であった。

釈放されるべき日本人政治犯は、ドバイ空港に現れなかった。7月24日午前5時過ぎ、ジャンボ機はドバイ空港を離陸した。そしてリビアのベンガジ空港に向かった。日本人Cは、「我々は日本政府に同志の釈放とイスラエルに支払った賠償金を要求したが、日本政府は2つとも拒否した。そのためリビアに到着後、我々はこの飛行機を爆破する。それによる被害はすべて日本政府に責任がある」と、日本語の機内放送で作戦の成り行きを告げた、と当時の乗客は述べている。

そして、7月24日午後3時過ぎに、日航404便ジャンボ機はリビアのベンガジ空港に着陸した。ただちに乗客乗員全員が機外に脱出したのを確かめた後、部隊は手榴弾と爆薬を使って機体爆破の準備を行い、機外に出たうえでジャンボ機を爆破した。ジャンボ機は炎上し、残骸となった。それでも滑走路には鶴のマークの尾翼が焼けずに残った。その後、部隊はリビア当局に投降した。

日航機の停止位置について、ベンガジ空港の管制官が滑走路を外れた待機所での停止を求めたが、リーダーBがAの反対を押し切って、滑走路上での停止を指示した。そのうえで、飛行機を爆破・炎上させた。これもあって、のちにリビア当局が「敵対行為」と誤解する原因になった。これについては、作戦後に他の3人からBに批判がなされた。それ以降、Bの部隊の指揮権は不信任されて全員で決めることになったらしい。

これを私たちはドバイ闘争と呼んだ。

7月20日、ドバイ闘争のニュースを私はバグダッドで聞いた。闘争がはじまったニュースを聞いて、ニザール丸岡の言っていたアブ・ハニとの矛盾や問題は解決されたのだろうと楽観した。闘いがリッダ闘争後はじめて公然とつづいた。きっと国内の友人たちにもプラスの力を与えているに違いない。それに、闘いはアラブでも望まれたものだと考えていた。しかし、PFLPの名はなく、闘いは「日本赤軍」と「被占領地の息子たち」だという。

当時は戦術の一つとして人質作戦やハイジャック闘争が頻発しており、私もそうした闘いは、「弱いものが巨大な敵に立ち向かい、一回性の軍事的勝利をもたらす」方法として肯定していた。イスラーム世界では、公然と金員を要求するこうした作戦は、道徳に反するし、組織名を掲げられない。そのようなものだろうと思っていた。

PFLPの仲間に聞くと、「被占領地の息子たち」のアラビア語の政治声明も出されているという。しかし、数日して、作戦は暗転してしまった。作戦の意図も不明なまま、数日でジャンボ機はドバイを飛び立って、リビアに降り、飛行機を爆破して、部隊はリビアに投降した。どうして、そんなに早く飛行機を爆破してしまったのだろう。

そのすぐ後、PLOもPFLPも作戦非難声明を発した。「日本赤軍」と「被占領地の息子たち」の名で闘っているとはいっても、PFLPの作戦であることは、PLOも、またPFLPも知っているはずなのに。居合わせたPFLPの人の話では、リビアもイスラーム法で裁くと宣言したという。ハイジャックは盗みになるので、右腕を切るのがサウジアラビアのやり方だという。衝撃を受けた。

それなのに、リビア着陸爆破後も闘いの意義を示す政治声明は聞こえてこない。作戦の全容は不明なままだ。埒が明かない。当時、バグダッドは民族自立経済国有化路線で、西側の商品から新聞まで締め出して、6月に発生したクーデター未遂事件の後遺症で厳しい監視下にある。ここにいては何もわからない。私はイラクからの出国のための手続きをした。メイはまだ母親や母乳を必要としている。メイに母乳を与えることができなくなるのだが、連れて行くわけにはいかない。最後の母乳を与えると、同居の友人家族に託し、バグダッドで会う予定の来訪者たちもバグダッドにいた友人仲間に託した。

5 ベイルートにて

バグダッドで、出国のための手続きをイライラして待った。リビアのカダフィ大佐までがインタビューで、ドバイ闘争の実行犯たちを裁判にかけると言明したとニュースが伝えた。その直後にバグダッドを出発した。ベイルートに到着したのは、7月の終わりか8月の初めだったと思う。記録によると、カダフィのインタビューは7月末となっているので、私のベイルート入りは8月初めかもしれない。

ベイルートに入ると、前に住んでいた山岳地帯の山荘が今使えるからと、すぐそちらに保安局の人々に案内された。

ドバイ事件の後で、アル・ハダフには記者も多い。また日本人のボランティアたちも、裁判にかけるというリビアのカダフィ大佐のニュースを聞いて、「なぜリビアに行ったのか⁉」と、情宣局や国際関係局への釈明を求めているという。ことに、PLOならいざ知らず、PFLPが「関係ない」と言うにとどまらず、ドバイ作戦を非難したというのは、どういうことかと、すでに日本人ボランティアが追及しているという。日本から足立正生さんも来て、その流れに合流し待っているという。足立さんはちょうどTVのクルーのパレスチナ取材要請を受けて、私にもインタビューの打診に来ていたのだった。私も同じ抗議の気持ちだったので、すでに始まっていた抗議に加わった。

この作戦主体は、「被占領地の息子たち」と「日本赤軍」を名乗っているが、PFLPのアブ・ハニ、アウトサイドワークの闘いである。まず責任を取るべきなのに、ハバシュ議長が作戦を非難したのはなぜか？　情宣局や国際関係局の仲間の話では、今リビアとPFLPは戦争状態のように対立しているという。ナセリスト（エジプトのナセル大統領の〝アラブは一つ〟というアラブナショナリズムによる反植民地闘争を信奉するナセル主義の人々）の流れを汲むPFLPは、ナセルの熱烈な信奉者であるカダフィ大佐が69年9月1日に革命を起こし、王制を打倒して権力を掌握した時に、一番に祝電を送った仲であった。そんな話を知っていたので、「戦争のような対立」には驚いた。

リビアの国内事情から文化革命でイスラーム化を進めて、今ではマルクスやレーニンの文献は焚書しているという。リビアにはANMが強く根を張っている。67年の第3次中東戦争直後の大衆行動で、イドリス王制を脅かしてきたのはANMである。当時、逮捕された106人の多くはANMメンバーで5人の非リビア人もいた。ナセル主義やANM、ヨーロッパからの68年のベトナム反戦運動の影響を受けた者やマルクス・レーニン主義者もいた。反植民地闘争、石油の国有化などで自信を持ったカダフィがイスラーム主義を強めて左翼勢力と対立し、弾圧していたという。そんなわけで、つい最近、ハバシュ議長が「カダフィはヒトラー以来のファシストだ」と、ののしったところだという。

私たちは憤慨した。それならなおさら、なぜリビアに行ったのか？　と、怒りになった。

この頃ちょうど日本人会の友人が届けてくれた新聞に、作戦の要求書（いわゆる脅迫状）全文が載っているという。あわてて読むと、リッダ闘争でイスラエルに日本政府が支払った金に抗議し、１５００万ドルの賠償金を要求していると書かれていた。その金はアデンに持って来るべしと、細かく持参人の便や服装指定がある。そして赤軍派2名も釈放して、ドバイ空港に連れて来ることを指示し、要求が受け入れられない時は、ジャンボ機を爆破するという内容だった。

私たちはため息をついて大激論になった。ＰＦＬＰの国際関係局の仲間たちも「この記事は本当か⁉」と怒りだした。そしてレバノンの新聞社にあちこち電話したりして、真相を確かめていた。アラビア語新聞にも載るという。

そのうえ、ちょうど入手したばかりの7月31日付けの日本の新聞には、日航支店の受付に「置いてきた」はずの脅迫状は「投函された」ことになっていた。そして「脅迫状が早目に届かなかったので、作戦要求に応じられなかった」と、日航と公安当局が主張しているという記事が載っていた。脅迫状は21日に投函され、郵便局の仕分け作業の手違いから外国行きの郵便物としていったん他の郵便局に送られ、改めて同支店管轄郵便局に送り返されるというミスが重なったために、23日午前11時過ぎに日航東京支店に届けられたのだという。消印は、東京中央郵便局の22日午後12時〜6時となっていた。ところが、それからでは日本円39億9800万円と2名の赤軍派釈放は間に合わない。悪質ないたずらとして処理したという。公安当局は、この22日の消印の他に、判読の難しい21日の押し印があり、切手が多く貼ってあったので、羽田国際郵便送りとなり、羽田空港から逆送された時、22日の押印になったものと思われるなどと、マスコミに説明している。ドバイのハイジャッカーたちに「脅迫状」の内容を確認したが、否定したので、いたずらと思ったなどの記事もある。でも、交渉役の元ベイルート大使館の知人Kさんが「ハイジャッカーには、内容は伝わっていない。本人たちが交渉を拒否したためだ」と語っている記事がある（その後「被占領地の息子たち」ら作戦側の発表は、郵送ではなく、窓口に手紙を置いてきたとの話で、まったく矛盾していた）。

しかも、一方日本政府は密かに要求された金額をイギリスで準備していた、とのちに記事になった。公安当局は嘘をついていた。即応能力がなく、国際感覚がない。そのうえ、国内の過激派対策の延長線上の「赤軍派対策」しか視野にないようだ。あなどり、闘争に敵対した。

すでに作戦は終了していたが、アラブでも日本でも、何が作戦のテーマか、首がひねられている事態であった。私たちは日本の新聞に載った脅迫状の内容や記事を追いながら対策を練っていた。

「マリアン、だけどこの脅迫状本当だと思うかい？　どう考えても変だよ。人数は唯一人で来るようにと指示している。白い帽子をかぶって、アデンに降り立てと指示しているけど、マリアン、1500万ドルをどうやって一人で運ぶんだい⁉」。国際関係局の人が言いだした。「そういえばそうだ。100万ドルなら、100ドル札でちょうどアタッシュ大きめに一つ運んだことあるけど、それが15個なんて運べないだろう」などと大騒ぎをしている。

ちょうどリビアでは、カダフィ大佐の指揮下で、トリポリ、ベンガジからエジプトへ、数万のリビア人が国家統合要求デモをかけている時だった。石油で得たリビアの金が欲しくて、エジプト大統領サダトが、エジプトとリビアをナセルの意志を継いで一つの国家にしようと言いだし、決めた。ところが大金は受け取ったのに、国家統合をサダトが実行しようとしないため、デモで圧力をかけていた時だった。このリビア人のデモがベンガジからさらに膨らんでエジプトに向かった。エジプト側の国境が封鎖され、対決になりそうな時だった。

その時に、「日本赤軍」と「被占領地の息子たち」というグループが、突如ベンガジ空港に着陸した。そして、説明もなくジャンボ機を爆破し滑走路まで破壊したのだった。リビアはエジプトの差し金と怒っているのだろうと、ＰＦＬＰの人までが言うのだった。

ＰＬＯの保安部の話によると、リビアはどうもドバイ実行部隊をリビアへの敵対者と誤解しているようだという。

とにかく、まず事態を把握するために打てるだけの手は打とう。そして、リビアに対し、イスラーム法で裁判するなどというふざけた発言を取り消させることだ。ＰＦＬＰも私たちも興奮していた。闘った者に対してなんと無礼な仕打ちだと。

まずアラファト議長に会って、ＰＬＯが作戦を非難したことに抗議し、実行部隊の釈放要求に協力してもらおう。同時にハバシュ議長に面会を求めて、なぜＰＦＬＰの作戦をＰＦＬＰの議長が非難したのか釈明を求めよう。それから、アウトサイドワークのアブ・ハニに会って、なぜＰＦＬＰと対立しているリビアに行かせたのか？　日本の新聞にも出た要求書は本物なのか？　実行部隊の安全な帰還の責任を求めよう、と3人への面会要求を決めた。そして議長代行のアブ・アリや国際関係局のリーダーの合意も得た。

それから、この闘いがリビアの邪魔をしに行ったのではないと、早くリビアに、闘いの正義と正当性を訴える必要がある。私にはリビアからPLOを通して、72年から、9月1日のリビア革命記念日への招待が来ていた。72年はニザール丸岡が日本へ戻らずに潜伏していて、アラブに戻って8月から9月に再会できるというので、リビアには行かなかった。

今年は作戦部隊がリビアのベンガジで拘束されている。どうするか。そんなにPFLPと対立しているなら、行かないほうがいい、いや今こそ行くべきだと討論になった。

PFLPの国際関係局の仲間は全員が反対した。まずリビア大使館と交渉しよう。その結果、リビアには、ちょうど来ている足立さんとボランティアのEさんに行ってもらうことにしよう。詳しいことは後にして、まず政治的な闘いの正当性のためのプロパガンダを実行しなければならない。そのための作業にすぐ取りかかるべきだという話になった。

アラファト議長、ハバシュ議長、アブ・ハニとの会見要求と政治プロパガンダ、リビア対策、3つの分担をした。山荘で皆明け方まで討論して、各々の任務を決めた。

6　ドバイ闘争戦士釈放のための対策

PLOの本部は、海岸から博物館のある通りに向かうコルニッシュ・マズラ通りの真ん中あたりソ連大使館近くの一棟のビルだ。大通りを挟んだ空き地の先がPFLP情報センター、アル・ハダフの入っているビルである。

ＰＬＯのビルの一室で、アラファト議長は私たちの要求に耳を傾けながら、お茶とスウィーツを勧め、パレスチナの民族音楽のＬＰレコードをプレゼントしてくれて、アハラムヤサハラム（ようこそ）を連発していた。アラファト議長はＰＬＯの非難声明はＰＬＯのポリシーに合わない作戦だからであって、「日本赤軍」を非難しているわけではないと穏やかに弁明した。そして、リッダ闘争の闘いにくり返し感謝を述べると、リビアにもＰＬＯを通して話をするから大丈夫だと請け合った。

アラファト議長は度量もあり約束してくれるが、本当だろうかと私たちは当時ＰＦＬＰの側から批判的にアラファト議長を見ているところがあった。

ハバシュ議長との会見は、予定外の事態で、ドバイ闘争の非難釈明要求どころではなくなってしまった。彼がイスラエルに拉致されたというニュースが飛び込んで来たためであった。

確か私たちが山荘で対策会議を行い、走りだして数日ぐらいたった、8月10日頃のことである。午後だったように思う。いつものように1階に陣取っていたコマンドがアラビア語のイスラエル放送を聞いていて、2階に駆け上がってきた。「大変だ。ハバシュがイスラエルに拉致された！」と言う。すぐに真相を確かめるために、現場を離れるがいいか？　と言う。構わない。ちょうど人が出払っていて、何人もいなかった。私はもしもの事態に備えて、彼らの小銃も受け取ると、自衛態勢をとるから大丈夫だと答えた。それでも応対のパレスチナ人を一人残すと、皆車に乗って、大急ぎでベイルートの街に下りていった。

ＰＦＬＰの保安局の人は盗聴されるので、基本的に電話を使わない。あらゆることをレポの人力で補い合う。

ハバシュのニュースに何十人ものパレスチナ人が真相を知りたいと、アル・ハダフに押し寄せた。

いつもはPFLPの人たちが駐車場に使っている隣の300坪ほどの空地側から2階のベランダが見える。この2階全体がアル・ハダフ事務所だが、ビルの入口は反対側にある。いつもビル入口付近と空地の駐車場には、10人以上の保安隊が小銃とピストルで武装してビルを守っている。不審な動きがあると車を止めて尋問もする。

今日は、空地全体が人だかりとなって、人が溢れ出している。ハバシュの安否を案じていたらしい。アル・ハダフの仲間たちがベランダに出て、「大丈夫！　イスラエルは我がハキーム（先生の意。ハバシュを皆そう呼んでいた）の拉致に失敗した！」と大声で怒鳴ると、「ブラボー！」と、人々は喜んで、銃を空に向けて祝砲をあげる者までいたという。

ハバシュは無事だった。6月のイラクのクーデター未遂事件の後に、関係修復も兼ねて、ハバシュ議長がバグダッドに行くことになっていた。多分この情報がどこかで漏れたのだろう。MEA（レバノンの航空会社）を予約して、バグダッドに代表団を組んで行くことになっていた。MEAの飛行機がベイルート空港を出て、地中海上からイスラエルを避けて北上し、高度を上げてイラクに向かう航路を通るのだが、まだ上昇中にイスラエルの戦闘機にインターセプトされた。両側を挟まれて、テルアビブ空港への着陸を強制された。ハバシュらPFLPの一行を拘束するためである。

しかし、イスラエルは裏切られてしまった。ハバシュはキャンセルもせずに、その便に乗らなかったのだ。そんなわけで、ハバシュ議長は命拾いした。当時中東では、キャンセルをきちんと伝えずに乗らなくても、日本みたいに何割かチャージされることもない。切符はその次にまた使うことができる。通常のことだった。

ＰＦＬＰのインテリジェンス戦争の成果だと語られたが、幸運も重なった。こうしたイスラエルの攻撃には、ＰＦＬＰ側はいつも警戒していた。ちょうど当日、ベイルート――バグダッド間には、ＭＥＡのみならずイラク航空の便があった。

イラクへの臨時便だったと記憶している。ＰＦＬＰのセキュリティは常に、私にもＭＥＡよりもイラクやシリアの航空機に乗るようにと忠告していた。ＭＥＡは外人のパイロットも雇われていて、危機管理の際には乗客安全第一で、ハイジャックなどの際にイスラエルの要求どおりに行動する。しかし、イラクやシリアの航空機はそんなことをしない。飛行機が落ちても徹底的にイスラエルには不服従だ。イスラエルと交戦中なのだ。イラクやシリアのパイロットは軍人出身の者たちで、イスラエル戦を闘ってきた者たちだ。何かあったら、イスラエルの強制着陸には危険でも決して応じない。だから、私たちのような人間にはその方が安全だとよく言われていた。

そのとおりだった。実際数ヵ月前シナイ半島上空を飛行中のリビア機がイスラエルに撃ち落とされた。73年2月のことである。イスラエルの核秘密基地上空の航路を飛んだからではないか、と当時マスコミは騒いだが、リビアの乗客全員が殺された（この事件は後に国連の介入で、イスラエルは乗客に賠償金を支払った）。

イスラエルは放送までして勝ち誇ったのに空振りした。そんな騒ぎのおかげで、ハバシュ議長のバグダッドからの帰りも遅れるらしい。それに、イラクのクーデター未遂後に、在イラクのＰＦＬＰの人々の撤退や事務所閉鎖に対する関係修復が急がれていた。こうして、結局、ハバシュ議長との会見は当面不可能となった。

足立さんは、「日本の新聞にはあのドバイ闘争は意図不明とか、『日本赤軍』の暴走とか、『日本赤軍』はアラブで嫌われ者らしいとか、孤立しているといった悪意の記事が出ている。日本から見た時、PFLPの作戦だったことを明らかにしたほうがストンと落ちるのだが……」と言っていた。が、とにかく今は中東の政治的現状に合わせて、政治性を表現するということになった。

そして、フジTVの「3時のあなた」の収録を行い、私が山口淑子さんのインタビューに応じた。その中で、このドバイ闘争は、リッダ闘争で日本政府がイスラエルに支払った見舞金を取り戻す政治的な闘いであり、また日本の獄から政治犯を釈放する闘いであったと、作戦意図を説明した。そしてまた、作戦の始まったその時に、要求書を郵送ではなく、日航の本社の受付に置いてきたと証言した。しかし、当局側が無視したために、作戦が失敗したと主張した。その結果、リビアでジャンボジェット機の爆破を行わざるを得なかったことなどを、インタビューで答えた。これはアウトサイドワークが日本に派遣し戻ってきた人物の話として、国際関係局に明かした内容であった。

TVの収録を終えると足立さんはパリに飛んだ。できて間もない「リベラシオン」の友人たちの協力で、8月13日、パリで英語・フランス語の政治声明を発表した。そしてフジTVの記者会見で私が語ったと同様のことを語った。フジTVよりも早くこのパリの会見のほうが公表されて記事になった。こうして政治的な立場を表明する活動を一通りやり終えて、足立さんはベイルートに戻ってきた。

一方、リビア行きは、私たち日本人ボランティアがリビア大使館と交渉をつづけた。パリ用の政治声明や「日本赤軍」としての文書も渡した。

「リッダ闘争を称えて、革命記念日に招待してくれたことに感謝している。そのリビアが『日本赤軍』とSOLO（被占領地の息子たち）の闘いの非妥協な終結であった日航ジャンボ機のベンガジでの爆破に対して、連帯すると信じていた。ところがベンガジ空港で飛行機と飛行場を破壊した蛮行として、裁判にかけるという。これは純粋に政治的な反帝・反イスラエル闘争であり、リビアに敵対するものではない」などと、私たちの立場を表明した。

そして、仲間が9月1日のリビア革命記念日に参上して、和解と共にドバイ闘争戦士たちの釈放を求めたいと要求した。リビア大使館を通した交渉は「日本赤軍」というので歓迎され、本国にすぐ伝達するので待ってほしいという。

7　アラブ赤軍独立の萌芽

さらに私たちは山荘に集まって討議した。それぞれが分担した役割を担ってきた。これまではPFLPの指揮の下、軍事的、非軍事的分野を問わず活動してきたが、このドバイ闘争で私たちは大きく転換を余儀なくされた。

作戦共同したのに、PFLPが事後責任を取れないなら、指揮下で共同している意味がない。ニザール丸岡が2ヵ月前に「アウトサイドワークとの共同をもう棚上げにしたい……」と言っていたことの深い意味がわかった。とにかく、もうアウトサイドワークとこれまでのようにはやっていられない。

またPFLPの中で、彼らの部署の都合で動き、日本人同士の会議や連絡もうまくいっていない。在欧の仲間もちょうどベイルートに来ていた。彼らの意見も加えて私たち自身がまず自立した活動をはじめようと決めた。

まず、ベイルートに日本人同士の連絡センターを作ろう。この連絡センターに行けば、かならず日本人同士の情報や連絡が取れるようになる場が必要だ。ヨーロッパや日本からの連絡一つ、PFLPを介していると時差ができ、こちらの必要な条件にうまく合わない。そのこと一つ財政的にも準備しなければならない。お金をなんとかして日本人同士のための場を確保し、またリビア救援の財源も確保しよう。

そして、リビアにいる戦士たちから、アブ・ハニたちとのドバイ闘争の共闘上の教訓総括を確認しよう。そのうえで私たちの方向を決めよう。もうアラブ赤軍自身が自分たちの組織と指揮権をもって独自に闘う体制に再編すべきだ。私はそのように主張した。ニザールの語っていた意志を私たちが受けて立たなければならないと思った。自前の組織を作ることだ。

これまでは何人かにそう言われても、誰かやれる人がいるのか？　お金もないし経験もないと、PFLPの指揮下での闘いに身をおいていた。いつか人数が増えたら、いつか国内に合流可能な組織ができたら……と考えてきたが、PFLP依存状態を脱しなければいけないと痛感した。日本から、在欧から、在アラブの日本人ボランティア同士で、山荘でそんなことを話し合った。

8　庄司弁護士の来訪

話し合いを終えて、山荘から足立さんはベイルートに戻った。庄司宏弁護士を迎えるためだ。メイの国籍問題他の用件で来訪してくださったのだが、それらは後回しにして、庄司先生にもリビアの革命記念日行きに同行していただけないか話してみようということになった。

ドルーズ地区の山岳地帯のオリーブの林にアラブ式絨毯を敷いて庄司先生と初対面の会合を持つことになった。ガラスのアラブ式の水入れと素焼きの水がめ、カバブ料理にタッブーレ（レバノンサラダ）、レタス、キュウリ、トマトといった大量に洗った野菜、フストハラビ（ピスタチオ）などを準備して先生を迎えた。

ヨルダンのジェラシの戦場、ゴラン高原、レバノン南部戦場、いつでもこのように木陰で、宴の用意をしては昼食を楽しむ。もし近くに川が流れていたら最高。こういう川沿いの本物のオープンレストランも安っぽいネオンを飾って、点在している。こうしたレストランを見つけると、コマンドたちは、「カジノ」と呼んでいる。

足立さんと共に少し上り坂を登ってきたエネルギッシュな庄司弁護士に、私はその時はじめて会った。「リッダ闘争の時は、わざわざイスラエルまで行ってくださって、ありがとうございます」。まずお礼から話がはじまった。

リビア行きをお願いすると、「リビア側が受け入れれば行きましょう」と、即座に答えてくれた。「何ごともはじめて行く人は犠牲になる覚悟で行きます。犠牲になればなったでよろしいし、うまくいったらもっと嬉しい。そういう心構えでやってみよう」とゆったりと語り、胆力のある稀有な日本人だなと思った。そして、先生自身の来歴も語ってくださった。

みなしごの兄弟だったが、良い人々に恵まれて生きてきたという子供時代のこと、少年時代に世話になっていた瀬戸物屋が関東大震災で無一文になったこと。

ロシア革命に驚き、日本にも革命が起きた時、困らないようにロシア憲法を学ぼうと、外大ロシア語科に入ったこと。そして、外務省に入り、ロシア語を活かして、北方領土がはじめての任務地区であったこと。太平洋戦争で、日本が敗れた時、敗戦処理の参事官としてモスクワの日本大使館にいたという。ソビエト国民が貧しい中助け合い、革命に誇りを持って、日々街を再建していく姿が実にうらやましく、美しかったと語っていた。

帰国後、日本の国会では、吉田政権に対して論戦があると、向こうは外務省の上司が吉田に付き、こちらでは鈴木茂三郎の質問の時には、庄司弁護士も机の下に隠れて、メモを渡し論戦し合ったこともあったと言っていた。結局、ポツダム宣言や講和をめぐる外務省同士の論戦である。

そんな時、1954年、ラストボロフ事件が起きた。ソ連大使館のラストボロフが米国に亡命し、日本の協力者の名を明らかにした。その中には外務省の何人かが含まれていて、庄司さんもその一人だった。上司の一人は取調べ中ビルから飛び降り自殺するという悲惨なことも起こった。庄司さんは無罪を主張し、ついに最後には無罪となった。

庄司さんのお兄さんは総評系の有名な弁護士だったらしい。拘束・裁判中に庄司さんは勉強して、弁護士になることに決めたという。これからは、法律を勉強して弱い者を助けようと司法試験に合格し、外務省を辞めて弁護士になったという。庄司先生は厳しい人生を歩んできた中で自信を作り出していったのがわかった。

信頼でき、尊敬の念で率直にいろいろ話をすることができた。オリーブのまだ小さい青い実がきらきらと光る木陰の下で、思いきり話し合った。そして、この時以降、庄司弁護士は私たちをどんな時も支えてくださる力強い師となった。

庄司先生とリビア大使館に交渉に行ったり、難民キャンプのPFLPの事務所で再会したりして対策を立てているうちに思わぬ事件が起こった。足立さんの拘束と日本への強制送還である。日本政府がレバノン政府に送還を要請したのだった。

情報は一番に庄司先生から届いた。先生が当日の私たちとの会議のためにシャティーラキャンプのPFLP事務所に行くべく足立さんのホテルに寄った時だった。当時のベイルートのいわば銀座のような繁華街の一角にあるニューハムラホテルに足立さんは泊まっていた。その向かいの少し格上のプラザホテルに庄司先生は宿を取っていた。プラザホテルから足立さんを訪ねてニューハムラホテルの狭い入口に来ると、マネージャーやロビーにたむろしていたホテルの人が駆け寄ってきて、「無事でしたか⁉」と庄司先生に言いながら、先ほどあったことを教えてくれた。

レバノン治安部隊が「足立はどこだ」と、ジープでホテルに押しかけてきたらしい。ちょうどホテルに戻って来た足立さんを即座に逮捕して、身の回りの押収したもの共々ジープに乗せて連れ去ったという。マネージャーは、その時、足立さんの荷物として預かっていたものを巧みに隠して保管しており、誰か来たら渡そうと思っていた。そして、すでに何度も訪れて顔見知りになっている庄司弁護士に託したという。

そんなホテルの人のシンパシーに驚いている庄司先生に、「このホテルはリッダ闘争で闘った日本人のオクダイラ夫妻が2年前に泊まっていたホテルだ」と言い、「その紹介で足立もここに泊まるようになったのだから、守るのは当たり前なのだ。彼らはアラブのために闘っている人たちだから」と、誇らしげに語ったという。

庄司先生は大変感動されて、その話を今起こった事件と共に私たちに伝えてくれた。マネージャーは若い時のナセル大統領のように大柄な大男でしたか、と私が尋ねると、そうだという。あそこには、そのエジプト人マネージャーとパレスチナ人のスタッフがいた。私たちがベイルートに着いてすぐ、ホテルの一角にあるファーニッシュドアパートに1ヵ月近く泊まったのだった。PLOオフィスの場所を教えてくれたのもそのマネージャーだ。そんな人たちが知らないところで助けてくれた。

私たちはどうすべきか検討した。PFLPはレバノン当局の動きに対し、危険なのでもう庄司先生と私が接触するのも止めるべきだと言う。先生も自分がターゲットになって、みんなに迷惑をかけるのも困ると、即座の帰国を主張していた。リビア大使館との政治交渉もすでに軌道に乗りだしていた。必要な件があれば、日本に戻ってリビア大使館とも交渉できるので、今回はいったん庄司先生は帰国されることになった。すでに何度も話ができた。今後またお世話になると思うと感謝を述べて先生と別れた。

9　10月戦争（第4次中東戦争）とリビア訪問

第4次中東戦争は、10月6日に、エジプト、シリアの主導によって戦端が開かれた。ソ連の最新秘密兵器の携帯対空ミサイルSAM7のおかげで、当初はイスラエルに67年以来占領されていたシナイ半島やゴラン高原の奪回へと向かった。

しかし、アメリカによるイスラエルへの軍事兵站情報支援とアラブ側への電波妨害で、アラブ側は制空権を奪われると、1週間程度で形勢が逆転した。スエズ運河からシナイ半島へと渡河した部隊は、イスラエルの反侵攻渡河作戦で取り残された。またゴラン高原のパレスチナ領北方に近い被占領地シリアのヘルモン山では、白兵戦の奪回戦闘が激しく闘われた。しかし空軍の援助を受けたイスラエルに有利な戦局となっていった。

その後、イスラエル軍はゴラン高原からクネイトラを経てダマスカスへと向かうと豪語した。

こうしたアラブ側の闘いに呼応し、10月17日、アラブ石油輸出国機構（ＯＡＰＥＣ）の10ヵ国が石油戦略の発動を決めた。国際社会はイスラエルに対して、パレスチナ占領地域からの撤退を求めるべきだ、それが実行されるまで、イスラエル寄りの国への石油生産を毎月５％削減すると、石油供給制限を発表した。

そうした圧力もあって、10月22日、国連は米ソ共同停戦案の国連安保理決議３３８号を採択した。そして、10月25日に休戦が発効した。エジプト大統領サダトはすぐ応じてしまった。しかし、イスラエルは従わなかった。シリア、レバノン南部へのイスラエルの空爆もつづいた。日本はこれまでのアメリカ一辺倒外交から、初めて「イスラエルの全占領地からの撤退を求める」と、11月に二階堂官房長官談話を発表した。「石油外交」とはいえ、初めてのアメリカ追随の外交政策から独自の立場をとったという意味で画期的であった。

一方、リビア、イラク、パレスチナは引きつづき戦争の続行を求めた。「国連安保理決議３３８号」は戦闘停止を求め休戦したうえで、かつて67年に国連安保理で決議された２４２号を実行すべしという内容にすぎないからだった。国連安保理２４２号は、イスラエルの存在を認める内容の一方で、パレスチナ人は「難民」としてしか扱われていない。47年のパレスチナ分割決議より後退したものだった。これではアラブ側は認められない内容であった。

私が友人との会議を待ってバグダッドにいた時、勇ましい音楽に乗って10月戦争の開戦が告げられた。バグダッドの街では戦争勝利を鼓舞したデモも始まった。そんなところに、若松監督とシナリオライターの佐々木守さんがベイルートにすでに到着して待っているという連絡が入った。日本に送還された足立さんが、日本人の自前の組織作りとドバイ戦士の救援のために必要な資金作りを若松監督に相談し、佐々木さんが私の本を書いてくれることになり、ベイルートに来てくれたのだった。ＰＦＬＰの許可を得て、私は３人のＰＦＬＰの仲間に同行してもらい、正規のアラブ旅券で陸路７００キロの砂漠を越えて、ダマスカスに向かった。まだ明けはじめのバグダッドを発って、軍事車両と抜きつ抜かれつ、遅い午後にダマスカスに着いた。

すでにダマスカスは空爆で、ソ連大使館とインド大使館も炎上して煙が出ている。乗り継いで、ダマスカスから戦場の中をさらに駆け抜けて、ベイルートに向かうことにした。いつもは2時間かからないダマスカス―ベイルート間に倍くらいの時間がかかった。国境地帯にはシリア軍がひしめき、ゴラン高原奪回の前進部隊が反撃を受けて押し戻されているという。国境からダマスカス街道と呼ばれるレバノン山脈を越える山岳地帯の道には、レバノン軍よりもＰＬＯ指揮下のパレスチナ解放軍（ＰＬＡ）やパレスチナの各組織の民兵があちこちに部隊を作って戦闘態勢を整えている。その合間をゆっくり走って、夜ベイルートに着いた。

ベイルートに着くと若松さんと佐々木さんにすぐ会った。

私のほうは、ＰＦＬＰからの情報がバグダッドに入ってすぐベイルートに来たのだが、彼らは何日も待たされていたらしい。それで自分たちでイラクに行こうとしていたら、ビザを拒否されて……という時に私が着いたのだという。

若松さん一行は到着したところで戦争がはじまり、こうした戦争下で出版用のインタビューのやり取りの後帰国した。また他の友人たちもベイルートから上映運動の条件作りのためにパリへ、またアジア交流へと移動した。そして軍事志願者たちはバグダッドの軍事訓練の基地に向かった。私はリビアに向かった。

リビアでは、前に仲間が訪問してすでに話が行われていたこともあり、安心して当時のリビア政府の準備してくれたホテルへとまず入った。彼らはちょうどカダフィ大佐が欧州出張で不在の時に来たと言い、革命評議会の人が出てきた。会ったその人はトップに次ぐ地位にいた人々の一人であった。その革命評議会の人は質素で感じがよかった。外務省では、イギリス風を気取る革命前の官僚がまだ幅を利かせていた。しかし、リーダーたちは理想に燃えていて、リビアの革命とアフリカ、そして世界の革命について、また反植民地闘争の歴史的必然を語った。

リビア側が当初ドバイ闘争の実行部隊を「イスラーム法で裁く」と表明していたことを私とアラブ赤軍の仲間は指摘し、「闘う者を拘束するとは何事でしょうか⁉ 戦士たちの手を切るなら、私の手を代わりに切ってください」と啖呵を切って強気だった。

私たちがそんなふうにドバイ闘争の戦士たちの釈放を求めると、「彼は釈放する」と言う。話の主語は、HE（彼）であって、THEY（彼ら）ではない。つまり「日本赤軍」の日本人は釈放するが、他はまだだということなのだった。

日本人C、つまりニザール丸岡に面会して、そのことを伝えると、「自分だけ釈放されるのは望まない。自分は一つの部隊、ユニットとして闘ってきた。ユニットとして全員でここから釈放されるまではがんばるから」と言う。いつもの自己犠牲をいとわない彼らしい姿だ。

いろいろのことを語り合い、ことに作戦の戦術のまずさをニザールは説明していた。「アブ・

ハニや側近たちは経験主義だ。かつてうまくいったことを対象や条件の違う作戦でも予測検証を怠って失敗した。敵は経験から学んでいる。今後、経験したことを新しい条件に位置付け直して闘わない限り、戦術的に行き詰まりとなる」と言う。

このドバイ闘争の敗北は立案上のミスだとニザールは判断していた。兵士に判断させず、走らせるようなやり方はもう通用しない。また、部下よりも金の確保の確実性に目を奪われている戦術だ。失敗しても罰されることのないアデンを金の受け取り地とした。そして、また、条件も確かめずに、リビアに部隊の着陸を指示した。実際「成功したら」という想定でしかない。私たちは「常に最悪事態にも通用する戦術を立てる」ことの重要性をこの時に学んだ。それは政治的動向を含めて失敗をシミュレーションし、それに堪え得る戦術を考えることでもある。リビアで、ジャンボ機を爆破したら滑走路も破壊することになる。それに、リビアは今PFLPと対立しているというし、エジプトへのデモの出発地点は飛行機を爆破したベンガジの街でもあった。そのため妨害に来たとリビア当局は怒った。「お前らはだれだ⁉」と。ニザールは淡々と厳しい尋問について語った。

それに対して、アウトサイドワークの指示はお粗末だった。ユニットの仲間はたまたまパリで知り合い、作戦をしようと意気投合して、作戦に及んだというように答えよと指示されていた。これがさらに災いした。拷問もあった。そのため一番初めにパレスチナ人のリーダーBがPFLPの部隊だと述べて、事態を政治的に収拾しようとした。これはアラブのポリシーだと後で知った。PFLPは拷問に屈して供述した人を責めない。日本人にはそれは受け入れにくい。革命家である以上、がんばってしまう。ニザールは、水責めの拷問にはじまり6時間以上の電気拷問にも屈しなかったので、「日本人は強いハートを持っている」と、リビア当局側は感心してしまい、それで取り調べは唐突に終わってしまった。結局パレスチナ人リーダーBが翌日ニザールを説得に来た。「皆のために正直にしゃべってくれ。今回の作戦は我々のやり方に問題があった。アブ・ハニの誤りである。私はリーダーとしてあなたに『供述せよ』と指示する。そこで、事情聴取は終了となるから」と。

リビア着陸直後は、かなりこうした厳しいやり取りだったらしい。私たちがベイルートの大使館を通した交渉が役に立っていた。PLOの情報からも、ドバイ闘争の部隊がリビアに敵対するためにベンガジでジャンボ機を爆破しに来たのではなかったとわかって、待遇はころりと変わった。そして、今、日本人だけは釈放されるという。しかし、ニザールはそれを拒否し、仲間のためにがんばるという。ニザールの志を尊重し、とにかく全員の釈放を求めることを約束した。革命評議会指導部の人は今回全員釈放の結論は出せないという。5月に来てくれ。5月にはカダフィ大佐もいて、解決されるはずだからという。とにかく次の訪問時の解決を求めて、リビアを発つことにした。PFLPとの対立があるから仕方ない。

そして、また、ニザールはドバイ作戦部隊を担ったパレスチナ兵士たちから、ハバシュ議長に直訴して現状を伝えてほしいと、私に伝えるようにと託されていた。ユニットの戦士として参加し妻を失ったラテン・アメリカ人のAは、アウトサイドワークに批判的になってしまった。アウトサイドワークではなく、PFLPの政治責任のもとで、アラブ赤軍、そして彼ら三者の救援対策会議を持ってほしいと要求しているという。彼らの組織とPFLPやアウトサイドワークとの間の合意事項を守るべきだと、ニザールを通して伝えてくれと伝言していた。パレスチナ人、ラテン・アメリカ人らの意向を聞いて、私たちはますます彼らの釈放と同時に、アラブ赤軍としての独立したうえでの共闘関係の確立を準備しなければと考えながら、リビアを後にした。

10　ハバシュ議長との会議（73年12月）

リビアから戻ると、ハバシュ議長との会議を要請した。ＰＦＬＰ側からハバシュ議長と国際関係局の同志、こちらからはバグダッドに来て討議していた在アラブの仲間と在欧の仲間が参加した。

まずドバイ闘争の件で、私たちのリビアに行った時の報告からはじまった。当初、リビア側はベンガジでジャンボ機と滑走路を破壊し、リビアに敵対するためのサボタージュに来たと考えていたこと。その誤解はすでに解けており、「日本人だけは釈放する」と言われたが、日本人ニザール丸岡が、自分一人ではなく、ＰＦＬＰのユニットとしての帰還を望んでいることを報告した。また、リビアとＰＦＬＰとの関係においては、おたがいに今は対立していても、歴史的にはナセリストとして共同もしてきたし、ちょうど第４次中東戦争以降の反サダト政権の動きの共通性から、リビアとＰＦＬＰの関係改善は可能であること、およばずながらそうなるよう私たちも協力する旨を伝えた。

ハバシュ議長はこの時はじめて、なぜドバイ作戦の責任を否定し、批判したのかという点について述べた。ＰＦＬＰでは、すでに70年の中央委員会と72年３月の党大会において、ハイジャック作戦の戦術はその役割を終えたと、禁止を決定してきた。にもかかわらず行われたので、「我々の作戦ではない」と表明し批判したと述べた。ハバシュ議長は、しかしＰＦＬＰはドバイ戦士の釈放には責任を負っているし、ＰＬＯを通して釈放交渉はつづけるが、私たち日本人の側も交渉をつづけてほしいと言われた。

またドバイ戦士たちの要求を伝えた。アウトサイドワークに任せず、ＰＦＬＰの責任の下で、あの作戦を担ったラテン・アメリカの組織を交えて釈放に関しての話し合いをリビアと持ってほしい。ことに、その戦士のうちの一人は戦死しており、彼らの組織の代表を交えて話し合い、責任を持って対応してほしい、という戦士たちのハバシュ議長への伝言も伝えた。

ハバシュ議長との会議においてリビア報告と対策の他に大事な点は、日本人ボランティアの今後についての私たち自身の考えを提起したことであった。ＰＦＬＰのボランティアとしてＰＦＬＰの指揮下で依存してきたが、今後はパレスチナ連帯のためにもまた日本の変革のためにも、組織として再出発すべきだと日本人同士で考えていると伝えた。

ハバシュ議長は、それは大賛成だと表明し、むしろ組織としてきちんとやったほうが良い、ＰＦＬＰとしても自立して活動する条件作りを応援すると述べてくれた。ＰＦＬＰ自身も、アウトサイドワークの独断などで、保安局からアブ・ハニらへの批判が提起されていた頃だった。

私たちは、アウトサイドワークとの間の矛盾、自分たちが自分たちに責任を持てないというジレンマを克服する必要があった。また、非軍事的部署でも、在欧の日本人仲間たちや新しく日本から参加してくる人々も増えて、おたがいにどういう関係にするのか整理する必要があった。これまで組織として、上下関係を決めたり、決まりがあったわけではなく、自然成長的な団結だった。その分、矛盾もあった。古くからいた私がまとめたり、人間関係を維持したり、いわばリーダーシップを執る形になっていたが、本人は世話役気分で、それも自然成長的なものにすぎなかった。そんな日本人同士の交通整理も必要だった。また、PFLP内のボランティア外国人、ことにヨーロッパからのボランティア同士の政治討議で、PFLPへの突き上げや論争などもある。PFLP批判に、私たちとしてはどういう立場を取るのか。個々というよりもアラブ赤軍として政策的にも問われたりしていた。

こうしたいろいろな意味で、小さいグループながら、自己決定権を持って独立した組織としてPFLPに対応しないとやれなくなってきた。個人ボランティアではどうしてもPFLP組織への服従を求められていて、政治的にも共闘や対等になり得ずにいたためであった。PFLPとの政治的協議の場としても、組織間の共闘として対応し直していこうとした。

もちろん今から思えば、私たちの考えや要求はボランティアとして、パレスチナの人民に奉仕する活動の枠を越えた要請が多かっただろう。PFLPから見たら(アウトサイドワークから見ても)アラブ赤軍の行動は組織介入であり、自分たちの都合で批判しているという側面があったと思う。しかし、やむにやまれぬ思いであった。でも、PFLPもなんと寛容に対応してくれたことだろうかと、今では思い返している。

この会議でハバシュ議長と国際関係局責任者の合意を得て、私たちは独自の組織作りへ向けた第一歩を踏み出すことになった。PFLPの合意の下に、組織作りに向けた活動を進めることになった。そのために、アウトサイドワークにもそれに沿った活動条件を整えるよう、ハバシュからアブ・ハニに伝えると約束してくれた。つまり、たとえば、ドバイ闘争以降、すでにそうしていたのだが、アウトサイドワークに属していても、日本人同士が制約なしに会えるようになる、ということが私たちには大切なことだった。それに、日本人の独自のベイルートのアパートの確保。こうして、ＰＦＬＰを介さずに、日本人同士交流する条件を作りはじめた。

こうしたリッダ闘争後初期の苦難や混乱の中、率先垂範で闘いを切り開いてきたのは、ニザール丸岡であった。ドバイ闘争に至る前に、ニザール丸岡が危惧していたことが現実として明白になった以上、この新しい道を歩みはじめなければ……と、ボランティア日本人は、新しい独立した組織作りをめざして、手探りの中出発した。

１９７３年12月のハバシュ議長との会議の後、74年からその闘いははじまった。こうして、私たちはリッダ闘争戦士たちと描いた国際主義にもとづく革命と連帯をめざし、日本に向かっては「アラブ赤軍」と自称し、国際的には「日本赤軍」と認知されていた私たちは、１９７４年11月から12月の討論を経て、ＰＦＬＰから独立した自前の組織、日本赤軍として再出発していくことになる。

6章　ユセフ檜森のこと

1　エイプリル・フールの日に

２００2年、その日はエイプリル・フールの4月1日だった。午前中、大谷弁護士から面会の知らせを受けて、なんだか胸が騒ぎ、全身が粟立った。弁護士が突然訪れて来て良い話がこれまでなかったという経験のせいかもしれない。

葉桜の中にまだ相当の花を残した桜の老木を見やりながら面会室へと急いだ。

面会室のドアを開けた出合い頭に、「あなたにとって良いニュースではないんだけれど……」と大谷弁護士は前置きを述べると、檜森さんが「パレスチナの土地の日」の3月30日、日比谷公園の「かもめの噴水」の脇で焼身自殺を遂げたと一気に告げた（檜森さんとは、１９７1年に中東を訪れ、ＰＦＬＰボランティア戦士として「リッダ作戦」に参加した日本人３人と行動を共にしていた人で、パレスチナ連帯をその後も続けていた人だ）。

私はただ呆然と聞き、涙を流す余裕すらなかった。〝焼身自殺〟〝パレスチナの土地の日〟という言葉が耳に残り、「ああ、彼はやってしまった……」という思いにとらわれた。

これは、絶望の〝自殺〟ではなく、パレスチナに連帯し、イスラエルに抗議し、そして殉教者の列に自らを整列させるために、彼はやってしまった……と思った。彼がもっとも愛し、志を分かちがたく結んだ仲間たち、パレスチナ解放の一環として30年前「リッダ空港襲撃作戦」で自決した戦士たちの列に自ら加わることを。きっといつも望んでいた彼にとって、それは必然の行為だったのかもしれない。

30年前の1972年5月30日、アラブ―イスラエル戦争の中にボランティアの義勇軍兵士としてリッダ空港襲撃作戦に参加した人たちと行動していた彼。アラブ名でユセフと呼ばれていた檜森孝雄。「リッダ作戦」の30年前の戦争の中に今も身を置きながら、その殉教者の列に加わるには、他者を殺す以外の方法、自己を殺すことによってしかないと思い定めて逝ったのだろうか。

檜森さんが死を決した3月30日は、パレスチナでは「土地の日」と呼ばれている。48年の第1次中東戦争によってイスラエルに占領されたガリラヤ地方のパレスチナ人50万人が、76年、一方的に定められた土地収用法によるイスラエルの土地の強奪に抵抗してゼネストに立ち上がった。この土地を守り、抵抗し、殺されながら闘った3月30日を記念して、「土地の日」と名付けられた。パレスチナ抵抗運動のシンボルの日である。

2002年の「土地の日」は、前日からのイスラエル・シャロン政権による自治政府議長府施設、アラファト執務室に至る銃撃と破壊によって、パレスチナは瀕死の状況に追い込まれていた。

シャロンは、首相になる前から和平そのものに反対し、オスロ合意もパレスチナ自治政府もつぶすつもりでいた。2001年首相になると、国家政策によって、8月27日、PFLPのアブ・アリ・ムスタファ議長を自治区西岸のラマッラでミサイル攻撃で暗殺した。さらにシャロンは、9月11日のアメリカ中枢に対する同時多発攻撃を利用し、パレスチナ自治政府を「テロ支援団体」と規定した。またシャロンは9月28日、イスラーム聖地へ武装兵力を率いて侵入し、パレスチナ人の抗議行動を誘い、その抗議行動を根拠にして、12月からパレスチナ自治区と政府そのものの武力による破壊に乗りだしていった（このインティファーダ〔民衆蜂起〕は以降2年に及ぶことになる）。

そして、02年3月29日には、議長府への攻撃へとエスカレートした。アラファト議長は、3月30日の土地の日、「エルサレムに、パレスチナの旗を掲げるまで闘う」と自らが殉教者として闘うことを宣言した。

この蹂躙されるパレスチナのニュースをちょうど受けて立つように、ユセフ檜森は自決した。被占領地パレスチナの惨状とちがって、彼が自らに火を放った場所は日本。満開の桜が散りはじめた日比谷公園の、もっとも美しい桜吹雪の時節に、彼は自決し、花見の人がそののどかな花の中で燃える人間の炎を発見して通報したという。

その場所は、彼が前年（2001年）9月、仲間たちと共に、やはりパレスチナでイスラエルの虐殺行為やPFLP議長の暗殺に抗議してハンガーストライキを行った場所だったという。檜森さんは、桜吹雪に乗って、30年前に殉教した同志たちのいる彼岸に旅立った。

自らの命に火を放った時、桜吹雪は彼をきっとあのローマ遺跡の町バールベックに連れて行ったのだろう。アラブの地で、桃と杏の樹の下で誓い合った30年前の志と時空を超えて一体化していたのだろうか。

1971年、「姓名を異にするといえども、兄弟の契りを結び、心を一つにして力を合わせ、困苦にある者を救い、同年同月に生まれること叶わざるも、願わくば同年同月に死せん」。まだ夏の残るアラブの10月、台地に熟れ残った桃のなる樹の下で、地酒を酌み交わしながら、オリード山田（山田修さん）も一緒に桃園の誓いを交わしたという。その志を持って、翌72年、まだ早春にも早い同じ台地の樹の下で、水死したオリードに付き添う檜森さんの日本帰国のためのはなむけの宴を設けたと、30年前に「リッダ作戦」で戦死したバーシム奥平から聞いたことを思い出した。

多分、その時から、アラブで殉教者となった人々と一体化し、不可分に生きることを決めたのだろう。多分、あの時から、自分だけが幸せを過分に味わうべきではないと定め、衣・食・住において、また、愛情においても、自分なりの節度で生きてきたのではないだろうか。

ユセフも忘れないだろう。水死したオリードに別れを告げにピジョンロックの見える海辺に皆で行った時のこと。ラーメン好きだったというオリードのために、日本食料品店で奮発して買ったインスタントラーメンをバーシム奥平がほぐしながら、海に向かって投げていた日のこと。あの時もユセフは帰国しないと拒んでいた。オリードが死んだ時から、ユセフがオリードの遺体に付き添って日本に帰ると、もうそれは何度も話し合って決めたことなのに。ユセフはすでにパレスチナ（イスラエル）に調査に入っていたので、闘いの原型を推し量り、自分が決死部隊に入ることを主張していたのだろう。それは今よくわかる。オリードの水死の説明のためにも、また闘いの継承のためにもと帰国を指示されても、ユセフは納得しがたいようだった。

「必要なら、また来ればよいのだから」と、私もバーシムの意見を支持して帰国を主張した。でも、ユセフは、「また来られる」という希望は叶わないと思っていたのだろう。オリードへの付き添いと他の仲間をアラブに送る役割の仕事を負って、ユセフは帰国した。

そして、ニザール丸岡修が4月に来た。レバノンは花盛りの、いい季節の4月。ベカー高原も南部戦場まで花畑が連なって、黄、赤、紫の花が咲き乱れるそんな4月。

ユセフ檜森、あなたが帰国した後に、いくつもの出来事があった。

待ち合わせたバーシム奥平とサラーハ安田は、もう陽焼けした顔で現れた。小さな道端の店の低い椅子に座って、アラビックコーヒーを飲みながら、バーシムは「ユセフを呼び戻そうと思う」と言った。ユセフ、あなたが聞きたかった一言。「ニザールは若いのに、骨のある奴だ。彼なら帰ってユセフと交代してもいい。ニザールを決死作戦に誘ったら、〝自分は今、日本で闘うため帰国する条件で訓練に来ている。日本人民のために今命を捧げる覚悟はあっても、パレスチナのために今自分は命を捧げる準備はできていないし、そのような話として、檜森から聞いていない〞ときっぱり断られた。俺はニザールに詫びたよ」と、バーシムはニザールの素直さを高く買っていた。横からサラーハが「いやあ、ユセフの奴自分が交代したいから、帰国の条件まで確認してニザールを送り出したんじゃないかなあ……」。いつものサラーハの語り口に笑いがあった。

「退路を断った闘い」の思いを、もう私も知った後だったので、この時聞いてしまった。「決死作戦はどうしても3人なの？　一人ではだめなの？」。バーシムもサラーハも困った顔で大きく頷くので、私も黙ってしまった。

こうしてユセフが再びアラブに来ることになった。でも、ＰＦＬＰは、イスラエルが、ベイルートで水死した日本人たちが「イスラエル」に入国していた者たちであると知るのは時間の問題と、作戦を急いだのだろう。

また、よど号の赤軍派の仲間とコンタクトする役割と訓練で訪れたアハマッド岡本が作戦参加に同意したために、ユセフの交代は見送られたらしい。オリードへの付き添いで帰国する時、バーシムと一緒になってユセフの帰国を主張した私に、不満そうな見開いた目を向けていたのを思い出す。そんな昔話を檜森さんと話し合う時もなく、彼はやっぱり走り去るように逝った。

死の1ヵ月前の2月23日、私たち獄中にいる人々を支援する反弾圧集会がもたれた折、その集会でイニシアチブを発揮していたのは、60年安保世代のKさんらと、彼、檜森さんだったという。死を計画しながら、心を込めた集いを準備していたのだろうか。

そうか……晩秋に寒あやめを差し入れてくれたあの時から、私は交流がはじまったと思っていたけれど、彼はリッダ作戦30周年の日までに、自らの命を終わらせる準備を開始したのではなかったか。そして、送られてきた手紙に、3月に入って初めて返事を書いてしまったことが、彼の計画を完結させる役割の一端を担ったような苦い思いが私を襲った。

生き続けてほしかった。「桃園の誓い」を、その志をリスペクトするからこそ、生き続けてほしかった。それが「リッダ作戦」30年目の総括ではないのか⁉ たちのぼる思いがそう叫びたい言葉になって、私の胸に意識されたとたん、涙が溢れた。

彼の死のニュースは、さまざまにかけめぐった。はじめのニュース、新聞ではこんなふうな記事だった。

「花見客の近く、男性焼身自殺

30日午後6時半ごろ、千代田区の日比谷公園で、『人が燃えている』と、花見客から110番通報があった。男性が園内の噴水近くで全身にやけどをして倒れており、午後7時半過ぎに死亡した。ライターで火をつけ焼身自殺したと見ている。丸の内署の調べでは、男性のそばに神奈川県の大和市に住む男性（54）の運転免許証があった。この男性の可能性があると見て、身元確認をしている。駆けつけた機動隊員が消火器で消し止めた。（後略）」

と3月31日の朝刊の記事になった。

免許証によって、身元がわかるようにそばに置かれ、きちんと並べられたメモには、彼の字で次のように書かれていたという。

「まだ子どもが遊んでいる。もう潮風も少し冷たくなってきた。遠い昔、能代の浜で遊んだあの小さなやさしい波がここにもある。この海がハイファにもシドンにもつながっている。そしてピジョン・ロックにも。もうちょっとしたら、子どもたちはいなくなるだろう。　3月30日」

翌日になって、彼の遺書が友人たちに届いた。4月3日には再び新聞記事となり焼身自殺の男性が、〝夢を失った革命家——壮絶な死の選択〟であるとか、〝パレスチナ情勢に抗議の意思〟だったというような記事になった。

そして、3月30日付の自宅に残された遺書には、以下のように書かれていた。

パレスチナの方々へ
侵略国家はいらない。

シオニズム・シャロンによる侵略と虐殺、そして人種差別に対するパレスチナの人々の抵抗を無条件に支持します。

解放に取り組むパレスチナの人々は、私には近い友人のような気がします。日本は侵略戦争体制を急速に増強して、非常に危険な国家になっていますが、侵略戦争の責任を問い、日本解放を求める人々がアジアには少なからずいて、私も解放の一端に参加したいと希望してきました。

侵略を既成事実として、イスラエルを認める政治がまかり通っています。特に、パレスチナの人自身を抜きにして国家の和平が取りざたされる残酷な世界があからさまに現れ、言葉を失っています。高度に発達した科学の世界は古代よりも残酷な侵略と虐殺の時代をもたらしました。人間としてもっとも大事な痛みを互いに思いやり、分かち合う心が無残に踏みにじられています。

イスラエルを後押しするアメリカ、その盟友として振る舞う日本への抗議は日本でも小さいながら続いています。シャロンを後押しする側の解体を求めて、その抗議に一人の人間として私も参加します。

イスラエルの解体、すべての侵略国家の解体を！

シオニズムの解体、すべての奴隷制からの解体を！

解放の連帯！

パレスチナに続く海辺で
2002／3／30　土地の日に

ユセフ檜森

親しかった人々は「やっぱり」「今思い返せば予感があった」という思いと、「なぜ？」という相矛盾する思いを抱いた。4月2日の火葬には、大学時代、学生運動時代、国際連帯、救援活動など、その時々の彼を知る人々が200人以上駆けつけたという。そして、4月4日には郷里の能代で葬儀が営まれた。

その後、4月20日の追悼に参加した大谷弁護士が教えてくれた。印象に残ったのは、郷里での葬儀に参加した友人が東京の集いにも来ていて、「あいつは、郷里も捨て、天涯孤独のようなことを言っていたのに、故郷での葬儀には、親戚、友だち、子どもの頃からの友だちがたくさん集まってくれて、ああ、あれは、彼一流の照れだったと、初めて知らされた」と言っていたこと。また、お兄さんが、「彼は末っ子で、子どもの頃からやんちゃな奴で、母親にも随分心配かけたけれど、母親思いだった。東京で一人暮らしで、何をやっているのか、いつも母が心配していたけれど、その母が亡くなるのを見届けてから、彼は決意したことが救いだ」と言われたこと。

旧友の元日本赤軍の丸岡さんの家族からは、檜森さんは秋田に帰る時は必ず宮城刑務所の丸岡さんへの差し入れに立ち寄ってくれたこと。親族以外は丸岡さんに会えないので、檜森さんの差し入れも、本人に届いているかどうかさえ不確かなのに続けていた、などなど。そんな律儀さが次から次へと報告されたと、大谷弁護士は語っていた。

ベイルートで政治亡命下にある岡本公三さんもメッセージを寄せた。

「檜森さん、僕たちはもう一度会おうと約束しました。そして、バールベックにも、パレスチナにも、必ず一緒に行こうと約束しました。その檜森さんが抗議の自決をしたと皆が教えてくれました。僕は残念です。でも、それは檜森さんが選んだ道だから、僕はとやかく言いません。世界革命の戦士の一人だった檜森さんの冥福を僕は、ここから祈り続けます。魂はいつも一緒です。奥平さん、安田さんのお墓に参る時、いつもあなたのことを思います。ご冥福をお祈りします」

集いに寄せられたさまざまなメッセージ、〝若者たち！　檜森のように生きろ！　檜森のように死ぬな！〟。哀悼の詩の中に集まった人々の思いが述べられていた。

「一人の人の死に対して、たくさんの人間の悲しみのある世界を願っている」と語っている人がいた。悲しみのある世界、そこには、それぞれの生が大切にされ、涙が流されている。生を慈しむ願いから発する悲しみだから、悲しみは他者を思いやり、共生しようとする意思につながる。命果てたのではなく、命を絶ったとしても、その悲しみの量は大きくなることはあっても、小さくはならない。

2　ユセフ檜森の信条

人々の彼への哀悼のさまざまを獄中の時差の中で遅ればせに知りながら、気がついている。私は、まったく彼を知らないということを。兄さんの語った故郷の秋田での甘えん坊の彼も、酔っ払いの議論好きという〝彼奴〟も、のちに送られてきた初老の写真も、なんとなく彼ではなかった。

人には振り向けば、いくつかの人生の岐路がある。過去という静止した姿を振り返ると、選択、判断をそこで行った結果、次の人生が決まったような時を、自分自身ではっきり認めることができる。目的意識的に選んだつもりでも、阿弥陀くじのような選択の積み重ねだったと、のちにとらえ返すこともある。

私が彼に会ったのは、多分アラブに来るという選択において、彼が決然と人生の道を決した後の、そう遅くない時期だったと思う。彼は24歳。私とバーシムは26歳。当時の姿は茫洋としているのだが、輝く目のきらきらした彼を、はっきりと思い出すことができる。サラーハが兄のように、バーシムがリーダーとしていつも一緒のユセフ檜森の姿である。

30年を経て、私が逮捕されてから手紙で交流しはじめたのだが、私自身この30年の彼を知らないために、30年前のままの彼しかイメージできずにいた。また、語る手紙の彼は30年前の彼だった。まっすぐに目線を合わせて語るあの頃の彼だ。世間という相関関係の中で、相対化されて変化してしまうことを拒み、30年前の誓いに、30年、人生を重ねて生き続けたような彼の生。ベイルートで会った時の〝彼自身〟を持ち続けようとしていたのか、と思う。私は逆に変わり続けること、自らを変えることなしに世界を変え得ないと学び決意して進んだ。リッダ作戦の戦士たちへの想いを基点に、自らを変え、世界を変えることをめざすのだと。

日本はあれから大いに変わった。リストラに晒され、同世代の中高年の自殺が増えた。その一方で、大阪高検の公安部長が検察の口封じのために逮捕されるような時代。個人一人で〝悪人〟であったわけではなく、その畑、風土として、外務省も検察庁も同類であることを示す制度的疲労の昨今、同時代を生きた者として、檜森さんの生は、対極をなしていたのだと思う。

自分だけ幸せを享受しては、先に逝った人々に申し訳ない、人様に迷惑をかけないように、どう生きるべきか……、上昇志向を嘲笑し、虐げられた者の側に立ち続けることを旨とした。彼は、9・11の無差別攻撃に対しても言い放った。「ボクは、9・11闘争を無条件に支持する」と。NY世界貿易センタービルおよびペンタゴンへの自爆攻撃をあえて支持する立場を取った。

「私は、一握りの富が、一握りの者共に集められ、多くの民が飢え、餓死に晒され続けている世界では、9月11日の闘いが起こる必然があると思う。（中略）

9月11日の闘いについた戦士たちは絶望の果てに、どのような希望をまさぐっていたのだろう。帝国主義と超大国とによってもたらされた現実世界に、自らの命をもってノー！　と叫んだ彼らの歩みを解き明かすメッセージは、今なお想像し続けるしかない。今の私に確かに言えることは、暴力─非暴力を超えて、侵略─抑圧─搾取の元凶と向き合う中で初めて、彼らのメッセージとの交流が可能となるかもしれないということだ。たしかにそれは、無限の想像をたくましくさせる飢餓下での自己検証である」と、彼は語っている。

遺書の中でも、「平和的であれ暴力的であれ、人間の尊厳を回復するための抵抗を無条件に支持します」と記している。人間の尊厳を回復するために抑圧された者の語るヒューマニズムは銃で語るしかないとして「リッダ作戦」を闘った戦士たち。彼らとの行動を共にするがゆえに、9・11を抑圧された者の声として無条件に支持するべきではないのか？　と、彼は語ろうとしていたのだろうか。

知人やお兄さんが、地元の秋田の新聞で語っている。「彼の活動の根底にあったのは、花岡町（現大館市）で起きた花岡事件とみる。強制労働させられ、蜂起の末に拷問を受けて、死亡した中国人労働者への哀れみと、搾取し続けた日本人への怒り。故郷で起きた事件が、抑圧された人々を救う活動につながったと思う」「加害者である日本人の血を自分も受け継いでいると思ったことが、弟の思想の原点のような気がする」、そして「リッダ作戦でなくなった被害者と仲間だった人々の両方のためにも、これからも活動していく」と、檜森さんはお兄さんに語ったという。

系譜として、抑圧された側に身を置いて、「平和的であれ暴力的であれ」そうした人々の闘いを無条件で支持するという確固とした信念が彼にはあった。そして、同時に現実に暴力性において他者を殺すなら、自分が命を絶つ方を選び取るという、彼の30年目の「リッダ作戦」への回答だったような死だと、私は思う。

3　君こそ生きていてほしかった

人を殺さずに傷つけずに、共に平和に生きたい。命を削りながら、そう思う人々が世界にはいる。一人の人の死に対して、たくさんの人間の悲しみのある世界。人間の健全さの証のように死の悲しみを知りながら、人々が命を削りながら闘う現実がある。

パレスチナ……。亡国の民は、流れる血脈の中に祖国を描き、生き続けるために命を捧げる。

戦後、ヒトラーのユダヤ人虐殺、第2次大戦処理の中で人工的に作られたイスラエルという国。そこに住んでいたパレスチナの民を追放し、今も占領と追放を正当化し繰り返している。半世紀を経た今も難民として認定されている人々で350万人を超える。先祖以来住んでいた土地に他人が来て、土地を奪い、主人のように振る舞う不条理、不正義の下に、パレスチナ人はずっと置かれてきた。その現実が、今も、日々、ますます悪化し、半世紀を経てなお、自分の民族のリーダーがイスラエルの国家政策によって暗殺されている。アメリカの後ろ盾のもとで、イスラエルが軍事的自由をほしいままにしている時、パレスチナの若者たちが、自らの命を賭けて自分の身体を武器にしてでも闘おうとする行為がある。「やめろ！」と言いながら、解決案をいっこうに出さない「現代世界」がある。「自爆テロ」と呼ばれ、国際社会から非難される一方で、殉教者として、自らの命を人々のために捧げる現実。

パレスチナでは、自然発生的な人々の心情が、止むに止まれぬ「自爆攻撃」を拡大させてしまっている。しかし、それは「国家政策」として賛美されているわけではない。14歳の少年たちが、友人3人で、こっそりと、自らの死を覚悟した闘いについた時、「自爆攻撃」を行ってきたと言われるパレスチナ最大の大衆組織ハマスは、4月25日、緊急声明を発表したという。「余りに多くの若い命が奪われれば、将来のパレスチナの闘いに破局をもたらす」として、子どもは武力闘争に加わるべきではないと呼びかけ、教師や、イスラーム教指導者が命の尊さを十分教えてほしいと訴えたという。

ああ、パレスチナは健全だな、戦時中の日本のように、国を挙げて、自爆行為を祭り上げていない。私は、新聞記事を読みながら、思わず、命の価値を奪われる環境の中で生きて、「生きよ」という人々の訴えに、胸が震えた。

人が止むに止まれず命を捧げる現実には、それに連なる歴史と社会がある。その原因を直視し、そこに公平と正義に基づく解決を実現しない限り、人間社会は危ういと思う。

21世紀に入って、9月11日を経て、「世界は変わった」という。果たして、そうか？　世界を変えたい冷戦思考の人が、「反ソ連」に代わって「反テロ」という新しい名目で、21世紀の力の支配秩序を無理やり再構築しようと企てているだけではないのか？　「冷戦思考」とは、誰かを敵とすることによって、自己の価値を正当化し、支配する方法である。「正義」は一つではない。置かれた歴史、条件、立場によって「正義」は「不正義」に、「不正義」は「正義」にもなる。「反テロ」の名におけるアフガン報復、さらにイラク、イラン、北朝鮮の〝悪の枢軸〟。かつてのタカ派の守旧の人々が、軍事力に頼り、「世界は変わったのだ」と、21世紀を彼らの「正義」で統制しようとしている。多様性、多元的な文化の中で、人間には軍事力よりはるかに勝る知恵と文化があり、共生する力があることを、日本こそ、憲法第9条に基づいた非軍事的な国際関係の中で示しうるし、新しい21世紀のパラダイムを発信する価値を持っている。日本はアメリカの価値に合わせれば合わせるほど、危機が進行し、価値崩壊していく。今（2002年）の小泉政権にはそれを感じるし、有事法制もまたその結果の議論にすぎない。日本は、アメリカと相対的別個な歴史的価値観をパラダイムとする国際社会への発信をできる地位にありながら、何十年もの制度疲労は国や民を思う官僚を失い、自己の財テク、自己の個人的利益のために生きる指導層、官僚を拡大再生産させた。民や国を思う人々が暮らしづらい構造に変わってしまったのだろうか？

檜森さんの生は、こうした支配層との対極にあった。檜森さんは、30年以上も前、当時多くの学生だった人々が平和と公平と正義を求めベトナム反戦に立ち上がったように、立ち上がったうちの一人の学生だった。三十有余年、日本は変わり、バブル金満の時を経て不況の時代を迎えている。またアラブでも、待たれる平和は訪れていない。一人では何もできない、他者を傷つけるなら、自らの死をもってこそ闘う。檜森さんの眼に、30年前の友人たちの闘いが、いつもあっただろう。アラブはなお激しい屈辱と暴圧の中で、「土地の日」を迎えた。もう言葉での連帯では一体化できない。30年目の節目を5月30日に迎える「リッダ作戦」の日までに決着をつけねばならないと、彼は、9・11以降、計画的に生き、そして、自決したと私は思う。

30年目の5・30を間近にして、今思う。

私も、パレスチナの解放の闘いに参加し、アラブで感謝と闘いへの過分な支持を得て、有頂天となり、日本を変える力になれるのではないか? と、不遜にも思って過ごしてきた。アラブの民衆の恩義の支援に支えられ、そこに身を置き、日本の変革をめざした。帰国して見た日本は変わっていたし、また、今も変わり続けている。かつての年月への反省を込めて、生き続け、それぞれの持ち場で日本を作り直さなければいけないのだと改めて思う。

そしてまた、パレスチナの若者に呼びかけたい。闘い方は彼ら自身が決定することであるけれど、君こそ生きろ! と言いたい。命を捧げて、民族を救おうと願う心を持った君こそ生きろ! シャロン政権が暗殺を国家政策として、パレスチナのリーダーを次々と殺している限り、生き、闘い続けることによって反撃してほしい。正義に基づく公正な平和を求めるがゆえに。それが、リッダ作戦が切り開いた希望の30年目の今日の闘い方ではないのか。

30年目の5月30日を迎える今日、これまでの間違いや、さまざまのいきがかりを語り合える友として、檜森さんに生きていてほしかった。パレスチナの友人たちのためにも。

気持ちの整理ができたら公判に傍聴に来るという手紙を、私は2月に受け取っていた。公判の日、法廷の廊下の床に座って呆然としていた檜森さんを見たと、のちに友人から聞いた。

死の直前に投函された3月30日付の檜森さんから私宛の便りには、次のように記されていた。

「お手紙、ありがたくいただきました。何度か繰り返し読ませてもらいました。返信を考えましたが、文字にならず、時が過ぎてしまいました。最後に、初めてお会いしたときのような笑顔で接し合えたかと思うと、人間捨てたもんではないと思っております。（後略）　3月30日　ひもり拝」

「彼のように生きろ！　彼のように死ぬな！」。30年前に会った面差しを描くしかない私は、初老の彼の写真に初老の自分に気付かされながら、まだ信じきれない思いでいる。合掌。

7章　ニザール丸岡のこと

1　丸岡同志の死

同志ニザール丸岡が２０１１年5月29日朝、八王子医療刑務所で重篤な病と闘いながら果てた。5月30日リッダ闘争の39年目を迎える前日であった。

29日の夕方、電報で丸岡さんの死を知った時のことを、私は日記に次のように記した。

夕方6時過ぎ、「電報です」の声。ちょうど朝から雨続きの空を見上げて、「明日は５・30リッダ闘争の日。丸岡さんはどうしているかな……」と独り言を言いながらカーテンを閉めたところでした。「29日朝、丸岡死去。無念」とYさんからの電報でした。がく然……。心臓がどきどきと高鳴って、思わず身体が震えてしまいました。

今、その想いのまま筆をとっています。

もっとも最前線で苦難の先頭に立って自己犠牲的に歩んだ戦友丸岡同志。

日本は大震災で変革が根本的に問われ、アラブでは民衆蜂起の中でパレスチナの新しい希望が生まれ、明日５・30には心を送って連帯を共にできると思っていたのに……。

今、丸さんと初めて会った１９７２年ベイルート、それから共に分かち合って苦難を乗り越えてきた日々が頭の中を巡り、身体を熱くしています。おたがいに何度も危険や死に直面し助け合って乗り越え、「敗北を勝利の土台に！」と進みましたね。家族のように兄弟のように。日本赤軍が新しい展開を試みた87年11月に帰国したまま、獄中闘争を強いられた丸岡同志。

そして東京拘置所の肺炎対応の誤診から危篤状態は脱したものの、以来ずっと心臓の重篤な病状に陥ってしまいました。検察は日本赤軍の過去の闘いに対する報復のように、命の瀬戸際にある丸岡さんを決して許さず、「刑の執行停止」を認めず、死刑の如き扱いに終始しました。八王子医療刑務所は、「緊急医療」には即応しえない「療養施設」であり、ことに人手のない週末の丸岡さんの異変をいつも心配していました。29日が日曜日だったことが気がかりです。けれども丸岡さん、あなたは長い獄中生活においても、志高く同志友人を支え、常に人びとの利益、人びとの幸せを求め続けてきたことを多くの人が知っています。丸岡さんが私の励みであったのにもういないなんて……。

丸さん、私はあなたへの感謝と、一方に口惜しさで一杯です。あなたが87年に逮捕されてから、丸岡さんの闘いに応えることもできず、望みを十分に実行しえず、死もまた、受け入れて通夜に臨む術もない。あの時、こんなふうにしたらよかったのに、この時はこうすべきだったと語り合う機会を失いました。

丸岡さん、きびしい病状の中で生き、支え励ましてくれてありがとう。何を語れば、彼の同志愛に応えられるのだろうか……。今は生き続け、丸岡さんの想いを一歩でも旧友たちと実現していきたい。遠くにいる同志も身近にいる仲間も、敗北を次の前進の糧に進みます。

「丸さん疲れたでしょう。ゆっくり休んでいいよ。そう言っても、また腕まくりして彼岸で活躍のこまかい準備をはじめているでしょう。5・30バーシムたちと話の続き、革命の続きを共にしてください。リッダ闘争39年目は一番悲しい記念日になりました。でも丸さん、あなたのように前向きにまた進みます。再会まで！」
以上は、今5月29日の思いです。

5月30日、丸岡弁護団はただちに東京高等検察庁に「抗議声明」を提出した。

抗議声明
東京高等検察庁　宛
２０１１年5月30日

丸岡修氏の刑の執行停止申立代理人
弁護士　大谷恭子
弁護士　上本忠雄
弁護士　荒木昭彦

記

我々弁護団は、昨日死亡された丸岡修氏の貴庁宛て刑の執行停止の申し立て（第6次）に対し、貴庁が速やかに刑の執行停止をしなかったことに対し、厳重に抗議する。
同氏に対する刑の執行停止の申し立ては、既に２００７年から6次にわたってなされたものであるが、内5次までは全て却下され、それ自体違法であるが、特に本年4月22日申し立ての第6次申し立てに対しては、貴庁の冷静さを欠いた報復的とも言える不作為（事実上の不許可）は、特段に違法性が強く、刑の執行として到底容認できないものである。

すなわち、貴庁担当検事は第6次申し立てに対し、4月27日の東京地裁の打ち合わせの席上で、以下のごとくの発言をした。

1　執行停止は瀕死の重症にのみ認める。

2　丸岡は、刑務作業をしており、1月に民事の証人（これは本人尋問のことである）になっていることから瀕死の状態ではない。

3　このような犯罪に刑の執行停止をすることは世論が納得しない。

以上の発言はことごとく事実誤認もしくは予断と偏見に満ちている。本人尋問は、第5次までの申し立てに対し執行停止しなかったことに対する国賠訴訟において、生命の危機に瀕している同人の証拠保全としてなされたものであり、八王子医療刑務所内において限られた時間の尋問であった。更に刑務作業をしているとの発言は、前任者であった椿検察官の2011年3月24日意見書において、八王子医療刑務所からの照会回答書（平成23年1月23日付）に「労作時及び安静時の呼吸困難」の記載上「労作」を刑務作業と誤解したものである。労作とは食事、排泄等の日常動作をいうものであって決して刑務作業を意味しない。このことは上記記載の数行後に「作業及び指導といった受刑者としての矯正処遇に復帰できる可能性はない」と断言されていることから明らかである。丸岡氏は刑務作業どころか歩くこともできず、常時酸素吸入をしていたのであり、かようなことをよく読みもせず、また調べもせずに勘違いしたまま、執行停止などありえないと断言したのである。

くわえて刑の執行に関与するものとして、該執行が法の要件にかなっているかどうか、本件でいえば「刑を執行することが生命を保つことができない恐れがあるとき」かどうかを冷静に判断するべきであるにもかかわらず、保安・治安上の理由を優先させたのであり、あまりに無定見であり、理性を欠いている。これは丸岡氏が1970年代日本赤軍としてハイジャックをして刑事犯の釈放を得たことを指していると思われるが、この事実と現に「生命を保つことができない恐れ」の存否とはなんら関係しない。

当職らは、その後も貴庁の誤解を解くために、5月2日、12日、16日と申し立て補充書面を提出し、まさに丸岡氏が、貴庁が執行停止するべきと認めた瀕死の状態にあることを明らかにした。なお、丸岡氏に対しては2008年から病態をみていた外部医師が指名医を承諾し、同医師の承諾書が5月9日には八王子医療刑務所に送付されているものであるが、同人は、丸岡氏の病態が重篤な状態にあり、5月末までもつかどうかを危惧していた。更に5月9日には八王子医療刑務所も「重症指定」し、これの家族への告知が13日に八王子医療刑務所でなされたのであるが、その際八王子医療刑務所医療部長でさえも、指名医を受諾していた外部医師の予後判断を否定することはできなかった。

にもかかわらず、貴庁は執行停止の判断をすることなく、丸岡氏を獄死に至らせたのである。

重篤な拡張型心筋症であった丸岡氏は日夜呼吸困難にあえぎ、特に医療従事者が手薄になる夜間、鍵のかかった独房で、どれだけ辛く不安であったか心中察するに余りある。余命いくばくもないことは誰もが認めざるを得ない状態であったにもかかわらず、貴庁はそれでも執行停止せずに放置したのである。これは十全の医療が保障されないことによる肉体的苦痛に加え、独房で一人死の恐怖と戦わざるを得ないという精神的苦痛を無用に与えていたということであり、拷問的刑罰であったといわざるを得ない。

よって当職らは、4月22日申し立ての第6次刑の執行停止の申し立てに対し、速やかに執行停止の決定をしなかったことに、満身の怒りをもって抗議するものである。　以上

また友人からの便りに、

5月29日午後6時、丸岡さんの遺体を迎えに行った私たちに、八王子医療刑務所当局は、その門扉を閉ざし、看守たちがバリケードをはって対峙した。かなりの雨の中、2時間以上も無言の対峙が続いた。何の意味があるのか。私たちは丸岡さんを迎えに来たのだ。

丸岡さんの遺体はその夜、山谷労働者福祉会館に安置され、一晩を友人たちと過ごした。次の日午前11時、炊き出しの準備で忙しい会館の労働者にも見送られ、大阪に向かった。獄中24年目にしてのシャバであった。

気配りの人、丸岡修さんであったという。同時に自分をふりかえる勇気。70年代の闘いが、時代的制約によって、現在の評価が否定的なものを含んでいたとしても、その根底に流れるものは変わらず、人々への「愛」ではなかろうか。丸岡さんの「人となり」は、そう感じさせる。

丸岡修さんを死に追いやったものを決して忘れない、許さない。


と書かれていた。この時期の詳しいことは、それ以降も私は知らずにいた。

2012年2月になって、友人が差し入れてくれた雑誌「g2」(vol.9/2012年2月発行)の高山文彦さんの「丸岡修　戦士からの遺言状」をコピーで読んだ。胸ふさがる思いで読み進むことができなかった。私は仲間の様子、とくに同じ施設にいる仲間については、外部の人からのその仲間の様子を記した手紙・情報などは禁じられていて、「釈放時交付」とされている。大谷弁護士から丸岡さんが八王子医療刑務所に移監になったことや、東京拘置所にいた時に、丸岡さん自身の「遺書」の意向はもちろん知っていたが、2011年4月以降5月の丸岡さんの様子については知ることができなかった。

高山さんは、丸岡さんの弁護団宛の通信文や弁護団の「申立書」の文章を引きながら、以下のように書いている。

「毎早朝、死の恐怖とのたたかい」、「毎日4時半頃~7時半頃の状態。冷や汗が出るようになった」、「利尿剤効かなくなり、貧尿に」、「食事中など数分間マスクはずしただけで、意識消えそうになる。排便イキムのもムリに。気が遠くなる」。

むくんで膨れあがった陰茎には、激痛がつづいていた。「サロメチールを塗っとけ。もう呼び出すなよ」と、医療刑務所の当直医は冷酷に告げて去って行った。ラシックス(利尿剤)の静脈注射をしてほしいと看護師に訴えたところ、「きょうは日曜日だからできない。つぎの診察(火曜日)を待ちなさい」とはねつけられ、当直医に連絡をとってくれと求めると、これも同様の言いかたで拒否されたという。

五月二三日の書面は、もはや断末魔の叫びで満ちていた。

〈瀕死の危篤にあり、ここに居れば死んでしまう。すぐ入院させてくれ」と強く訴えたが、「できることはするが、指定医検診に委ねましょう」とかわされた。
結局、薬物調整だけで、更に無駄に時間つぶし。
死の症状の苦痛に耐えるしかない。Help me!〉
これがこの世に残された最後の文字となった。（中略）
独房に横たわっている丸岡修は、五月二七日、酸素マスクを外し、看守に向かって「苦しい。医者を呼んでください」と、声をやっと出して助けを求めた。看守は責任者のところへ行きその旨を伝えたが、放っておかれた。
すでに全身に浮腫が認められ、顔は黄色く濁り、両足はスリッパも履けないくらい腫れていた。酸素マスクはもはや役に立たない状態で、彼の胸は大きく波打っていた。
放置されることの恐ろしさ、死への恐怖。これは明らかに拷問である。（中略）
五月二九日の朝、丸岡修は息を引きとった。死亡時刻は八時二一分とされている。その知らせはまず妹に届き、妹から弁護士に伝えられた。夕方、大阪から八王子に駆けつけた妹は、兄と対面する間際になって、医療刑務所の医師から「あ、そうそう、忘れてました。ペーシングを取り出しておかないといけなかった」と言われ、おどろいたという。丸岡の胸には心臓の運動を助けるこの装置が埋め込まれていたが、そのままの状態で火葬に付すと爆発すると言うのだった。
「いますぐ出してやってください」と、妹は言った。医師は外科医をよんで丸岡の胸にメスをいれ、ペーシングを取り出した。

外は横殴りの雨が降っていた。正門まえに丸岡の友人たちが十数人ほど集まって、遺体に会わせろ、と守衛に迫ったが、刑務所側は門の内側に若い守衛や刑務官たち一〇名ばかりを横一列に並ばせ、防衛線を張った。友人たちは土砂降りの雨に打たれながら、声をかぎりに「同志は倒れぬ」を歌った。

また高山さんの文には、次のような一節もある。

刑事施設法は、受刑者にたいする「保健衛生及び医療の原則」として「社会一般の保健衛生及び医療の水準に照らし適切な保健衛生上及び医療上の措置を講ずるものとする」とし、刑事訴訟法は、少なくとも「刑の執行によって、著しく健康を害するとき、又は生命を保つことのできない虞があるとき」は刑の執行を停止することができる、と規定している。八王子医療刑務所も東京高等検察庁も、違法行為をおこなったのだ。

2　生い立ち、そしてアラブへ

丸岡さんが日本を出発したのは、1972年4月13日のことであった。日本からギリシャのアテネに降り立った彼は、アクロポリスの遺跡へと行ってみたという。黄色や赤い野の花が乾いた道の辺に咲き乱れ、神殿遺跡へといざなっている。見上げると、岩山のような景色。アクロポリス神殿に立つと、吹き渡る風を受けながら、何か新しい運命が自分を変えていくのかもしれないと、漠然と感じた。「日本の民衆のための新しい活路を見出すのだ」と気負った高揚を感じながら神殿の円柱に寄りかかって、今まで生きてきた道を辿ってみたという。

20年近いニザール丸岡との共有の時間の時々に、丸岡さんが語った言葉をつなぐと、ベイルートに至るまでの年月はこんなふうになる。

自分が「社会」というものに目覚め、革命を求めるようになったのはいつのことだろう。あれは小学校の4年の頃のことだ。ちょうど60年、日米安保をめぐって社会が騒然としていたせいだろうか。1950年10月20日生まれの自分は10歳よりも前。親は四国徳島の旧家の出身だった。でも自分が生まれるころには農地解放を経た没落地主。裕福ではなかった。父は大阪で商売をはじめていた。自分が育つ頃には被差別部落、在日朝鮮人、つづり方教室など自然に耳に入ってくる環境にあった。自分よりももっと貧しく差別されている人々がいるということに、子供心に理不尽を感じた。そして小学校5年で神戸に引っ越して、大阪よりも貧富の差が激しいのに驚かされた。クラスメートには、社長の息子もいれば、掘っ立て小屋の生活を強いられている子もいた。被差別部落の子をのけ者にしたり、在日朝鮮人を差別しても痛みも感じない大人たち。何かおかしい。どうして貧しい者を差別するのか。同じ人間なのに。子供心にそれが芯のように心に刻まれた。

そして67年、高校2年の時の10・8羽田闘争のテレビニュースに衝撃を受けたのだった。自分も何か立ち上がらなくてはと。あの時からだ。三派全学連が一番闘っていると思うようになった。それなのに「赤旗」を読むと「暴力学生」となじっている。日共には日本を良くする度量がない。自分も何かしたい！　そうした欲求に駆られたのだった。受験勉強に疑問を持ちだしたのもその頃だ。受験勉強どころか社会に入り、立ち上がらなくてはならない！と。当時多くの同世代の若者たちが抱いていた、やむにやまれぬ焦燥の一つの姿に違いない。そして、実際に変革の道へ踏み出す機会が訪れたのは68年6・15集会へ参加したことだった。たしか中核派のビラでその集会を知った。初めて集会に参加し、そこで配られていた「毛沢東思想学院」のパンフレットに魅かれた。そして何かを創り出したいという思いで活動がはじまった。とはいっても、政治的学生運動とはいえない、高校生の政治的ハプニング表明だ。学園祭に政治表明を持ち込んだり、当時のソ連のチェコへの軍事介入を批判したり、自衛隊の「国を守る」というポスターを「資本家を守る」と書き変えたり、という当時の高校生のお祭り騒ぎ的なもので、その分みな共感していた。

そんな楽しいひと時を過ごしながら、学生運動のメッカの京都大学にやはり入りたいと猛勉強をはじめた高3の夏。あれも一つの転機かもしれない。勉強しすぎたのか網膜炎になってしまったのだ。失明の恐れが高いので、静養のため浪人しろと医者にいわれてしまった。それはショックだった。病気も治まって、関西文理学院という予備校に入った。当初はがむしゃらに勉強して学生運動のメッカ京大に行くつもりだったのだが、ビラをまいている予備校生がいたことがきっかけだった。京大に入る前からでも予備校にも活動家がいるのか、それなら一緒に何かできるのではないのか？　そんな思いで共同しはじめた。そうして「京都浪人共闘会議」という組織を作った。4・28の沖縄デーに参加したり、近畿予備校の授業料値上げに反対した。当時学生たちに人気のあった滝田修を招いて「入試粉砕の論理とは何か」という講演会を開いたりした。そうして滝田らとも交流した。

「浪人共闘会議」は同志社大学の学生会館にアジトを間借りしていて、赤軍派の同志社や京大の学生たちを近くで見ていた。自分は彼らとは一緒にはできないと思わざるを得なかった。バリケードの中でも自称赤軍派の人々の作風（丸岡さんはこの作風という言葉を中国革命の「三大規律八項注意」のような人民への献身と説明していた）はひどくて、こんな人らとやるのはごめんだと思っていた。活動するなら革命家らしい人間の品格とか、礼儀やモラルが必要だ。それらのない集団は自分には合わない。誘われても拒みながら「べ平連」や「浪人共闘会議」で活動してきた。

あの滝田修との交流が今につながる道のりだったのだろうか。滝田は「パルチザン」の提唱者だった。反乱の時代に論理を与え、当時党派に批判的ないわゆる「ノンセクトラジカル」の人たちが結集する拠り所をなした。いくつものパルチザンの闘いを！　地域パルチザンとして地域の課題に取り組む者もいた。武装闘争を最高の闘いと認め、各地、各場で小部隊を形成して、生活、労働、闘いを担うパルチザン部隊の分散的広がりで、別個に共通の敵を撃つこと、そんなふうに闘いの方向が生まれていった。とくに関西では全共闘運動における機動隊との攻防を地域へと、闘いを継続再生させる新しい行動が起こっていた。大学は警察権力の導入によって、すでに限界が見えていた。予備校生として活動するうちに闘いの道が広がった。滝田の紹介で京大のバーシム奥平の仲間Xと出会ったことだ。京大パルチザンのXは、地域で反公害運動をやっていて、60年安保世代を中心として藤本進治らが経営する「関西労働者学院」の活動もあった。自分も参加していった。そして、労働し、学ぶ経験を通して、目的意識を持って学び直そうと考えていた。そういう意味では赤軍派のような活動と対極にいた。労働し、べ平連の活動、労働者学院の活動をしながら、変革日本にどう与《くみ》するのか？　それでも今のままでは何か物足りないという思いが常に付きまとっていた。自分と共に浪人共闘会議を組織した者たちも共通した思いかもしれない。大学に入りきらぬままに、闘いを十分に果たせず、宙ぶらりんな想いだ。

そんな自分をXが72年2月から3月頃、「アラブに行かないか?」と誘った。自分は即座に「関心がない」と断った。実際、日本の変革の道を考えている自分にとって、あまりに唐突な誘いだった。友人が日本・アラブ文化協会にいて、パレスチナ情勢などは聞いていたし、PFLPが70年のヨルダン内戦時に3機のジャンボ機をハイジャックして「革命飛行場作戦」を敢行したのは強く印象に残っていたが、それ以上ではなかった。その後、再びXが訪ねて来た。「行く人がいないので、行ってほしい」と言う。「日本で闘いたい自分にとっては、訓練して日本に帰る前提なら行ってもいい」と答えた。Xが困っていたこともあったし、バーシム奥平がすでにアラブに行って訓練しているのを、その時初めて聞いたからだ。「決死とかなら1年待ってくれ。そうでないなら行ってもいい」。最後にそう答えたのは自分だ。それから檜森に会って、行く方法やルートを指定された。それはあまりに急だった。両親には旅行に出ると一言言っただけだった。

ふり返りながら、自分の置かれた道は決して自分の日本の変革の望みと矛盾するものではないと思いながら、不安はあった。これからベイルートへと出発する。そこは戦場。どんな条件があるかわからない。最悪命を失うこともあるだろう。その割りには、自分は何もきっちりと家族に向き合ってこなかったという思いがこみあげた。まっとうな人間として生きることを教えた父。自分が中学3年になった当時、我が家はやっていなかったので、町内会で日の丸を買って掲揚すべきだと言ったことがあった。父は「とんでもない。実際に私は戦争で部下を亡くし、中国人に結果として手をかけた。それなのに戦争犯罪を逃れている人間が一人いる。それは天皇だ」と、いつになく厳しい口調で言った。そんな父ときちんと向き合って正直に語り合えなかった。また、妹、自分よりも勤勉でしっかり者の妹が密かな自慢であると同時に、妹にたしなめられるのが口惜しくて、邪険にしかできなかった。いい兄貴ではなかったままだ。優しい母、母の信仰は気に入らなかった。心配ばかりかけてしまった。もう会えないかもしれないということなどあるはずがないのに……と自分に言い聞かせながら、アクロポリスの丘から遥かな海を探した。

3　戦場での約束

そして、ベイルートへ。地中海はギリシャからベイルートまで青く続く穏やかな海原。両親の徳島の海はどんなだろうと、ふと日本が重なる海に飛び込むように滑降してベイルート空港へ着陸した。ユセフ檜森から詳しく聞いてきたベイルートの街。注意事項を頭に浮かべながら、指定された連絡先に電話を入れてホテルで待った。

その日のうちにサラーハ安田から連絡が入り、待ち合わせ場所へと出かけた。そこにはすでにバーシム奥平と一緒にサラーハ安田も待っていた。これまでの旅の安全チェックをして、Xからの連絡を伝えた。そしてすぐにホテルをチェックアウトして、彼らの指示に従って行動を共にした。ベイルート特有の乗合タクシー「セルヴィス」に乗って、街から標高2000メートルを越えるレバノン山脈を経て、レバノンのベカー高原北部にあるバールベックの街に着いた。

この街は聖書以前からの街で、その当時のアッシリアやカナンの民が信仰していたバール神、豊穣の実りの神の神殿があったところ、のちにユダヤ教やキリスト教によって悪魔の神として排除され、古代ローマ時代にはビーナス、バッカスらのローマ神殿として盛えた街。観光地としても有名で、アテネのアクロポリスに劣らない。

この街からタクシーを替えて郊外まで再び車に乗り、さらに歩いた。草原に点在する農家のうちの1軒がバーシム奥平、サラーハ安田、アハマッド岡本らの訓練生活の拠点だ。そこで訓練生活を共にするようになった。生活規律はきちんとしていて、朝5時半起床、体操、掃除、食事、訓練、討議、食事。午後も軍事戦術、フィールド訓練や机上訓練。毎日気持ちのよい生活だ。当初は身体がなまっていて筋肉痛が出るほどだったが、もともと規律ある作風や生活を志向する性《た》質《ち》だったので、共同生活は楽しいものだった。

こうした活動の中で、これから作戦が行われようとしていることを知った。パレスチナの教官がバーシムと机上討論やフィールドシミュレーションに訪れる。5月に入ってから、バーシムに作戦参加の意志を聞かれた。決死作戦だという。丸岡さんは率直に自分の立場と考えを述べた。「自分は、日本革命の新しいパルチザン戦闘のための訓練でここに来た。今、パレスチナのために命を賭す準備は正直できていない。あまりに短い。日本でXからアラブ行きを誘われた際にも言ったことだが、帰国を前提に出発した。そして、もし決死作戦などに参加するためなら、出発は1年待ってほしいとXにも檜森にも伝えた」と。バーシムは「すまん。当然の結論だ」と詫びつつ、丸岡さんの心意気を理解したのだろう。当時、私はバーシム奥平とサラーハ安田から、「ニザール丸岡は若いけど気骨がある奴だ。ニザールなら日本のことを任せられる。ユセフ檜森を呼び戻そうと思う」と話していたのを覚えている。

それでも、結局、ナクバの5月に作戦を実行したいというPFLP側の計画に合わせたのだろう。作戦に加わる予定ではなく、よど号の赤軍派の兄とのコンタクトを役割として一緒にいたアハマッド岡本が欠員を知り、バーシムの要請に応える形で作戦に加わることになった。その結果、ユセフ檜森を呼び戻すことにはならなかった。そのかわり、ニザール丸岡は軍事技術体系や、当時の「赤軍体操」と呼ばれていた体操や、サラーハの克明に記した訓練教程を引き継いで帰国することとなった。

ニザールはバーシムから「作戦が成功したら出発する。失敗したら残れ」と言われていた。どこで、いつ、どのような作戦が行われるかは知らなかったが、標的はイスラエルに決まっているし、「決死作戦」というのは、私もニザールも知っていた。ニザールはＰＦＬＰの人の指示で、5月30日、私もよく知っているパレスチナ人の家に招待されて、作戦のニュースを今か今かと待った。夜11時のニュースも何の変化もなかった。遅くなると外国人の一人歩きになるので、11時のニュースの後、彼は宿泊先へ引き上げたという。私も同様の気持ちでニュースを聞いていた。

初めてのニュースは5月31日午前零時（アラブ時間）のニュースだった（日本時間6〜7時の早朝）。ニザール丸岡は、朝、新聞を買いに街に出て闘いの成功を知ったという。すでにベイルートの街は興奮している。「おまえ日本人か？　新聞代はいらない」と、ただで英語、フランス語の新聞をくれた。タクシーも「日本人か？」と聞いて、ただになったという。「ああ、バーシムらはきっちりと任務を果たしたのだ」、気を引きしめてニザール丸岡はベイルート空港へと急いだ。「同志たち、必ず約束を果たすぞ、自分のすべてを擲《なげう》ってでも日本の革命に本当の土台を作るんだ」。何度も自分に言い聞かせながら。共に過ごしたベカー高原の訓練の数々、バールベック神殿の庭に寝転んで闘いの展望を語り合ったこと、熱い感情に不覚にも涙がこみ上げる。新しい人間に生まれ変わるようなベイルートからチューリッヒへの旅であったという。

そして、ベルンで立ち往生している。突然自分がリッダ闘争の「第四の男」として捜されている。地図を買い、鉄道の駅を自分で研究しながら、早くスイスを出ねばならないと思った。ベイルートからの本名の切符で、スイスにいるのがわかるのは時間の問題だった。ベルンから気を鎮めながらアルプスの方角へと辿った。そして、どの地点だったか昔聞いて忘れてしまったが、そこでリッダ戦士たちとの訓練の記念に持っていた石のかけらを山に向かって投げた。その途端、清く澄み渡った空が雷鳴と共に、にわかにかき曇ったという。「あれは彼らの声だ。励ましの合図だったんだ」と彼は言ったが、私も話を聞いて、そうに違いないと思ったものだった。

こうして、ニザール丸岡は一人見知らぬ町で慎重に行動しながら、いくつもの列車を乗り継いでスイスを脱出した。そしてPFLPへ至急の連絡を送った。PFLPはすぐに在欧の仲間を派遣してきて、ニザールを安全な隠れ家に案内してくれた。新しい「旅券」の準備を整えて、8月ニザールはバグダッドにやって来た。

リッダ闘争を称賛し、イラク政府がPFLPにシェルターや施設を提供してくれたので、すでに私は7月にはバグダッドに避難していた。イスラエルの暗殺攻撃がアル・ハダフ編集長のガッサン・カナファーニ、バッサム・アブ・シャリーフと非軍人らをターゲットにしたためだった。イラクはニザールに対してもリッダ闘争戦士として快く迎えてくれた。

こうして8月、私はニザールと再会した。そして、何日も夜を徹しておたがいにこれまでのこと、これからのことを深く語り合った。帰国の条件があれば、バーシムたちとの約束通りに、ニザールは帰国したかった。私もそれを望んだ。

しかし、9月のミュンヘン・オリンピックのイスラエル選手団に対するパレスチナゲリラの攻撃で驚いた日本の公安当局は、突然ニザールを「重要参考人」から「国際指名手配」としてしまった。その結果、彼はパレスチナアラブの地から日本の変革、パレスチナの解放を含め、新しい闘い方を決断せざるを得なかった。

ニザール丸岡は、バーシム奥平らを継承する者として積極的にその道へと踏み出した。

そうして、リッダ闘争後のほんの一握りのニザールや私やボランティア日本人が、バーシムらリッダ戦士たちの意志を引き受けて闘うことを誓い合った。


ニザール丸岡のお別れの会は、東京でまた京都で、それぞれ百余名の人びとが集まって行われた。彼は死をみすえ、数ヵ月前に記した遺書で、これまでの活動をとらえ直し、73年のドバイ闘争に参加したことと、77年にダッカ闘争の指揮を執った自らの役割を明らかにし、人民の要求とはなれた闘いであったことを謝罪していた。お別れの会ではニザール丸岡の真面目で誠実な数々のエピソードを語り合い死を惜しみ、同時に検察権力の報復的な措置によって刑死のごとく獄死したことを怒り抗議する声が続いたと、友人が手紙で知らせてくれた。

私は、京都（6月19日）と東京（6月25日）で行われた同志追悼会に以下のような追悼文を送った。

丸岡同志追悼
丸岡同志！
呼びかけただけでまた涙があふれてきます。リッダ闘争で闘った戦士たち、パレスチナの戦士たちの姿と重ねながら、丸岡同志の壮烈な戦死をかみしめています。日本赤軍のかつての闘いに対し、検察権力はすさまじい報復を同志に科しました。東京拘置所の誤診にはじまり、医療刑務所では対処できない病状の同志の、法で保障されている外部専門施設での治療申請を拒み、まさに「死刑」として同志を殺しました。また八王子医療刑務所では、検察の指示か施設の判断か、親族すら看取ることもできなかったとは、重篤な病者に対する何と非道な措置だったのでしょうか。その中で、同志は壮烈な戦死を遂げたと思わざるをえません。勝利の中であるいは敗北の中で戦死した多くの戦友の一人として、またもっとも身近な同志として、同志に感謝と連帯をこめて永別の思いを送ります。

丸岡同志。同志と共に歩んできた70年代の楽しく、また苦しかった闘いが次々と思い出されます。私が初めて同志に会ったのは72年5月、リッダ闘争前のベイルートでしたね。ジャカランダが咲き、ベカー高原が花畑のように色とりどりの野の草花を咲かせる季節でした。作戦に出発する同志たちと引き継ぎや小さな宴を終えて、同志は作戦の翌日ベイルートを発って帰国の途につきました。それはバーシム奥平と約束したように、作戦が成功したら翌日に帰国し、日本の社会の中にパルチザン部隊を育てる役目を負っていたからです。しかし、同志がベイルートからスイスに到着したところで、「リッダ作戦第4の男ＯＳＡＭＵ・ＭＡＲＵＯＫＡ」として、突然クローズアップされてしまいました。帰国の途上にあった同志は、気を鎮めながらアルプスの方角に向かいどうすべきか考えたと言っていましたね。そしてリッダ戦士たちと訓練中記念にお守りとしていた石のかけらを山に向かって投げると、静かに澄みわたった空が、雷鳴と共に突如曇りだしたと言っていましたね。「あれはバーシムたちのはげましだ」と。

「日本革命に貢献したい」という第一の希望を持ちながら、事態を分析するために同志は潜伏しアラブに戻って来ました。あの8月どうすべきか語りあかしましたね。しかし9月にミュンヘン・オリンピックがパレスチナゲリラに攻撃された直後、日本の公安当局は何の証拠もなしに、丸岡同志を「国際指名手配」としました。その結果、帰国の希望を持ちながら、パレスチナアラブの地を拠点とする闘いへと自らの役割を定めたのです。リッダ戦士たちを思い、パレスチナ・日本の人民と闘いを思い、「闘いたい！」という義理と人情と同志愛がはげしく同志を突き動かしていたのを、私は知っています。丸岡同志21歳の秋のことです。

そして同志と共に、一握りの仲間とアラブ赤軍を育て日本赤軍を結成し、パレスチナや世界各地の友人たちと闘ってきました。当時のイスラエルの今も続く無差別テロや暗殺攻撃に対して、そうした攻防からパレスチナの闘いにも人民性に欠けた闘いもありました。パレスチナの闘いを範としつつ、私たちも人民性の欠けた闘い方もありました。その後、私たちは、70年代の闘い方を反省し自己批判しつつ再生をめざしました。そうした70年代の闘いの中でも、常に人民愛同志愛を基礎に、人民性ある闘いを求めて同志は先頭で闘いつづけました。ある時には、革命と同志を守るために敢然と拷問に耐え、ある時には危険をも顧みずに仲間を救出しました。またある時には、その地で仲間と共に逮捕されながら「日本赤軍」の原則を語り、「アラブ人同士の内紛には介入関与しない」という立場を訴えながら釈放させたばかりか説得して、当局者の協力をかちとったこともありました。ＰＦＬＰからは一番の射撃の名手と訓練中賞賛されたこともあります。加えて子供たちとのエピソードや笑ってしまう失敗談など、愛すべき同志の数々の姿が浮かびます。

70年代を経て、82年ベイルートまでイスラエルが侵略した最中も、敵陣の東ベイルートと味方の西を結んで闘いました。そして陣形陣地再編の80年代。フィリピン・アジアから日本へと、フィリピンの同志たちと築いていた活動の途上、87年11月22日、帰国した日本で逮捕されてしまいました。同志の逮捕を知ったアラブ戦場で、私たち仲間もパレスチナの同志も、心情としてはどれほど「奪還闘争」を願ったことでしょう。しかし決して人民を楯にするような戦術の闘いはしないと、もう私たち自身がきっぱりと清算していました。丸岡同志、あなたもまたそのことを何度も公然と語り、自分への奪還闘争はありえないことを示し、獄中で新しい仲間と友情を結びながら生き闘い続けました。21歳で出合い、共に闘いはじめて、37歳で獄中での闘いを余儀なくされて以来、60歳の還暦を超えて２０１１年の5月29日、リッダ闘争のあった5・30前日に戦死しました。

丸岡同志！　共に悩み、つくりあげてきた日本赤軍が、自己批判の中から歩いた80年代以降の路線を同志の言葉で語り続けてくれましたね。「人が人らしく人として共に生きられる人間の国を！」と。そしてそうした変革に参加する主体として、死ぬまで自らをふりかえり、過ちや公判でのあり方を正しながら進みました。そして、これから「ダッカ闘争」を具体的に書き記す準備もしていました。同志は決して安逸を許さず、過ちのままにしたくないと、自らを率直にとらえ返す誠実さを持ち続けました。あのリッダ戦士たちの誓いのように。丸岡同志、同志のそうした姿が同志愛を深め、団結を育て、「敗北を勝利の土台へ！」と、全員が結束して進む私たちの隊伍を育ててきました。世界の友と結び合い、助け合い、強大な敵に立ち向かい、どの仲間も真剣で誠実、楽天的だった日本赤軍を今も、私は誇りとして、同志を思い返しています。

「地獄でまた革命をやろう」と旅立ったバーシム奥平やサラーハ安田、オリード山田、「日本赤軍にいることが人生の幸せ」と言いつつ闘い拷問の中で戦死した日高同志、「土地の日」パレスチナに連帯して自決したユセフ檜森、そしてまた多くのパレスチナの世界の戦友たち。同志は彼岸で仲間たちと再会し、闘う人々に彼岸からエールを送っているにちがいありません。そしてまた、親孝行の機会を失したご両親に詫びながら境涯を語っているでしょうか。仲間や友人たちは、同志愛に満ちた丸岡同志の気配りの数々を感謝と共に心に刻んでいます。

丸岡同志、100メートルと離れていない1棟向こうの病棟で過ごしながら、同施設収容者についていっさい書けないという規則の中で、同志が仙台にいた時よりも何も書けなくなっていました。でも、いつも同志は身近にありました。今も「おはよう！」と呼びかけてしまいます。遅かれ早かれ彼岸での再会の機会があります。それまでは、どんなに微力でもこうべを上げて、闘い変革を求める隊伍の一人として、私も生きつづけます。脱原発、米軍基地もいらない9条日本の「人間の国」をめざして。

仲間たち友人たち　葬列を再び闘いの祭に！

　永別の君に手向ける花も無く心を込めて歌うインターナショナル

6月7日記

付章　アラブの民衆革命とリッダ闘争40年目に

1　アラブの民衆革命

今、私たちが連帯していた1970年代のアラブ・パレスチナ解放の闘いの本を上梓するにあたり、長年アラブ世界に暮らした者として、2011年来燃えあがっているアラブ民衆革命について語らないわけにはいきません。占領された祖国を取り戻し、人間らしく生きるために石つぶてを持って立ちあがったパレスチナ民衆蜂起（アラビア語で「インティファーダ」）の流れを受け継いで今も闘われているからです。

アラブ民衆革命はすでに1年以上を経てどんな果実を得たのでしょうか。

チュニジア、エジプト、リビア、バーレーン、イエメン、シリア。日本の新聞に時々断片的に載るそれらの地域国々ばかりか、イラン、モロッコ、ヨルダンやサウジアラビアまでアラブ中東地域の民衆は、おしなべて変革を切望しています。失業・生活苦、いわれない弾圧への怒り、人々の根本的要求は「尊厳ある人間として平安に暮らしたい」ということに尽きるのです。

「アラブの春」というレトリック

アラブに〝冬〟を強いた世界が、今アラブの〝春〟だなんて、アラブの民衆の命を賭けた闘いをほめそやし、かすめ取ろうとしているように見えます。先にはみずからの利益のためにアラブを〝冬〟に置き、その世界が今またみずからの利益のために民衆が作る〝春〟をかすめ取る。なんと卑劣なのでしょう。外部勢力が邪《よこしま》な野心で介入したことによって民衆の闘いの成長をゆがめ、分裂や対立を持ち込み、宗派的な混乱が作りだされてきたのもまた事実です。

支配者がサウジアラビアに逃亡したチュニジアでは大きな流血をまぬがれたものの、リビアでは石油利権をねらった欧米の軍事介入によって、まさに欧米の力でカダフィ政権を破壊しました。その結果、外部勢力に追随するリビア内部の対立、部族・地域対立をもたらし、カダフィの超権威主義・秘密警察支配の変革を求めた希望は混乱したままです。

エジプトにおいてはアメリカ政府は、当初「イスラエルの安全」と「石油利権の確保」の中東政策に沿ってムバラク政権を支持し、「アラブの春」に背を向けていました。それがイスラエルの利益と考えていたからです。しかし結局自分たちアメリカの影響力を確保し、イスラエルとエジプトの国交を保持させるためにムバラクを切り捨てたのです。

アメリカばかりかフランスなど欧州の旧植民地宗主国は、近頃仲間として招いていたカダフィ一族を虐殺し、この機会に自国の石油権益を露骨にリビアに求めたように、自らの支配を拡大させるべく「アラブの春」を早々とたたえ、アラブ各国内の親欧米勢力を支持してきました。

もっとも非民主的な独裁権威主義王制のサウジアラビアは、リビアへのNATOの軍事介入を支持し、反体制派のうちサラフィストを中心とする宗派武力集団を「民衆革命」として資金的にも支援しつづけた。その一方で、バーレーンに軍を派遣して蜂起を鎮圧し民衆革命を圧殺し、またイエメンの蜂起に介入してきました。これらは自国と対立する対イラン戦略によっています。米欧の介入は国連を看板として核問題で騒ぎ立ててイランを包囲し、イスラエルのイラン空爆攻撃すらリークされる危機の中、イスラエルの核保有は不問に付したまま緊張を高めています。イランをめぐる緊張は中東においてトルコを含むスンニー派とシーア派の宗派的対立を激化させてきたし、シリア情勢が悪化すればするほどこうした対立は中東全体の混乱、ひいては国際社会の不安定をつくりだしていきます。

「アラブの春」のレトリックはさまざまに語られながら、こうした外部勢力の都合が国際社会に増幅され伝えられています。日本政府はブッシュ政権時代のイラク侵略に加担し、またイランへの制裁同調に見られるように、アメリカの中東政策に沿って中東親米政権頼みの石油などエネルギー確保をはからざるをえない立場に置かれています。つまり中東の現実よりもアメリカ政府の色メガネで中東を捉え、アメリカの「ダブルスタンダード」の政策を補完しています。こうした権力闘争や策謀、地下戦争の中、「アラブの春」はどうなったのか、なぜ歴史的にも中東に戦乱があるのか、民衆革命の願いは叶うのか。これまで積みあげられてきた歴史の結果として、今の民衆決起・民衆革命を捉える必要があります。アラブの民衆の闘いの歴史は西欧植民地支配に抗し、スルタンの圧政に抗し、長い歴史を持っています。

アラブ民衆の歴史的要求

欧米諸国は植民地支配の長い歴史以前、イスラーム文化に学んでルネッサンスの文化芸術を築いたにもかかわらず、イスラームやアラブ中東に対する偏見が今に至るも主流をなしています。そのことはエドワード・サイードの『オリエンタリズム』(西洋の東洋に対する支配様式。東洋に後進性・官能性・受動性・神秘性といった非ヨーロッパイメージを押しつける西洋中心主義の思考と定義）にくわしく明らかにされています。第２次大戦を経て植民地支配から脱しはじめ、やっと新しい独立した国家を築こうとした矢先に、アラブ民衆の意志は突然の「イスラエル建国」によって再び踏みにじられます。以来アラブ民衆は、北アフリカから中東まで、共通して２つのことを常に求めてきました。

一つは「イスラエル建国以来のアラブに対する不当な扱いをやめ、イスラエルに対する公正な裁き」を求めていること、もう一つは「イスラエル建国」によって戦時体制が続く中で正当化されてきた権威主義独裁権力にかわる法治・自由と民主の要求です。この２つの要求は西欧の植民地支配とユダヤ人迫害の「戦後処理」を「パレスチナの地にユダヤ人国家を作る」という米欧の決定によってもたらされた一つの根っ子が原因なのです。

パレスチナ住民の参加も決定権もなしに「決定」された１９４７年の「パレスチナ分割」（国連総会決議１８１号）当時、パレスチナの土地の93％を占有していたアラブ・パレスチナ人に対し、ユダヤ人はわずか6％でした。ところがアメリカに強力にバックアップされ、スターリン時代のソビエト連邦の賛成によって、パレスチナ人には43・5％の土地を、ユダヤ人には56・5％の肥沃な土地を与え、聖地エルサレムを国際管理に置くと決定したのです。

それからイルグン、ハガナらのユダヤ人シオニストのテロ機関によってアラブ・パレスチナ人虐殺追放がはじまりました。ユダヤ・アラブ戦争からアラブ諸国参戦へと戦火が拡大し、１４１万５０００人のパレスチナ・アラブ人のうち72万５０００人（国連推計）の避難民がレバノン、シリア、ヨルダン、エジプトなど近隣国へと逃れました。パレスチナ・アラブ同胞のこの惨事は自らの家族兄弟の惨事（アラビア語で「ナクバ」）としてアラブの人々の心に刻まれました。

67年にはイスラエルはアメリカの支援によって一方的にパレスチナ全土を強奪し、シリア領ゴラン高原、エジプト領シナイ半島までも占領したのです。「パレスチナ人の国」という国連決議はまったく葬られて、ただパレスチナ人は「難民」として扱われはじめました（国連安保理決議242号）。もはや国連やアラブ諸国に頼っていては、自らの命も家族の命も故郷も守ることができない、自らの運命は自らの力で切り拓き、祖国を解放するのだ！　67年の第3次中東戦争を直視し、パレスチナ解放勢力は自らを組織し、PLO（パレスチナ解放機構）を変革しました。そして武装闘争を主要闘争形態と規定し、人民戦争戦略を駆使してパレスチナ全土を解放し、ユダヤ人もパレスチナ人も共に暮らす、人種・思想・信条・宗教で差別されることのない「民主パレスチナ国家」を建設すると宣言しました。69年のことです。

こうした闘いは、長い反植民地闘争を闘い抜いてきたアラブナショナリズムに支えられ、アラブ同胞の圧倒的な支援の中にありました。「イスラエル建国」はアラブ民衆にとってはとうてい受け入れることのできない不正義であり、人工国家「イスラエル」を認めない立場はアラブ各国政府の立場であったのです（今もイスラエルと国交を結んでいる国はエジプト、ヨルダンのみ）。アラブ各国の民衆は「アラブは一つ」の志のもとにパレスチナ解放闘争に参戦し、民衆の側の代弁者としてPLO解放勢力を認めていました。1972年リッダ闘争が闘われたのはそんな時代です。

しかし一方で、民衆は「反イスラエル戦時体制」の名において政治的自由を抑圧する自国の軍事政権に対しても批判を持ち、法治・自由・民主への改善を求めてきました。イスラエルとのひきつづく戦争によって独立したばかりの各国はアラブの豊かな歴史と文化にもとづく建国が困難になり、「軍事国家」として軍人が建国のヘゲモニーを持たざるをえなかったようです。ことに厳しい地下戦争は、対スパイ治安・保安第一の国造りとして軍人指導部の特権が育つ構造が深まりました。「戦争」を口実とした「国防機密」の中で超法規的な権力が育ちました。反対派の圧殺や縁故・汚職・特権・利権の権力構造がつくられていったのです。批判する者は「イスラエルの手先」という汚名の下に弾圧されることもありました。当時の冷戦下、イスラエルと反ソ・反共戦略同盟にあるアメリカに対し、ソ連・東欧はアラブ諸国を武器・技術・情報で支援し友好を結びました。それはまたスルタン支配や英国植民地支配が持ち込んだ陰謀と秘密警察システムに加えて、ボルシェヴィキ型の一党独裁権力による政権維持を育てることにもなりました。

ソ連・東欧崩壊後、こうした権威主義権力は、自己革新を経た民衆の望む社会政治制度へと改革を試みるよりも、権力基盤の強化を何よりも重視しました。「アラブの大義」やこれまで主張してきたことを親欧米の意向に合わせてグローバル時代を延命し、ブッシュ時代には「反テロ」の大合唱に合わせて民衆弾圧をくり返す政権もありました。さらにグローバル市場の貧富の格差ともあいまって、民衆は働く場もなく生活も苦しいうえに理不尽な弾圧に耐えられなくなっていきました。

「アラブの春」のきっかけとなったチュニジアの青年の抗議の焼身自殺は、みんなの共通の怒りと思いを噴出させたがゆえに、グローバル時代の武器ソーシャルネットワークやサテライト映像を通じて自らの問題として人々の心に届いたのです。この民衆の2つの歴史的願いが叶うまで、アラブの民衆はもはや黙ったりしないでしょう。

こうした民衆の生存をかけた闘いに、イスラエル・アメリカ・サウジアラビアなどは自らの利益のために支援し影響力の拡大をはかっています。しかしアラブの民衆は、イスラエルに対する公正な裁き、被占領地の返還、パレスチナ問題の解決抜きにはイスラエル・アメリカの夢想を許さないでしょう。

パレスチナの闘い

こうした民衆の変革を求める羅針盤のような位置に、かつてパレスチナ解放闘争はありました。パレスチナ・インティファーダは「アラブの春」へと連なるその象徴です。民衆の側の希望を吸引し声を代弁し、政権の抑圧の側ではなく民衆の側の自由で民主的な社会をめざす可能性を体現していました。今燃えあがる民衆蜂起の系譜を辿り、インティファーダ、そして40年前のリッダ闘争に沸く熱い民衆の声を思い返しています。

40年前、リッダ闘争が闘われた時代のパレスチナ・アラブの戦場は、「パレスチナ解放！　人民戦争によってパレスチナ全土解放を！」「イスラエルの国家テロを許すな！」。民衆の憤怒と連帯に沸き立っていました。パレスチナ解放！　それはアラブ・イスラーム同胞が民衆の希望を記してすっくと立ったオベリスクであったのです。それは逆にまたアラブ支配層にとって、自らの足下に火がつく危険がありました。パレスチナ領土を合併し、パレスチナ代表権を簒奪してきたヨルダン王政がパレスチナ解放勢力弾圧に乗り出し、70年ヨルダン内戦に至ります。以来パレスチナ解放勢力はアラブ諸政府の「支援」と「弾圧」という真逆の扱いを受けながら闘い続けました。アラブ民衆の支持と不屈の解放闘争によって、「パレスチナ問題」は国際社会も無視できない事態となっていきました。闘い続けることによって、パレスチナは忘れ去られることは決してなかったのです。
74年国連はPLOアラファト議長を国連に招請しオブザーバー資格を与えました。かつて不当ながらもパレスチナの土地を「2つの国に分割」したにもかかわらず、イスラエルは国と認めながら、非同盟諸国の努力にもかかわらずパレスチナは国家として認められませんでした。しかし国際社会の一員として出発しました。70年代、イスラエル承認国よりもPLO承認国のほうが多く、また「シオニズムは人種差別主義」とする75年国連総会決議が採択された時代です（この決議はソ連・東欧崩壊後、湾岸戦争後に「撤回決議」が父ブッシュ大統領の音頭で91年採択された）。

PLOは解放機構としての武装闘争路線と準国家としての政治行政的役割の中で内部に矛盾が醸成されていきました。さらに73年第4次中東戦争を経て和平交渉が語られ、エジプトはこれまでのアラブの統一した立場を捨てて、アメリカの援助とひきかえに単独でイスラエルと国交を結びました（78年）。さらに82年、イスラエルがレーガン政権の合意のもとレバノン・ベイルートまで軍事侵略し、PLOをレバノンから追放、レバノン南部を占領します。チュニジアに本拠地を移したPLO指導部は「人民戦争戦略」から「国家外交路線」による祖国解放へと政策を転換していきます。それは社会主義諸国・非同盟諸国・欧州社民政権の政治支援を受けながら進みました。しかしそれに反対するアラファト議長の組織ファタハ内部の武装対立をひき起こし、解放勢力は不信と対立を深めました。それを救ったのは、「パレスチナ・インティファーダ」（民衆蜂起）でした。

87年12月8日、被占領地ガザ地区でパレスチナ人の車にイスラエル軍のタンクローリーが衝突し、パレスチナ人4人が死亡し5人が重傷を負った事件が発端でした。駆けつけた住民たちがイスラエル軍優先の事故処理に対して抗議の意志を示すと、イスラエル軍は住民に銃弾を浴びせ、少女が殺されました。その抗議で再び44人が殺されるという事態に、ガザばかりかヨルダン川西岸に至るまでパレスチナ住民がイスラエルに抗議し立ち上がったのです。この抵抗運動インティファーダは、これまでも差別・抑圧・逮捕・検閲といった厳しい支配に呻吟していたパレスチナ人が「もうたくさんだ！」と、石つぶてを武器に立ち上がったものです。この闘いは、どんな弾圧・圧殺にも負けずに何年も何年も闘い続けたことによって、パレスチナの外にいるアラブ・パレスチナ民衆を勇気づけました。そしてＰＬＯ内部の矛盾対立に対し、祖国パレスチナ内部から統一を促し続けました。こうした力によって88年第19回パレスチナ国民会議は、「パレスチナ国家独立宣言」を発します。

しかしその後ソ連・東欧崩壊、湾岸戦争でサダム・フセイン政権を支持したためにアラファト議長は窮地に立たされました。孤立したＰＬＯ指導部が政治的力を維持できたのもまたインティファーダの民衆の力にありました。その後、ＰＬＯはイスラエルとの秘密交渉によって「オスロ合意」へと至ります。このオスロ合意には多くの解放勢力・民衆の反対、ことに秘密交渉という非民主的なやり方に非難が集中しました。この時にインティファーダの中から生まれたハマスは全土解放路線と社会福祉活動で力を得ていきます。結局オスロ合意によって、パレスチナの祖国の一部に「自治区」をイスラエルに認められます。国境・空・海支配はイスラエルの下にある奇形な「自治区」とひきかえに、インティファーダはいったん終結宣言します。「自治区」といってもいつでもイスラエルの軍靴とミサイルと砲弾でパレスチナ人を逮捕・暗殺したり攻撃したりできるのです。ブッシュ政権のイラク侵略戦争に呼応したシャロン政府が、２００2年アラファト自治政府大統領のいる自治政府庁舎封鎖破壊を行ったのはその象徴的出来事でした。さらにイスラエルは今も日々、パレスチナ自治区内にユダヤ人入植地を拡大し続けています。

一方、パレスチナ指導部やカードル（幹部）は、「国家政府の役割」を担う中で、アラブ諸政府の中に民衆の願いや闘いの影響を与えた以上に権威主義国家の影響を受けたのでしょう。アラブ諸政府の非民主的な権力掌握・縁故主義・利権・汚職による個人蓄財といったやり方に染まる者も出てきました。「解放」と「建国」の政治的駆け引きの中で民衆の希望とかけ離れ、イスラエルやイスラエルを支えるアメリカ政府と、民衆の要求のギャップを民主公開的に解決することなく和平交渉すら秘密交渉として進め、民衆の羅針盤としての信頼を失っていきました。さらにファタハとハマスに示される自治政府の正当性を争う対立もアラブ民衆を落胆させてきました。

こうした中、2011年に始まったアラブ民衆革命の波は、まさにパレスチナ民衆と連動していきました。解放勢力の統一とパレスチナ再生、民主改革の要求に自治政府指導部も耳を貸し始めました。パレスチナ解放闘争は、この間ずっとアラブ民衆の反面教師でもありました。民衆の要求に沿ってファタハとハマスは統一した闘いを約束しています。今、パレスチナ、アラブ民衆革命の希望を反映し、本当に統一した機構を作り、民主的なパレスチナ建国へと進みうるか否かが問われています。

これからのアラブの民衆革命

権威主義政権の退場は変革の終わりではなく始まりです。民衆の望みはまだ叶えられていない。逆に「独裁政権」に代わって米欧の介入や傀儡、宗派の権力闘争が民衆の犠牲の上に続く危険もあります。リビア、エジプト、チュニジア、シリアの政権と同じか、より以上の権威主義王政が、各国の民衆革命の後ろ楯で「アラブの春」だなんて、なんと欺瞞なのでしょう。「独裁打倒」と変革を求めた民衆の意志を離れて支配権力の交代で終える危険もあります。本当の社会革命が始まるのか。欧米と利権を分かち合う新旧権力者に革命の果実を収奪されてしまうのか。エジプトをはじめ変革の闘いは続いています。宗教的勢力・政党が主流を占めたとしても、それは住民の生活規範を反映している限りにおいて問題があるわけではありません。今の危機の様相は欧米政権と組んだサウジアラビアや湾岸諸国王政からトルコに至るスンニー派勢力による宗派的な中東支配が企てられていることです。それは市場開放をもくろむ資本にも都合がいいのです。

イラン包囲攻撃によってイスラエルの安全と石油利権を確保しようとする米国の思惑と自己の権力の存続と支配を目論むスンニー派王政の連合は、イランと友好的なシーア派勢力を一掃する危険な緊張を作りだしています。こうした権力攻防は、アラブ連盟によるアサド退陣、シャラ副大統領（スンニー派）への交代要求にも露骨に示されていました。内戦をあおり立て、一方的なメディア戦争をしかけ、武器を渡し訓練をほどこし、シリアを内乱へ、内戦へと導いているのはこうした勢力です。強権的とはいえ、一貫してイスラエルに対決してきたアサド政権を政権から排除したいのです。混乱のたびにアサド政権は強権的な弾圧を深め、住民は「反体制派」からも政権からも被害を受けています。

シリアはアサド政権が存続の危機に立たされる中、いまや米欧ばかりかロシア・中国の利害、さらに外部勢力をバックに覇を競う反体制派グループの利害で武力対立が拡大しています。混乱ではなく改革を求めたシリア人の希望は棚上げされたままです。それはまたパレスチナの闘いにも反映し、イラン、シリアの支援を受けていたハマス（スンニー派）がサウジアラビア、カタールなどスンニー王政スポンサーの圧力と戦乱により、シリアから撤退したように、地域の不毛な宗派的対立を激化させています。シーア派とスンニー派の対立は、さらにスンニー派内のサラフィストとムスリム同胞団の対立を内包していかざるをえません。中東全域に対立と内戦がくり返される危険性があります。国連の介入が不公正であればあるほど、それは広がりかねないのです。

こうした中、民衆主体の変革を進めるためには、第一に、何よりも不可欠なのは米政権とそれに追随した「国際社会」の名によるダブルスタンダードの撤廃です。中東非核化を進めるなら、イランの核と同様にイスラエルの核も問題にされなければなりません。イスラエルの国連決議や国際法違反に対して、つまり数々の不履行、占領地返還やユダヤ人入植地の撤去、分離壁の撤去を実行させる強制を他の国と同様にイスラエルにも行うべきなのです。パレスチナに経済制裁をする迅速さはイスラエルにこそ向けられる必要があります。公正に裁かれてこそ新しい中東と世界秩序の基準が育つからです。しかし米大統領や議会を左右するユダヤ資本やユダヤ人票はそれを許そうとしません。だからこそアメリカ、イスラエルを含む世界各国の良心の声を各国政府に届け続けることです。日本からも。

第二に、法に基づく社会の形成を可能とすること。これは、新しいアラブ社会にとって重要な民衆の要求であり、また民主化の実態を示す試金石でもあります。そのために変革の勢いの中でまず実行すべきことは旧人材を排した新しい司法の機能を獲得することです。誰もが怯えて嘘をつかなくてすみ、率直に意見を言える自由があり、どの権力者も法の下に公正に裁かれる法治の実現です。第三には、地域住民が社会の主人として生活できるように富の分配においても社会の権利と義務においても民主的に公正に機会が与えられること。権力に腐敗や不正があれば、非暴力直接行動をもって自らを守る民主主義が実行されること。そのようにして、人間の尊厳をもって平安に暮らす基盤が作られていくからです。宗教はそうした中で積極的な役割をさらに持つはずです。

グローバル世界は、貧富の差を世界大に拡げ、国々の間に格差を作りだしたと同時に、国内にも激しい貧富の差がすでに存在しています。国の資産の流れを変え、国際社会と協議し、産業の新しい条件を作り、みなが満足に暮らす社会変革は容易なことではありません。米国の軍事援助や米国の資金漬けに依存し、特権支配層と軍の金満を作りだしていたエジプトはとくにそうです。

中東の民衆革命の波は世界の「公正」を目覚めさせ、新しい世紀に問題を提起したのです。欧州や世界の各地で、同じ境遇にある者たちに勇気を与え、「我々は99%だ」と訴える米国心臓部の闘いに至りました。それはまた、「アラブの春」と時を同じくした「東日本大震災」と「フクシマ大人災」の被害をこうむった日本の住民・市民と共振するものがありました。日本の人々もこれまでの政府への自分たちの見方、あり方、足元の暮らし方を変えようとする切実な生存の闘争、命の闘争が生まれ、世界の人々と連動しています。

リッダ闘争を闘った40年前、私は異なったアラブの文化と生活の中で、人々と連帯し、矛盾に突き当たりながら、「自分を変えることなしに世界は変ええない」と学び、あやまちを正しながら活動を進めました。今、決起したアラブ民衆は、社会変革を自己変革として、豊かなアラブ文化に立脚して進むかぎり人間の尊厳ある社会建設へと育てていくでしょう。外部勢力の介入よりも強い力はそこから生まれます。パレスチナの解放闘争が、かつてアラブ民衆の「羅針盤」であったように、今まさに、各国、各地の足元で、勇気ある、しかししなやかで柔軟な住民たち自身の闘いの中に希望の羅針盤を見つけることができるのです。

2　リッダ闘争40年目に

リッダ闘争40年目、そして64年目のナクバの5月のパレスチナ。イスラエルの刑務所にこの時点でパレスチナ人4400人が拘留されています（最も多い時は2万5000人に及びました）。その被拘留者のうち1600人のパレスチナ人が4月からハンガーストライキに入りました。正当な理由も正規の手続きもなしでパレスチナ人を拘束する「行政令」という名の拘留の不当、家族の面会禁止解除を求め、前年から抗議がずっと続いているのです。

4月からのこの命をかけたハンガーストライキにパレスチナ全土、ヨルダン、シリア、レバノンの難民キャンプばかりかアメリカ、ヨーロッパでも連帯行動が起こり、イスラエルの人権侵害を告発し、イスラエルを追いつめました。そして5月14日、イスラエルが64年前「建国宣言」した日、イスラエル当局からいくらかの譲歩を引き出して、非暴力政治闘争の勝利を宣言し、怒りとそして祭のように陽気にハンガーストライキを終息させました。

リッダ闘争のバーシム奥平らが「葬列ではなく祭を！」と言い遺したように、今年リッダ闘争40年目の日本では、毎年行われてきたリッダ闘争記念の集いよりも華やかな時を持った。5月末から6月初旬まで、現在パレスチナ国会（ＰＮＣ：Palestine National Council）議員であり、パレスチナ女性同盟の議長で私のＰＦＬＰの旧友でもあるライラ・ハーリドを迎えて数々の行事を持つことができた。

ライラは5月24日来日、26日、東京の「中東フォーラム2012」の「アラブ民衆蜂起とパレスチナ解放」に中東問題の研究者である板垣雄三、藤田進、臼杵陽各先生らと共に参加し、「アラブの春」の欺瞞性や今のパレスチナの現実を語った。また原発被災地福島を訪れ、飯舘村から避難している人々と仮設住宅で語り合った。パレスチナに人工的に作られた「災害」大厄災（ナクバ）を語り、「ずっと痛みを感じながら生きてきたから、今ここにいるあなたたちの痛みが非常にわかるような気がしています」と政府の対策の不十分に住民と怒りを共にした。またガザの子どもたちが、今年の3月11日に、パレスチナ地中海の海辺に集まって、「福島の友だちへ」と書いたたくさんの風船を飛ばしたことを伝えた。さらに原発20㎞内を視察し、人間性を取り戻すパレスチナの闘いと福島の人々の闘いの共通性に言及している。ことにパレスチナ女性同盟の議長であるライラは、子どもたちを放射能から守る福島ネットの母親・女性たちに深い関心を示した。

そして東京では、経産省前テント村の仲間たちを訪れ連帯を伝えた。

また6月2日にはじまった京都での「2012　パレスチナ連帯京都Ｗｅｅｋ　Ｅｎｄ」では、屋根にオリオンの三ッ星（72年リッダ闘争の三戦士を記念して描かれた）が今も金色に輝く京大西部講堂に2日間で600人を超える人々がリッダ闘争40周年とライラ歓迎の祭を持った。それらは丸岡さんの一周忌でもある。もう7年ほど前に、ライラが私の法廷証人として出廷してくれた時、私が作詞し「頭脳警察」のパンタさんが曲を付けた「ライラのバラード」が、パンタさんによってライラの前で歌われたという。

その詞はこんなふうです（4番まであるうち1番と3番）。

わたしは4歳だった／誕生日のすぐ後、ハイファを追われた／ママは8人の子供らと小さな車に乗り込んだ／一人足りない　それはわたし／なぜ　引っ越さなきゃいけないの？／ナツメヤシのカゴの後ろに隠れたわたしを／引っ張り上げて　ママが言った／「ユダヤ人に殺《や》られちゃうよ」／パパは涙を流して　子供たちにお別れのキスをした

戦火を逃れて　故郷を追われた／家も街も祖国も　なにもかも奪われた／あれから半世紀過ぎても　わたしは家に帰れない／わたしの物語　だけどそれはみんなの物語／パレスチナの子供の物語

わたしは25歳だった／8月のある日　祖国への旅に出た／1万フィートの上空から　祖国に帰るために／幅広のレースの帽子でわたしは言った／「乗客のみなさん　ベルトをお締めください／わたしはこの機の新しい機長です／ＰＦＬＰのチェ・ゲバラ隊が／この飛行機の指揮をとります」／パレスチナの海岸線に／ハイファをはるかに見下ろして

戦火を逃れて　故郷を追われた／家も街も祖国も　なにもかも奪われた／あれから半世紀過ぎても　世界はそ知らぬ顔をしてる／わたしの物語　だけどそれはみんなの物語／パレスチナの戦士の物語

京都での2日目、3日は板垣、鵜飼哲両先生、ライラのシンポジウムが開かれ、リッダ闘争の時代背景やアラブの市民革命が世界各地の闘いと結び合う根拠などが語られ、ライラはそこで語りました。

「西洋の帝国主義が中東に軍事国家を作ろうと第2次大戦の成果を利用した。欧米植民地主義が

64年前にイスラエルを建設した。以来パレスチナは侵略と弾圧の中にある。『アラブの春』の源流はパレスチナの闘いにあり、脈々と引き継がれている。イスラエル商品のボイコットを全世界で闘ってください。南アフリカのアパルトヘイトは、南ア商品のボイコット運動が大きな力となったのです」と訴えた。

またライラは冒頭で述べたナクバの64年目のハンガーストライキを語り、裁判もまた非人道的だと訴えました。「一人の人に終身刑を10回プラス１００年の刑というものもあります。ＰＦＬＰ議長のサダートの場合、『戒厳令無視』という口実で逮捕されていたパレスチナの刑務所から、ある日誘拐されイスラエルの刑務所に連れ去られました。議長は法廷で裁判官の質問に答えませんでした。『お前はなぜ答えないのか』と重ねて聞くので、『あなたが非合法な存在だからです』と答えました。その結果、裁判官は30年の禁固刑を追加しました。このようにパレスチナの獄中者たちは、イスラエルの非人道的な法廷と裁判官に立ち向かっています」と語りました。そして最後に、「リッダ闘争の日を決して忘れないでほしい。忘れてほしいと思っているのはシオニスト・イスラエル。だから毎年記念してほしい。とくに日本の学生たちにはシオニズムを知ってほしい」と。

こうした多忙の合間をぬって、５月30日リッダ闘争の日、ライラは八王子医療刑務所まで私を病気の見舞い面会に訪れてくれた。２００３年の私の法廷以来の懐かしい再会を感激の中で果たすことができた。

「リッダ闘争から40年経ったなんて信じられない！」とおたがいにアクリル越しに握手とキス。

「私たちの連帯、これからの日本とパレスチナの連帯の印に、小さくても子どもたちの遊ぶ公園を作りたい。難民キャンプばかりか、アラブでは子どもたちの遊ぶ砂場やブランコ、ジャングルジムの公園がほとんどなかったからね」と私。「大賛成よ！　ガザがいい。ガザにそんな公園を日本・パレスチナ連帯公園として作ろう」。そんなことも語り合った。これまでも私たちは過去をふり返りながら、未来を描いて行動してきたな……対話をしながら改めて思った。

ライラを迎えた東京と京都のリッダ闘争40年目の集いとパレスチナの友人たちに向けて、私はこんなメッセージを送った。

「僕たちの後にあの裸足の子供たちが銃を取って続くのがわかる」「もう思い残すことは何もない。ただ一つ心残りなのは、裸足で走り回っていた子供たちにさよならの挨拶ができなかったことだな」そう言いながらリッダ闘争に旅立っていった仲間たち、バーシム奥平、サラーハ安田、アハマッド岡本。今、アラブ各地で湧き起こる変革を求める声が40年前のリッダ闘争時代の咆哮と重なります。「パレスチナ全土解放！」「民主パレスチナ国家の建設を！」。

あの頃のパレスチナ解放闘争は、アラブ各地の民衆の願いと意志を結集し実現する砦でした。民衆の意志を汲み、批判の自由の中で激論し行動したＰＬＯ・パレスチナ解放機構。アラブ各国の人々が協同し参加し、政権の側ではなく、アラブ民衆の願いを托しうる唯一の存在として、ＰＬＯの下パレスチナ解放勢力は時代の輝く砦だったのです。あの時代からアラブ諸国政府はこうした民衆の砦を恐れ、反イスラエルという立場ながら、封建王政のまま民衆の政治的自由を抑圧していました。

また、イスラエルとの戦争の継続は軍事独裁政権を育て、その権力の都合による民衆弾圧もありました。ヨルダン王政はアメリカ、イスラエルと密かに共同してパレスチナの領土を併合し、パレスチナの代表権を簒奪し、それに抗議するパレスチナ解放勢力を弾圧し、70年ヨルダンの内戦に至りました。それ以降、パレスチナ解放勢力の中に2つの潮流が生まれました。「反イスラエル・反シオニズム」の下に、アラブの政権とも協調していこうとするファタハ・アラファト勢力と、あくまでも「反帝・反シオニズム・反イスラエル・反アラブ反動」の人民革命を訴えるＰＦＬＰらを中心とした勢力です。

リッダ闘争は、そうした時代の民衆の非妥協な意志を示す闘いとして、ＰＦＬＰの指揮の下に闘われました。あれからバーシム奥平たちが言っていたように、彼らの後に続いてあの裸足の子供たちは、パレスチナの祖国で、また難民キャンプから銃を取ってあるいは石礫を持って闘い続けてきました。それでもパレスチナは公正な平和を渇望しながら、今も闘いの途上にあります。

（中略）かつて民衆を代表していたファタハは、自治政府権力を維持するためにアメリカやイスラエルの要求を受け入れざるを得ない立場に置かれ、汚職や利権に走る者も多く、政権をハマスにとってかわられる事態に直面し、以来、ファタハとハマスの対立が続きました。ＰＦＬＰはパレスチナ勢力の対立に反対して、一貫して解放勢力の統一とその政治綱領、ＰＬＯ改革を訴えてきました。

チュニスの青年の決死の抗議をきっかけとして、アラブ民衆の革命は全アラブに広がり、尊厳ある人間として生きていく意志を命をかけて示しています。パレスチナの対立にも介入したように、米欧勢力は「アラブの春」などと民衆決起をほめそやし、自らの石油利権やイスラエルに有利な影響力を行使するために介入しては混乱を作り出しています。また、かつてより最も反動的なサウジアラビア、ヨルダン王政らスンニー派権力は、各国の民衆革命に宗派的に介入し、民衆をミスリードし、スンニー派とシーア派の対立を煽っています。しかし、かつて民衆の希望のさきがけであったパレスチナも「アラブの春」の民衆と一つに連なり、イスラエルやアメリカの厳しい差別と弾圧の中、パレスチナ統一へと歩み始めています。かつて民主パレスチナ建国をめざした、自由、公正、透明性ある民主制度へと汚職や利権や権威主義の自治政府にかわる再生を求めています。

ＰＬＯを改革し、世界に散っている何百万の難民の意志を代表するパレスチナ国会たるＰＮＣを最高意思決定機関として機能させ、国民投票によってパレスチナの未来――パレスチナの領土、国境、帰還の権利を含む――を明確に決定すべきなのです。自治政府は自治政府の役割を負い、自治政府とＰＬＯを兼務して交渉するファタハの一存で決めてはならないのです。それが「オスロ秘密合意」とそれ以降の混乱を正す教訓でもあります。

かつて「主要闘争形態は武装闘争」とうたったＰＬＯ憲章のリッダ闘争の時代を引き継いで、今、パレスチナは公正なパレスチナ国家建設を求める政治闘争を主要闘争形態とする闘いが続いています。リッダ闘争を闘ったＰＦＬＰらパレスチナの友人たちは、イスラエルの利益のみを保護するアメリカのダブルスタンダードに抗し、アラブ民衆と連動し、世界の公正を求める人々と結び合って、その過酷な闘いの先頭で闘っています。この闘いは日本の脱原発を要とする日本の変革の願いとも繋がることができます。

リッダ闘争から40年目の今日、私もまた、世界の人々と共に、新しい時代の闘いを共にする一人でありたいと心から願いつつ、再びパレスチナ連帯！　アラブ民衆に連帯！　そして、バーシム奥平、サラーハ安田、オリード山田に続いたアサド日高、ユセフ檜森、ニザール丸岡や、パレスチナの、日本・世界の先達者たちを心に刻みながら40年目の祭を共に！

なお、「上告趣意書」にも書いたことであるが、アハマッド岡本についてふれておきたい。訴えたいのは、日本の司法当局は岡本公三さんに対する国際手配を取り下げるべきだという点です。

リッダ闘争は、紛れもなくパレスチナ解放闘争の一環として闘われた戦争行為です。国外犯として日本の司法当局が裁くべきものではありません。

すでに、岡本公三さんはイスラエルの軍事法廷において終身刑を受けており、日本の憲法でも保障された一事不再理の原則に照らしても、同じ罪で彼を裁くことはできません。そして、日本の立法時、想定もされなかったＰＦＬＰの指揮の下で、パレスチナ義勇兵の一員として闘った事件であり、また、時効とすべき時間的経過を経て来ました。加えて１９８５年、赤十字の仲介によってジュネーブ条約の戦争捕虜規定にもとづいて、捕虜交換手続きによって岡本さんは釈放されています。

イスラエルは、その手続きに則って岡本さんを釈放しました。ところが日本はジュネーブ条約加盟国でありながら、これを無視しました。当時の日本の新聞によると、刑法第３条、国外犯であるとして、その岡本さんの釈放はけしからんと感情論で警察庁、検察庁から外務省を経てイスラエルに抗議し、国際手配を行っています。岡本さんはイスラエルにおいてすでに13年もの間服役し、刑の執行を受けています。しかし、日本の当局は刑法第5条における外国判決の効力による、刑の免除の適用すら考えていないのでしょうか。岡本さんはすでに裁かれ、刑に服し、かつ、ジュネーブ条約に則って釈放されたのです。さらに、２０００年には、レバノン政府により、正式に亡命を認められています。今、岡本さんは、レバノン政府の許可のもとで、レバノン、パレスチナの友人たちに支えられながら、合法的に生活しています。

こうした岡本公三さんに対する国際手配は、国際条約、国際慣例、また人道にも反しています。一刻も早く国際手配を取り消すよう求めます。そのことによって、彼は自由に本人の意志によって帰国することができます。そのことが大切だと思うのは、日本が、このグローバルな時代に新しいアラブ、パレスチナとの友好的な関係を切り開く道につながると確信するからです。

そして最後に、自らの未熟さに遅まきながら気づきつつ歩んだ変革と連帯の道——そこには、人々のために自らをいとわず尽くすパレスチナや世界各地の革命家たち、そしてアラブ赤軍、日本赤軍の仲間たちが常に共にあった。だからこそ長い間闘いえました。こうした同志愛・友情・連帯は、今も私の誇りであり、40年目に再びここに感謝を捧げます。

パレスチナ君が矜持は褪せもせず歴史となりぬ我らの時代

後記

あの時代をふり返る時、リッダ闘争のバーシム奥平、サラーハ安田、オリード山田、アサド日高敏彦をはじめとする多くの仲間たちの壮烈なアラブ戦場での生死が浮かぶ。そしてまた、２００２年３月檜森孝雄さん、２０１１年５月丸岡修さんが亡くなった。この出版に文章を収めるために当時「オリーブの樹」に掲載した文を読みなおしながら、２人の死がアラブ戦場に連なる「戦死」であるという感を深くしている。

私の公判で、私の無罪を訴えるために来日したライラ・ハーリドの法廷証言がよみがえってくる。

「私は今日ここに、この事件、それは一つの現実ですけれども、そのために証人として出廷しています。と同時に、私はパレスチナ人の代表としてここにいます。

我が人民は今なお占領下に置かれたり、離散させられたりの状況にあります。当時、そして現在、多くの日本人のボランティアの皆さんが、私たちを支援するために我が地に来てくれました。今も私たちは日本人のボランティアの皆さんを受け入れ続けていま す。こうした日本の皆様の支援に対して、私は今ここにパレスチナの代表として深く感謝したいと思います」（03年3月12日）

「私たちは日本国よりこうしてわざわざパレスチナの地に私たちを支援するために訪れてくださったボランティアに対して、報奨を期待しておりました。その労に報いることを期待しておりました。まさかこのように訴追という形で迎えられるとは思っておりませんでした。彼女たちがしたこと、私たちに対して支援の手を差し伸べてくれたことは、正に日本を代表して、国を代表しての支援の試みだったのです。彼女たちの存在、そして、してくださったことは、正に日本の明るい側面、パレスチナ人、そして、アラブ世界に対する日本の明るい顔を示すものです。

ですから、私は、日本国として、そうした支援をしてくださった人々を訴追、裁判にかけるのではなく、報い、報奨を与えるということが、より信頼できる決定であり、理論的な理屈にかなったことだと思います」（03年3月14日）

私の法廷で訴えたライラの心情は、私や私たちにとっては過分な言葉でありながら、リッダ闘争時代を闘い抜いた同志たちに向けられたパレスチナ・アラブの人びとの心情であるということができる。人びとの希望を実現するために闘う、そんな中で闘ってこられたことは何と幸せなことだろうと、かつてバーシム奥平もサラーハ安田も語っていた。私たちは、日本で、そのように闘いえなかった。私たちは失敗や敗北の中から、日本からひきずってきた軍事至上主義的な闘い方の過ちをとらえ返し、学びながら生きて闘いつづけた。命を捧げて闘う中で、生きつづけて人間が人間らしく生きるために闘う楽しさや多様な闘い方もまた学んだ（それらのとらえ返し、77年自己批判公表から再生へと歩んできた歴史は『日本赤軍私史』（09年、河出書房新社刊）にくわしく記した）。

あれから40年、アラブで、欧米で、抑圧された人々が、自らの運命の当事者たらんと立ち上がった２０１１年。日本もまた３・11大震災と大人災を経験し、脱原発にはじまる新しい日本の暮らし方が、市民の側から生まれようとしている。

戦死した先達の命を引き継いだ闘いが、パレスチナでもアラブでもまた日本でも、それぞれの地の闘い方で、力強く生まれつづけているのを、辺境から、今、私ははっきりと見える気がしている。私は２００８年末にみつかったガン治療中の身ではあるが、共にそんな社会に立ち返る夢想を大きくしている。

今回もまた、大学時代の先輩岡村貴千次郎さんの協力を得て出版の運びとなった。岡村先輩の協力なしには、これは叶わなかった。まず感謝したい。

幻冬舎からはすでに、『りんごの木の下であなたを産もうと決めた』（01年刊）、『ジャスミンを銃口に　重信房子歌集』（05年刊）を出版していただいた。この本は3冊目になります。このたびは石原正康さんと木原いづみさん、矢島緑さんにお世話になりました。面倒な本と辛抱強くかかわってくださったことに感謝します。ありがとうございました。また社長の見城徹さんに文章をお願いしました。当時若者の一人であった見城さんが、リッダ闘争、ことにバーシム奥平の生き方に衝撃を受け、自らの転機となったと書かれていた文章を拝読し、是非にとお願いしたものです。唐突なお願いにもかかわらずお引き受けくださったこと、改めてお礼申し上げます。

２０１２年9月28日

重信房子

本書は以下の文章を再構成し、単行本化したものである。各章末尾のたとえば「２００８年８月記」は、各誌掲載時に記した擱筆年月日である。

１章　１９７１年日本脱出　「オリーブの樹」89〔09年5月〕～90〔09年6月〕号（発表題「71年日本脱出」）。２００８年８月記。

２章　アラブとの出合い　未発表（09年8月頃、「重信房子さんを支える会（関西）」が発行している「さわさわ」への原稿として書いたが未掲載）。

３章　映画の戦友たち　「情況」２００３年６月号別冊。２００３年５月記（発表時は節は数字だけだったが、タイトル、たとえば「若松孝二・足立正生さん来訪」などを付けた）。

４章　リッダ闘争の時代　「オリーブの樹」91〔09年8月〕～95〔10年1月〕号（発表題「リッダ闘争への道」）。擱筆年月日なし（07～09年頃。今回発表稿を多く補うなどした）。

５章　リッダ闘争後の私たち――ドバイ闘争・第４次中東戦争　「オリーブの樹」95〔10年1月〕～１０３〔11年1月〕号（１０１・１０２号休載。発表題「ＰＦＬＰとの矛盾―73年ドバイ闘争の時代」）。２００８年12月記（『日本赤軍私史』の校正の合間に書いたものを、09年2月以降手なおしした）。

６章　ユセフ檜森のこと　「オリーブの樹」88〔09年4月〕号（発表題「リッダ闘争断章（檜森さんのこと）」）。２００２年４月に書いた文章を加筆完成させた。

７章　ニザール丸岡のこと　「オリーブの樹」１０６〔11年7月〕号。２０１１年６月７日記（発表文章の基本は変えていないが、本書にまとめるにあたって、冒頭や末尾の文章をととのえ、言葉不足を補い改め、削除、補筆もほどこした。また章題、節題も適宜改めるなどした）。

付章　アラブの民衆革命とリッダ闘争40年目に　新稿。

装丁　平川彰（幻冬舎デザイン室）

〈著者紹介〉

重信房子　1945年9月28日東京都世田谷区生まれ。65年明治大学2部文学部史学科に入り、67年社会主義学生同盟（ブント）に加入。71年2月、奥平剛士と結婚し、日本を出国した。73年3月、娘メイを出産。2000年11月、大阪で逮捕された。10年8月、懲役20年（未決勾留日数2991日を含む）の刑が確定。現在は医療刑務所で服役している。

著書に、『わが愛 わが革命』（講談社、1974）、『ベイルート 1982年 夏』（話の特集、1984）、『りんごの木の下であなたを産もうと決めた』（小社、2001）、『ジャスミンを銃口に 重信房子歌集』（小社、2005）、『日本赤軍私史――パレスチナと共に』（河出書房新社、2009）などがある。

革命の季節　パレスチナの戦場から
2012年12月25日　第1刷発行
2022年 5 月30日　第3刷発行

著　者　重信房子
発行者　見城 徹

GENTOSHA

発行所　株式会社 幻冬舎
〒151-0051 東京都渋谷区千駄ヶ谷4-9-7

電話：03(5411)6211(編集)
03(5411)6222(営業)
振替：00120-8-767643
印刷・製本所：中央精版印刷株式会社

検印廃止

ISBN978-4-344-02314-7 C0095
幻冬舎ホームページアドレス https://www.gentosha.co.jp/

この本に関するご意見・ご感想をメールでお寄せいただく場合は、comment@gentosha.co.jpまで。